동일방직 여성노동자 50년 투쟁의 기록

긴 투쟁 귀한 삶

동일방직 여성노동자 50년 투쟁의 기록

긴 투쟁 귀한 삶

발행일 | 2025년 6월 17일
기 획 | 동일방직해고자복직추진위원회
글쓴이 | 양돌규·정경원
펴낸이 | 양규헌
출 판 | www.hannae.org
주소 경기도 고양시 일산동구 공릉천로 493번길 61 가동
전화 031-976-9744 팩스 031-976-9743
등록 2009년 3월 23일(제318-2009-000042호)
본문·표지 디자인 | 토가 김선태
인쇄제본 | 디자인 단비

ISBN 979-11-85009-45-2 03300
값 28,000원

동일방직 여성노동자 50년 투쟁의 기록

긴 투쟁 귀한 삶

기획 동일방직해고자복직추진위원회
글 양돌규·정경원

한내

발간사

긴 투쟁 끝에 얻은 귀한 삶을
기록으로 남기며

1970년대는 우리 여성노동자들의 시대였습니다

이 땅의 많은 군데가 아직 시골이었을 때 내가 살던 동네, 뒷집과 옆집의 언니들은 국민학교를 졸업하면 무조건 객지에 나가 돈을 벌어야 한다고 생각했습니다. 우리는 하나 둘 하얀 봇짐을 짊어지고 공장의 불빛을 향해 걸어가야만 했습니다. 그런 시대였습니다. 그렇게 얻은 직장은 24시간 동안 기계가 돌아가고 실내온도가 40도를 웃도는 3교대 공장이었습니다. 1분에 140보, 식사시간은 10분, 우리는 솜먼지가 휘날리는 공장을 누비며 뛰는지 걷는지도 모르는 세월을 보냈습니다.

그리고 민주노조

민주노조는 기나긴 노동의 설움을 달랠 수 있는 우리의 안식처이자 해방구였습니다. 그 시절의 공장벽에는 싸워야한다, 싸워야한다는 말만이 적혀있었습니다. 사장과 구사대들은 노조를 한다는 이유만으로 노동자들에게 똥물을 뿌리고 몽둥이를 휘둘렀고, 우리는 단지 인간답게 살 권리를 원했습니다. 그래서 우리는 발가벗은 채로 민주노조를 사수해야만 했습니다. 단식투쟁을 할 때면 우리는 "정말 죽을 각오가 된 사람만 가야 한다"는 순정한 마음으로 싸웠습니다. 누구나 누릴 수 있고 누려야만 하는 권리를 위해 우리는 온 인생을 걸어야만 했던 것입니다. 그러나 돌아온 것은 해고와 블랙리스트였습니다. 어떤 노동자는 그로 인해 열 번에 가까운 해고를 당해야만 했습니다. 그럼에도 우리는 노조활동을 통해 당당하게 이야기할 권리, 무시당하지 않을 권리, 저항할 권리를 배웠습니다.

세월이 흘러 민주화운동보상심의위원회는
우리들의 노조활동을
민주화운동으로 인정했습니다

솜먼지를 뒤집어 쓴 청춘의 머리 위에 하얗게 눈이 쌓일 때까지 우리가 기억하는 단 한가지는 '우리들은 정의파'였고 '우리들은 옳았다'는 확신과 자긍이었습니다. 기나긴 수배생활과 해고의 설움을 견딜 수 있었던 것 또한 그러한 자긍의 연대와 투쟁이 50년이 넘도록 이어져 왔기 때문입니다. 그러나 동일방직 사용자는 부당해고를 철회하지 않았고, 정부 또한 우리들의 요구를 제대로 듣지 않았습니다. 지난날의 시간을 단지 돈으로 보상할 수는 없는 것입니다. 우리가 진정으로 원하는 것은 당당하게 공장으로 돌아가서 우리의 손으로 직접 지난 시간을 마무리하는 것입니다. 단 하루를 일하더라도 말입니다.

우리는 다시 싸워야만 했습니다

정부와 사용자를 향해 1978년의 부당해고 철회와 원직 복직을 요구했습니다. 청춘의 공장 앞에 모여 구호를 외칠 때마다 지난 50여 년의 세월이 눈 앞으로 지나갔습니다. 이 책은 그 모든 시간에 대한 기록입니다. 일일이 호명할 수 없을 만큼 수많은 동지가 우리와 함께 우리의 요구를 외쳐주었습니다. 우리의 문제는 모두의 문제였고, 우리의 시대는 모두의 시대였기 때문입니다. 그렇게 우리의 목소리를 여기에 기록해둡니다. 우리는 아직 깃발을 내릴 수 없습니다. 다시 기계 앞에 서고 싶습니다.

고맙습니다

우리 투쟁을 역사적으로 재조명해준 양돌규 정경원 님, 출판을 맡아준 노동자역사 한내, 뒷배가 되어준 계승연대 그리고 늘 함께한 많은 분께 감사의 말씀을 전합니다.

동일방직해고자복직추진위원회 대표
김용자

추천사

복직하는 날, 승리의 날, 함께 어울려 춤추며 노래하는 한마당을 꿈꿉니다

이덕우 _ 민주화운동정신계승국민연대 이사장

축하합니다.
애쓰셨습니다.
고맙습니다.

동일방직 노동운동은 1970년대 노동운동, 여성노동운동의 깃발이고 상징입니다. 정부와 사용자가 짜고 힘을 합쳐 노조 탄압, 노동자 해고, 블랙리스트 작성·유포 등 국가범죄의 종합판이라 할 정도로 악랄한 짓을 저질렀습니다.

그러나 노동자들은 포기하지 않고 당당하게 맞서 싸웠습니다. 긴 세월 투쟁으로 동일방직 노동운동은 민주화운동으로 인정받았습니다. 나아가 정부의 범죄행위에 대한 손해배상청구 소송으로 책임을 추궁하였고, 대법원 확정판결의 승리도 쟁취하였습니다. 그러나 아직 마무리하지 못한 복직 투쟁의 길이 앞에 놓여 있습니다.

우리 계승연대가 동일방직 해고노동자들의 투쟁에 작은 힘이라도 보탤 수 있어 영광입니다. 잡은 손 놓지 않겠습니다.

역사는 기억하는 자, 기록하는 사람의 것이라 합니다. 동일방직 노동자 투쟁 50년의 기록 『긴 투쟁 귀한 삶』 발간을 축하합니다. 투쟁 50년의 기록에는 박정희의 유신 독재, 전두환의 12.12. 쿠데타와 5.18 광주민주화운동, 87년 6월 항쟁, 박근혜 대통령 탄핵 파면 등 우리 현대사가 깊이 새겨져 있습니다.

이제 노동을 존중하는 평등한 나라, 진정한 민주공화국을 만들어야 할 때입니다.

동일방직 해고노동자들 복직하는 날, 승리의 날, 함께 어울려 춤추며 노래하는 한마당을 꿈꿉니다.

그리고 파렴치한 권력과 모진 세월 이겨낸 동일방직 해고노동자들의 삶과 투쟁의 기록, 그 눈물과 땀 『긴 투쟁 귀한 삶』을 읽고 여러분과 이야기하고 싶습니다.

추천사

동일방직 노동자들이
나의 큰 '벼슬'이었다

하종강 _ 성공회대 노동아카데미 주임교수

동일방직 여성 노동자들의 투쟁이 한국 노동운동사에서 얼마나 중요한 의미를 갖는 것인지에 대해서는 내가 아는 어휘로 감히 표현할 방법이 없다. 지금 민주노총 등 한국의 노동운동의 모습은 전태일 열사와 동일방직 등 70년대 노동자들의 투쟁이 내린 뿌리가 거둔 성과이다. 감히 말하거니와 동일방직 노동자들의 투쟁이 없었다면 지금 민주노총은 없었거나 훨씬 더 늦게 만들어졌을 것이다.

45년 전, 노동운동에 처음 발을 들였을 때 만난 사람들이 바로 동일방직 해고 노동자들이었다. 나는 지금도 그것을 하늘이 나에게 내려 준 '천운'이라고 생각한다. 해고 노동자 124명 중에 내 또래가 많아서 서로 친구처럼 지냈다. "동일방직 노동자들과 친구처럼 지냈다"는 것은 우리 역사 속에서 얼마나 큰 '벼슬'인가?

당시 그 노동자들에게 귀에 못 박히게 들은 말이 "넌 배운 놈이니까…", "넌 지식인이니까…", "넌 '먹물'이니까…." 등이었다. 대화나 토론을 하다가 그런 지적을 당하고 나면 그 뒤에는 더이상 진전이 안 되곤 했다. 그 뒤 내 삶의 여정은 지식인 출신이 계급성을 극복하고 노동자에게 어떻게든 진솔하게 다가서기 위해 노력하는 과정이었다고 해도 지나친 말은 아니다.

"해고된 124명이 모두 감옥에 간다는 각오로 싸우면 우리는 승리할 거야!"라고 다짐하던 모습이 눈에 선하다. 노동운동하는 사람들이 긴박한 상황에서 비슷한 결의를 하는 경우가 가끔 있지만, 실제로 그렇게 싸우는 경우는 흔치 않다. 그런데 동일방직 노동자들은 그 뒤에 실제로 그렇게 살았다. 많이 알려진 '나체시위', '똥물 테러', '노동절 투쟁', '부활절 투쟁' 등에서 지속적으로 보여준 투사의 면모뿐만 아니라, 해고된 동료들이 결혼을 하거나, 가게를 열거나, 이사를 가거나, 김장을 하는 등 크고 작은 일이 있을 때마다 모여서 동지애를 나누며 살아가는 모습은 정말 감동적이었다. 가끔 그 현장의 한 구석에 끼어 앉는 영광을 누리기도 했다.

그 뒤 내 삶의 모퉁이마다 동일방직 노동자들이 나타나 영향을 끼쳤다. 동일방직 해고 노동자가 운영하던 노동상담소를 내가 물려받았고 그것이 '노동상담' 분야에서 내가 오랜 세월 몸담고 일하게 된 직접적 계기였다. 동일방직 노동자들이 없었다면 지금의 나는 없었다.

오랜만에 조화순 목사님 생신 축하 모임에서 동일방직 노동자들을 만났을 때, 내가 어쭙잖게 "활동하면서 보면, 30년 전 그때랑 똑같이 싸우고 있는 노동자들이 지금도 너무 많아."라고 하자, 한 '동지'가 말했다. "우리가 지금 그거 모를까 봐 얘기해 주는 거야? 우리가 27년 만에 다시 길바닥에 나앉아 복직 투쟁을 시작했을 때, 하종강 씨 그때 뭐 했어?" 예나 이제나 '지식인' 하종강은 이 알짜배기 '노동자'들이 무섭다.

박종철 열사가 물고문당해 죽임을 당한 남영동 대공분실 건물이 민주인권기념관으로 바뀐 뒤 그곳에서 동일방직 노동자들과 만나는 행사를 했다. 강당에 들어서는 나에게 "아이고, 교수님! 교수님이 되셨어?"라고 큰소리로 놀리는 소리가 들린다. 한낱 자기들과 같이 찧고 까불던 새파란 청년이 '교수님'이 됐으니 놀릴 만도 하다. "그래도 하종강 씨는 멀리 가지 않고 우리 곁에 남아서 이뻐!"라고 두둔해 주는 사람도 있었다. 동일방직 노동자들을 만나면, 그들에게는 나뿐만 아니라 박정희도 전두환도 김영태(전 섬유노조위원장)도 모두 한낱 '찧고 까부는 놈들'에 불과하다는 느낌을 받는다.

동일방직 해고 노동자들은 자신들을 '투사'라고 부르는 사람들에게 이렇게 말하곤 한다. "우리는 역사를 바꾸거나 혁명을 하려고 싸운 것이 아니었어요. 뒤로 물러설 곳이 없으니까, 앞으로 한 발 내딛기 위해 계속 싸울 수밖에 없었던 것뿐입니다. 지식인들처럼 다른 데로 도망갈 곳이 없었으니까, 계속 싸울 수밖에 없었던 거예요."

문익환 목사님을 대표하는 시집 '난 뒤로 물러설 자리가 없어요'는 바로 80년대 초 동일방직 노동자들이 벌였던 블랙리스트 철폐 투쟁 집회에서 노동자들의 호소문을 듣고 쓴 시에서 따온 제목이다. 서울 종로5가 기독교회관 강당 맨 앞자리에서 눈물 어린 눈으로 글을 써 내려가시던 문익환 목사님의 모습이 기억난다.

'대학'이라는 곳으로 도망간 한때의 '동지'로서 한없이 부끄럽고 미안하다. '역사의 산 증인'이라는 말이 동일방직 노동자들처럼 어울리는 사람들도 없을 것이다. 50년 세월에 걸친 그 지난한 투쟁을 꼼꼼히 정리한 '기록 노동자'에게도 큰 고마움을 표한다. 동일방직 여성 노동자 동지들, 진심으로 존경합니다!

추천사

동일방직 노동자 투쟁의 역사가
민주노총의 뿌리임을 잊지 않겠습니다

양경수 _ 전국민주노동조합총연맹 위원장

동일방직 여성노동자들이 걸어온 50년 투쟁의 역사는, 한국 민주노조운동의 거대한 흐름 속에서 꺾이지 않고 빛나는 별과 같습니다. 민주노총 120만 조합원의 이름으로, 이 기록의 발간을 깊이 환영하며 경의를 표합니다.

1970년대, 산업화와 독재정권의 그늘 아래, 솜먼지 자욱한 공장에서 인간의 존엄을 외쳤던 동일방직 여성노동자들은 나체 시위, 똥물 테러, 블랙리스트, 국가권력의 탄압에도 굴하지 않고 싸워냈습니다. 그 치열한 투쟁은 단순한 해고 철회를 넘어, 노동자 스스로 주체가 되어 세상을 바꾸겠다는 민주노조운동의 출발점이었습니다.

해고 이후에도 이들의 투쟁은 멈추지 않았습니다. 장충체육관 기습시위, 명동성당 단식농성, 부산 김영태 통일주체국민회의 대의원 낙선 운동 등 다양한 방식으로 복직과 명예 회복을 위해 싸웠습니다. 2018년에는 국가배상 판결을 이끌어, 그들의 투쟁이 정당했음을 사회적으로 인정받았습니다. 50년 지나온 과정 자체가 노동자의 길임을 확인해주었습니다.

세월이 흘러 민주화 시대가 왔다고 합니다. 하지만 노동자 민중의 삶은 여전히 힘겹습니다. 이명박 정부의 '노조파괴' 공작, 쿠팡 자본의 블랙리스트 등 동일방직 노동자들이 겪었던 일들이 여전히 행해졌습니다. 지금도 곳곳에서 민주노조를 약화시키려는 공작이 펼쳐지고 있습니다. 이에 맞서 노동자들의 투쟁도 줄기차게 전개되었습니다. 노동자가 단결 투쟁하지 않고 사수할 수 있는 게 없음을 역사를 통해 알고 있기 때문입니다.

민주노총은 올해 창립 30년을 맞이합니다. 민주노총 30년의 역사는 동일방직을 비롯한 선배 노동자들의 피와 눈물, 그리고 끝없는 투쟁이 있었기에 가능했습니다. 동일방직 노동자들이 지켜낸 민주노조의 깃발이 있었기에, 오늘날 민주노총이 한국 사회의 변화를 이끄는 중심에 설 수 있었습니다.

『긴 투쟁 귀한 삶』은 과거를 넘어, 오늘날 부당해고와 차별, 비정규직 확대에 맞서 싸우는 수많은 노동자에게 자존과 연대, 끝내 승리할 수 있다는 믿음을 전하는 살아 있는 증언입니다. 그 정신은 여전히 유효하며, 앞으로 민주노조운동을 이어갈 모든 세대의 나침반이 될 것입니다.

민주노총은 동일방직 여성노동자들이 남긴 투쟁의 유산을 가슴 깊이 새기고, 30년을 넘어 50년, 100년을 향해 노동자 존엄과 사회정의를 실현하는 길을 꿋꿋이 걸어가겠습니다.

긴 투쟁 끝에 얻은 귀한 삶. 그 고귀한 이름을 민주노총은 잊지 않을 것입니다. 늘 깃발을 들고 앞장서 주신 동일방직 동지 여러분께 깊은 존경과 감사의 인사를 드립니다.

서문

투쟁은 계속되고
삶도 지속된다

1972년 5월, 여성 지부장 당선으로 비로소 민주노조의 걸음을 내딛기 시작한 동일방직노조는 당시 한국 노동운동에 큰 영향을 미쳤다. 여성 노동자들을 주력으로 하는 사업장인 한국모방, 콘트롤데이타, 반도상사, YH무역 등에 속속 민주노조가 들어서는 출발점이 되었고 또 노동조합 활동의 성공적인 조직화 사례로 중요한 모범이 되기도 했다.

동일방직 노동자들의 투쟁은 1970년대 민주노조운동의 대표적인 투쟁의 하나로 꼽힌다. 여러 사회학, 역사학 책이나 역사 다큐멘터리, TV 프로그램에서 다루어졌고 영화나 연극, 드라마로도 만들어졌으며 교과서에도 실렸다. 하지만 우리는 정말 1970년대의 민주노조, 동일방직노조, 1978년 해고됐던 여성 노동자들에 대해서 알고 있다고 할 수 있을까?

한국 사회 주류에 의해서는 1970년대 경제개발 과정에서 잠시 거쳐 가는 '성장통'처럼 다뤄졌다. 민주화운동 주류 세력의 서사에서는 1980년대 민주주의가 진전해가는 과정에 하나의 사례로 1970년대 민주노조운동을 배치한다. 그렇게 되자 동일방직 노동자들의 투쟁은 그저 '나체 시위', '똥물 테러'처럼 사진 속 한 장면으로만 기억되고 말았다. 지역 운동사, 지역사 연구에서도 동일방직 투쟁은 구색 맞추기처럼 늘 등장하지만 어떤 굳어진 덩어리처럼 느껴진다. 동일방직노조뿐만 아니라 대부분의 1970년대 여성 노동운동의 역사는 그렇게 분절된 삽화로만 묘사되고 편리한 대로 절단되어 끼워 맞춰졌던 게 아니었을까?

그 조각조각 분절화된 동일방직노조의 역사를 통사(痛史)로 정연하게 묶어내고자 했다. 이 여성노동자들은 해고 이후에도 수십 년의 삶을 이어 왔고 그 과정에서도 투쟁했으며 폭력과 편견과 강압을 고분고분하게 받아들이지 않았다. 스스로가 살아온 시간과 행동에 깊은 긍지를 가지고 있었다. 그 긴 시간을 온전히 '하나의 전체'로서 다루고자 했다.

글을 쓰는 데 주로 참고한 책이 한 권 있다. 동일방직 노동자들은 1985년 동일방직복직투쟁위원회 명의로 『동일방직노동조합 운동사』라는 책을 출판했다. 이 책의 발간은 동일방직 노동자들의 투쟁이 잊히거나 그 기록과 자료가 유실되는 것을 막고 이후 투쟁의 근거를 마련하는 중요한 의미가 있었다. 『동일방직노동조합 운동사』

는 당시 투쟁 과정을 상세하게 적고 있고 또 투쟁 과정에서 생산된 많은 자료를 빼놓지 않고 담아냈다.

『동일방직노동조합 운동사』를 바탕으로 많은 내용을 고쳐 썼고 글의 구성도 다시 했다. 또한 시간이 많이 지난 만큼 사실관계가 새롭게 밝혀지거나 그간의 연구 성과와 증언이 더해졌으니, 이를 반영할 필요가 있었다. 동일방직과 관련된 여러 자료와 회고글, 책과 언론 기사를 참고했고 몇십 년 동안 여러 매체에 인터뷰했던 이들의 이야기를 읽고 다시 썼다. 그리고 2000년 이후 '동일방직 노동자' 정체성을 찾아가는 과정을 정리해 담았다.

스무 살 안팎이었던 노동자들이 어느새 60~70대에 이르는 나이가 됐다. 어떻게 보면 동일방직 민주노조의 설립과 투쟁, 그리고 격렬했던 복직 투쟁의 시기는 10여 년가량 되는데, 그 이후의 시간은 훨씬 오래 지나버린 것이다. 당연한 말이지만 해고 이후에도 우리의 삶은 지속된다. 이것만큼 엄중한 것이 어디 있을까?

그들은 삶을 통해 '사라지지 않는 가치'가 있음을 보여줬다. 민주노조운동이란 말이 더는 특별하지 않고 노동운동이란 말은 사라진 듯하고 자본·정권과 노동자의 대립이 변화하는 시대를 따라가지 못하는 것으로 여겨지는 시대에 다시 돌아봐야 할 '노동자'를 발견하게 해줬다. 그 귀한 이야기를 들려주신 동일방직 선배 노동자들에게 감사드린다. 해고노동자들과 인터뷰를 하고 구술 녹취록을 작성하면서 여러 번 눈물을 훔쳐야 했음을 고백하지 않을 수 없다. 어두운 세월 그 고통을 감내하면서도 결코 무릎 꿇지 않았던 당당한 긍지에 깊이 감화받았기 때문이다. 꿋꿋함, 우정, 기개, 자신감은 그 파동을 널리 전달하는 것 같다. 그 긍정적인 기운이 독자들에게도 잘 전달되었으면 하는 바람 간절하다.

2025년 6월
양돌규·정경원

차례

발간사 _ 4

추천사 _ 8

서문 _ 17

1장 여성들이 노동조합 주인으로

- 수출만이 살 길 _ 28
- 도시로 공장으로 _ 31
- 중앙정보부로 정권 유지 _ 33
- 정권 유지에 한국노총 동원 _ 36
- 수출 100억 불 시대로 _ 39
- 일본에서 건너와 한국전쟁 통해 성장한 동일방직 자본 _ 42
- 노동자에게 꿈의 공장 _ 50
- 1분에 140보 걸어야 실이 나온다 _ 52
- 변화의 시작, 전태일 분신 _ 59
- 인천도시산업선교회, 노동자 속으로 _ 62
- 조화순 목사와 동일방직 노동자의 만남 _ 66
- 소모임, 노조 민주화의 씨앗 _ 71
- 여성 대의원 출마와 대거 당선 _ 74
- 여성 지부장 선출로 올린 민주노조 깃발 _ 78
- 비로소 조합원의 노동조합으로 _ 81

- 갈수록 든든하고 멋진 민주노조 _ 85
- 이영숙 집행부 출범과 거세지는 노조 탄압 _ 90

2장 민주노조 사수 투쟁과 해고

- 공장 새마을운동과 QC서클 활동 _ 96
- 사용자의 치졸한 어용화 전략 _ 99
- 법·행정기관까지 민주노조 파괴 가담 _ 104
- 조합원 모두가 함께한 지부장 석방 투쟁 _ 106
- 최후의 저항, 나체시위 _ 110
- 멈추지 않는 탄압과 섬유노조의 외면 _ 118
- 동일방직 사건 해부식과 노동청의 중재 _ 121
- 수습위원회 중심 노조 정상화 추진 _ 124
- 방해 뚫고 이총각 민주집행부 구성 _ 127
- 탈퇴 공작 막아내고 분열 책동 일단락 _ 131
- 사측과 어용·섬유본조 한몸으로 노조 압박 _ 134
- "똥을 먹고 살지는 않았다" _ 138
- 노동자를 배신한 한국노총 섬유노조 _ 147
- 장충체육관 노동절 행사 기습시위 _ 150
- 67명 목숨 건 단식농성 _ 153
- 연대 확산과 결사 투쟁으로 이룬 합의 _ 159
- 사측, 각서 강요하더니 124명 해고 _ 162
- 민주노조 파괴 기획자는 중앙정보부 _ 167
- 여성노동자, 국가에 맞서다 _ 170

3장 블랙리스트, 자본과 정권의 합작

- 심상치 않은 경제 _ 176
- 유신체제 위협하며 요동치는 정치 _ 178
- 연대로 나아가는 민주노조운동 _ 180
- 정권은 빨갱이가 필요했다 _ 183
- 빨갱이 사냥에 앞장선 섬유노조 _ 186
- 블랙리스트로 해고, 또 해고… _ 188
- 동일방직 사건 긴급대책위원회 구성 _ 195
- '한 많은 화도고개' 넘으며 복직 투쟁 _ 197
- 현장 진입 투쟁으로 연행·구속 _ 199
- 임시노조 결성하고 부산에서 김영태 낙선 투쟁 _ 202
- 방문·재판 투쟁, 그 끝은 폭행과 유치장 _ 208
- 김영태 재선…깡소주로 울분을 달래고 _ 213
- 투쟁 이야기 연극으로…공연 후 무차별 폭행·연행 _ 215
- 서로의 마음 어루만져주는 『동지회보』 발간 _ 221
- 해고 1주년 기념행사는 경찰 방해로 끝내 무산 _ 226
- 국제섬유노련마저 회유당해 _ 230
- 박정희의 죽음에 다시 '복직' 희망을 품다 _ 232
- 끝까지 사과·반성 거부한 김영태의 최후 _ 237
- 서울의 봄, 노동자는 아직 겨울 _ 242
- 다시 투쟁으로, 한국노총 점거 농성 _ 248
- 신군부의 군홧발에 짓밟힌 민주주의 _ 256
- 부당해고 재판까지 패소 _ 259
- 노동운동의 밀알이 되자 _ 263

- 파괴된 삶이지만 어떻게든 살아냈다 _ 268
- 유화 국면 노동자 투쟁 _ 271
- 확산하는 블랙리스트 철폐 투쟁 _ 276
- 한국노협 출범, 조직적 투쟁의 시작 _ 280
- 1985년 『동일방직노동조합 운동사』 발간 _ 288
- 시대를 잇는 조각보가 되어 _ 292
- 인천도시산업선교회 지역 사업과 의료생협 활동 _ 294
- 노동 현장에서 동료들과 투쟁 조직하기도 _ 297
- 인천과 부천 지역 노동운동 기반 다져 _ 302
- 인천 여성노동자 운동의 대중적 토양도 형성 _ 307

4장 국가에 책임 묻는 투쟁

- 1999년 민주화운동보상법 제정 _ 312
- 복직이 곧 명예 회복, 다시 모인 동지들 _ 316
- 2001년, 마침내 '민주화운동'으로 인정받다 _ 321
- 동일방직 동지들과 함께한 계승연대 _ 327
- 다시 투쟁의 함성으로 공장문을 열다 _ 333
- 2005년 뜨거웠던 여름, 본사 앞 3박 4일 노숙 농성 _ 341
- 정부청사 앞 해고자 원상회복 촉구 투쟁 _ 346
- 영화로 되살아난 우리, '우리들은 정의파다' _ 350
- 진실화해위원회에 노동 탄압 사건 공동 접수 _ 355
- 2008년 해고 30년 행사에서 다시 결의 _ 359
- 2010년 진실화해위원회, 국가권력에 의한 범죄 인정 _ 363

- 국가에 손해배상 청구 공동소송 제기 _ 366
- 국가배상 소송 무려 8년 _ 369
- 1심 일부 승소에 항소한 공동소송팀 승리 _ 374
- 복직 권고 무시하는 동일방직 사측 _ 376
- 2014년 사법농단 양승태 체제 대법원, 국가 책임 부정 _ 378
- 박근혜 탄핵 후 민주화보상법 일부 위헌결정 _ 382
- 2018년 마침내 국가배상 최종 판결 "활짝 웃고 만세" _ 384
- 민주유공자법 제정 과제 _ 387
- 사회정의 실천의 동력은 '연대' _ 391
- 여성노동자의 시대를 지나 _ 396
- 폭압적인 자본과 정권의 탄압에 맞서 _ 398
- 노동자 정체성 획득과 사수 _ 400
- 복직 투쟁의 길 50년, 명예로운 시간 _ 402

<에필로그> '정의'의 깃발을 놓지 않은 이들 _ 405

부록

- 동일방직복직추진위원회에 함께하는 이들 _ 412
- 해고·블랙리스트 124명 _ 427
- 동일방직노조 투쟁 연표 _ 428
- 참고문헌 _ 431

1장

여성들이 노동조합 주인으로

수출만이 살 길

1961년 5월 16일 쿠데타를 통해 권력을 장악한 박정희는 '정국 안정 후 권력 민간이양' 약속을 뒤집고 대통령 선거에 출마, 5대 대통령이 되었다. 박정희 정권은 권력을 유지하기 위해 중앙정보부를 창설하고 국가재건최고회의를 뒀으며 1972년 유신헌법과 그에 뒤이어 통일주체국민회의를 설치하는 등 민주주의를 파괴했다. 그 기반 위에서 5~9대까지 '한국에 대통령은 오직 한 사람'일 정도로 19년 독재가 이어졌다.

비합법적 방법으로 권력을 찬탈한 박정희 정권에게 경제 발전은 정통성 시비를 덮을 유일한 길이었다. 그래서 집권 초기부터 경제개발은 국정의 핵심이 되었다. 한 마디로 박정희 정권을 유지할 수 있던 요인은 수출 중심의 경제개발, 강력한 사회통제와 동원 체계 구축이었다.

1962년부터 시작된 1, 2차 경제개발은 경공업 육성과 수출에 바탕을 둔 것이었다. 이 시기 경제는 가파르게 성장했다. 경공업의 총 수출에 대한 기여도는 1970년대 초 40.9%까지 수직 상승했다.

섬유산업은 1953년 휴전 이후 미국과 UN의 원조금으로 자본을 축적했다. 면방, 모방, 견방 등 천연 섬유 생산설비가 복구되었고 1956년부터 자급이 가능해졌으며 1960년대 수출 주력 산업으로 변모했다.

    당시 연도별 10대 수출 상품을 보면 수출에서 섬유산업이 차지하는 비중을 알 수 있다. 1961년 수출 상품 순위는 철광석, 중석, 생사, 무연탄, 오징어, 활선어, 흑연, 합판, 미곡, 돈모 순이었지만 1970년에는 섬유류, 합판, 가발, 철광석, 전자제품, 과자제품, 신발류, 연

<표> 1962~1979년 GDP 성장률

연도	1962	1963	1964	1965	1966	1967	1968	1969	1970
성장률	2.1	9.1	9.7	5.7	12.2	5.9	11.3	13.8	8.8
연도	1971	1972	1973	1974	1975	1976	1977	1978	1979
성장률	10.4	6.5	14.8	9.4	7.3	13.5	11.8	10.3	8.4

한국경제 60년사 편찬위원회, 『한국경제 60년사 I』 105쪽·113쪽, 2010.에 따름.

<표> 제조업의 수출 비율 추이

연도	1963	1966	1970	1973
음식료품	2.2	5.9	3.7	6.2
섬유	4.8	15.0	26.4	47.2
기타 경공업	4.1	13.3	22.3	36.7
화학	1.1	5.2	6.2	10.7
금속공업	13.2	9.8	7.2	26.4
기계공업	2.8	5.8	9.5	33.3
전 산업 평균	2.8	6.2	7.5	15.5

한국경제 60년사 편찬위원회, 『한국경제 60년사 II』 190쪽, 2010.에 따름.

초 및 동제품, 철강제품, 금속제품으로 바뀌었다. 1975년에도 섬유류, 전자제품, 철강제품, 합판, 신발류, 원양어류, 선박, 금속제품, 석유제품, 합성수지제품 순이었고 1987년까지 1위 상품은 섬유류였다. 1988년 이후 전자·전기제품이 1위를 차지했다.[1]

박정희 정권은 섬유산업을 전폭 지원했다. 나일론과 아크릴 생산으로 면제품 수요가 감소했을 때는 「섬유공업시설임시조치법」(1967년)을 제정해 방적업과 제직업을 지원, 공급과잉 현상을 해소해 갔다. 석유파동으로 화학섬유 산업이 위축되었을 때는 「섬유공업근대화촉진법」(1979년)을 제정해 시설규제 완화, 혁신역량 강화 등을 추진하여 섬유산업 경쟁력 강화를 꾀했다. 이런 지원 속에 한국은 1970년대에 홍콩, 대만과 함께 섬유 수출 빅3로 불렸다.[2] 노동집약적 경공업은 수출 증대를 가져왔고 그 성과는 중공업 발전의 밑바탕이 되었다.

---

1   통계청, 『통계로 본 한국의 발자취』, 1995.
2   한국경제 60년사 편찬위원회, 『한국경제 60년사 II』, 201쪽, 2010.

도시로 공장으로

1960~70년대 1위 수출산업 대부분을 여성노동자의 노동력이 떠받쳤다.

경공업 분야에는 농촌을 떠난 이들, 가족의 생계를 위해 공장으로 나온 이들이 대거 진입했다. 대부분의 농가는 농사만으로 생계를 유지하는 게 불가능했고 한 사람이 벌어서는 가족이 살아갈 수 없는 형편이었다. 농사 외의 일거리는 주로 서울, 부산, 인천, 대구 등 도시에 있었다. 1960년대 말부터 1970년대 초까지 해마다 50만 명씩 대도시로 이주했다. 당시 취업자 수 비중을 보면 1960년 29.5%, 1970년 45.4%, 1980년 61.3%로 증가했다. 인천지역도 예외가 아니어서 일자리 수 추이가 1960년대 초 9만 개였던 것이 1970년대 말에 이르러 23만여 개로 늘었다.[3]

특히 이 시기엔 진학보다는 생계를 위해 공장에 들어가 노동자의 길을 택하는 이들이 많았다. 통계도 이를 보여준다. 1960~70년

---

[3] 인천의 산업화와 관련해서는 다음을 참조했다. 정영태, 「개발연대의 노동자계급 형성 : 인천지역 노동자를 중심으로」, 『1960~70년대 한국의 산업화와 노동자 정체성』, 한울, 2004.

대 상급학교 진학률은 낮았다. 기성회비를 걷기는 했지만 초등학교는 의무교육이었다. 그러나 중학교부터는 사정이 달랐다. 중학교 진학률은 1965년 54.3%, 1970년에는 66.1%였다. 1980년에 가서야 중학교 진학률이 95.8%로 올라섰다. 중학교 졸업생 중 고등학교 진학률은 1965년 69.1%, 1970년 70.1%, 1980년 95.7%였다.

마침 자본은 단순 노동력이 필요했다. 여기에 남성 위주 가부장적 문화 속에서 여성노동자들은 학교보다는 공장으로 보내졌다. 갓 의무교육을 마친 대부분의 어린 여성에게 선택지는 단 둘뿐이었다. 농사를 짓거나 도시 공장으로 가 일하는 것이었다.

그렇게 도시로 공장으로 보따리를 지고 떠나는 여성노동자 행렬은 1960~70년대 낯설지 않은 풍경이었다. 그 결과 풍부한 노동력이 확보되었고 남성에 비해 값싼 임금과 장시간 노동을 바탕으로 1960~70년대 한국은 엄청난 경제 성장을 이뤘다.

중앙정보부로 정권 유지

박정희 쿠데타 세력은 권력을 찬탈한 뒤 여러 차례 포고령을 발표했다. 그중에 노동 관련 내용이 여럿 포함되었다. "노임은 5월 15일의 수준으로 유지하고 노동쟁의는 일절 금지한다"(1961년 5월 19일에 발표된 계엄사령부 공고 제5호 '경제질서 회복에 관한 특별성명서')는 내용이 가장 먼저 발표되었다. 이어 5월 21일, '포고령 제6호'를 통해 노동조합을 포함한 모든 정당·사회단체들의 즉각적인 해체를 명령했다. 그리고 8월 3일, 「사회단체등록에관한법률」을 개정해 노동단체의 역할을 "노동조건의 개선"과 "경제적·사회적 지위 향상"을 목적으로 하는 자율적인 경제조직으로 한정해 노동단체의 정치활동을 금지했다. 이 기조를 유지해 1963년 「노동조합법」, 「노동쟁의조정법」, 「노동위원회법」을 개정했다.

한 축으로는 강력한 통제 기구를 만들었다. 1961년 5.16쿠데타 직후인 6월 10일 박정희는 중앙정보부(중정)를 창설했다.[4] 초대 부장을 김종필이 맡았다. 중앙정보부의 기본 아이디어는 미국의 중앙

---

[4] 중앙정보부 관련 내용은 김종필, 중앙일보 김종필증언록팀 엮음, 『김종필 증언록』 1권, 와이즈베리, 134~138쪽, 2016. 참조.

정보국(CIA)에서 따왔지만, 수사권까지 가져 CIA보다 막강한 조직이었다. 나아가 검찰과 여타 국가기관을 지휘할 수 있었다. "혁명의 정착을 효과적으로 보조하려면 힘이 있어야 한다"는 필요로 만들어졌다는 중앙정보부는 이후 공작정치와 공포정치의 대명사로 자리매김했다. 1981년 전두환에 의해 '국가안전기획부'(안기부)로 이름이 바뀌었지만 하는 일은 매한가지였다. 중앙정보부는 남산에 본거지를 두었는데, "남산에 끌려갔다"는 말은 박정희-전두환-노태우 군부독재 시절 중정이나 안기부로 끌려가서 모진 고문을 당하고 있다는 뜻이었다.[5]

1972년은 박정희가 유신헌법에 기반해 독재를 이어간 해인데, 유신 선포와 유지에 이 중앙정보부의 역할이 컸다. 박정희는 1967년 '동백림 사건'과 같은 간첩 사건을 조작하더니 공포 분위기를 조성하며 1969년 '3선 개헌'을 강행했다. 그런데도 1971년 대통령 선거에서 야당의 김대중 후보와 표 차이가 고작 95만 표가량이었으니 사실상 진 것이나 다름없었다. 박정희의 불안감은 커질 수밖에 없었다. 1972년 7월 4일 '남북공동성명'을 발표해서 평화와 통일의 길이 열리는 것 같은 분위기를 만들더니만 10월 17일 비상계엄을 선포해서 국회를 해산하고 헌법을 중단시켰다. '유신 독재'가 시작된 것이다.

---

[5] 김영삼 정부는 남산 되살리기를 시작해 남산에 있던 건물 80여 동 대부분을 철거했다. 현재 '서울 유스호스텔'로 사용되고 있는 건물이 1972년에 중정의 본관으로 지어진 것이다.

국민의 저항이 이어졌다. 그러자 박정희는 '긴급조치'를 남발해서 국민의 인권을 억압하는 동시에 중앙정보부를 이용한 공작정치와 공포정치를 더욱 강화했다. 박정희 독재는 중앙정보부를 핵심으로 해서 국군보안사령부(현 국군방첩사령부)와 치안본부가 결합된 '감시와 억압의 3각 체제'를 확립했다. 특히 김대중 납치, 민청학련 사건, 인혁당 재건위 사건 등 훗날 '진실 화해를 위한 과거사 정리위원회' 발족으로 모두 국가에 의한 조작이었음이 드러난 사건들이 중앙정보부에서 설계, 실행되었다.

이 중에 동일방직 노동자들과 인연을 맺게 되는 사건도 있었다. 중앙정보부는 '유럽 간첩단 사건' 조작 과정에서 서울법대생들의 유신 독재 비판 시위를 지지한 최종길 교수를 중앙정보부로 불러 조사했는데, 그가 중앙정보부 건물에서 추락사했다. 의문사였다. 훗날 최종길의 동생인 최종선 씨는 증언으로 동일방직 노동자들의 민주화운동 인정과 복직 투쟁에 큰 역할을 하게 된다.

정권 유지에 한국노총 동원

공포정치 속에서 한국노총은 정권에 안주하거나 충실한 조직이 되었다.

한국노총은 '국가재건최고회의 포고 제6호'에 의해 1961년 5월 23일 해산되었다가 「근로자의단체활동에관한임시조치법」에 따라 재건되었다.

쿠데타 직후 중앙정보부는 노조 재편 임무를 담당할 핵심 세력으로 산별노조의 대표 9명을 지명했다. 1961년 8월 4일 이른바 '9인 위원회'로 알려진 '한국노동단체 재건조직위원회'(재건위)가 구성되었다. 재건위는 8월 6일과 9일 두 차례 모여 15개 산별노조의 조직 책임자들을 임명했다. 다음날 바로 재건 조직 요강을 정하고 8월 12일 재건위 총회에서 '재건 조직 기본방침'을 채택, 조직 작업에 착수했다. 철도, 섬유, 광산, 외자기업, 체신, 운수, 해상, 금융, 전매, 화학, 금속 등 11개의 산별노조가 8월 16~25일에 걸쳐 재조직되었다. 8월 30일 산별노조 대의원 78명이 참석한 가운데 한국노총 창립대회가 개최되었다.

한국노총 창립이 전광석화처럼 추진될 수 있었던 것은 정권의 요구에 일사불란하게 움직일 노동조직을 만들겠다는 중앙정보부의 사전 준비가 없었다면 불가능했을 것이다. 4.19혁명 이후 분출되었던 민주적 노동조합 운동 흐름을 정권이 직접 나서 제압했다.[6]

이렇게 정권이 잉태한 한국노총은 조합원이 아닌 정권을 택하며, 박정희 정권의 '동원의 정치'를 뒷받침하는 일을 일선에서 담당했다. 한국노총은 혁명 과업 완수를 위한 노동자 궐기대회(1961.10.7.), 군사혁명 1주년 기념 전국노동자 총궐기대회(1962.5.17.)에 각각 3만여 명의 노동자를 동원했다. 전국적인 반공 궐기대회(1974.6.25.), 국가안보 강화 촉구 및 북괴 남침 터널 구축 규탄 결의대회(1974.12.9.) 등 반공 집회에도 노동자를 참여시켰다. 심지어 전태일 열사의 분신 이후였음에도 1972년 10월 17일 유신 선언을 지지하는 성명을 발표해 "50만 조직 노동자를 비롯, 400만 애국 노동자의 자중과 협동을 호소"했다. 이어 10월 26일에는 전국대의원대회를 소집했는데, 개회사를 통해 "이번 대회의 성격을 박 대통령의 특별선언을 뒷받침하기 위한 대응 태세를 갖추는 하나의 비상대회로 규정한다"면서 "노동운동 방향은 국가 이익의 우선이라는 기본 이념을 살리며 노동자의 실리를 찾을 수 있는 새로운 차원을 지향한다"고 밝혔다.

1960~70년대 한국노총의 행보는 이 기조로 일관했다. 동일방직

---

[6] 이승만 정부 시절부터 어용 노총에 반발해 활동했던 김말룡은 9인 위원회에 의한 한국노총 재건에도 반대했다. 중앙정보부는 한국노총 출범식 날 새벽 그를 연행, 구속했다. 중앙정보부는 1971년 한국노총 위원장 선거에 김말룡이 출마하자 그의 당선을 막기 위해 공작을 펴기도 했다.

노동자들의 민주 집행부 선출과 사수, 전태일 분신 이후 터져 나온 노동자들의 자주·민주 열망은 여기서 비롯되었다.

한편, 박정희는 '민족'과 '교육'을 중요하게 여겼다. 1968년 발표한 국민교육헌장을 만드는 회의에 직접 들어갔을 정도다. 학생들은 국가주의적 주체 형성 교육을 받고 산업화 전략에 따른 발전주의적 국민으로 자랐다. 정권은 남북 대치 상황을 강조하며 또다시 국난을 맞고 싶지 않으면 통제를 받아들이고 열심히 맡은 바 일을 잘하라고 강요했다.

새마을운동은 그 정점이었다. 부지런함을 최고의 미덕으로 치켜세우며 새마을운동은 농촌을 넘어 공장으로 도시로 확장되었다. 한국노총은 적극적으로 새마을운동 실행 주체로 뛰어들었다. 생산 현장에서 노동자는 기계를 끔찍하게 아끼며 기름치고 닦았다. 그렇게 노동자는 나의 미래, 민족의 미래, 국가의 미래를 책임지며 경제 부흥의 역군이 되어가고 있었다.

수출 100억 불 시대로

1970년대 국가 슬로건은 '수출 100억 불 달성'이었다. 모든 기관과 정책은 이 슬로건을 달성하기 위해 매진했다. 1980년대, 밝은 미래에 대한 가능성은 사람들의 열정, 욕망을 불러일으키며 한국 사회를 재조직했다. 유신헌법과 수시로 발효하는 계엄·비상조치로 사회는 통제되었고 전쟁의 위협이 목전에 온 듯 반공주의는 강화되었는데, 이 모든 것을 용인하게 만드는 것이 경제 발전이었다. 여기에 돌을 던지는 일은 불가능해 보였다.

한국은 1977년 말 100억 달러 수출을 달성했다. 박정희는 12월 22일 수출의 날 기념식에서 "경제개발 계획을 시작한 1962년 수출액 5천만 달러에서 시작해 2년만인 1964년 1억 달러를 달성하고 또 6년 뒤인 1970년 10억 달러를 넘어섰다. 그로부터 7년, 경제개발 계획 초기 기준 15년 만에 100억 달러를 돌파했다"고 선언했다. 100억 달러 조기 달성은 베트남 파병과 전후 특수, 파독 광부와 간호사, 섬유 등 노동집약적 산업의 확대 등이 있어 가능했다. 저임금 장시간 노동이 없었다면 실현되지 못할 100억 달러 시대였다.

임금 상승률만 본다면 1970년대 임금은 빠르게 상승했다.

<표> 소비자물가 및 제조업 임금 상승률 (1972~1979년)

연도	1972	1973	1974	1975	1976	1977	1978	1979
소비자물가	11.7	3.2	24.3	25.2	15.3	10.1	14.5	18.3
명목임금	13.9	18.0	35.3	27.0	34.7	33.8	34.3	28.6
노임단가	6.1	11.5	31.7	24.3	32.5	21.3	18.8	21.2

통계청, 국가통계포털 자료에 따름.

<표> 1970년대 제조업 노동자 주당 평균 노동시간

연도	1970	1971	1972	1973	1974	1975	1976	1977	1978	1979
전 산업	51.6	50.6	50.9	50.7	49.6	50.0	50.7	51.4	51.3	50.5
제조업	53.4	52.0	51.7	51.4	49.9	50.5	52.5	52.9	53.0	52.0

통계청, 『통계로 본 광복 70년』, 2015.에 따름.

1974~1975년 명목임금은 연평균 31%에 달했다. 하지만 석유파동으로 인한 물가 상승을 감안한 실질임금 상승은 5% 미만이었다.

1970년대 제조업에 종사하는 노동자의 주당 평균 노동시간은 여타 산업의 노동시간보다 많다. 미국, 일본 등의 연간 노동시간이 2천 시간 언저리였지만 한국은 2,700시간이 넘었다. 장시간 노동이 국가 성장의 기반이었음을 보여주는 것이다. 게다가 교대제 밤샘 노동은 절대 시간만으로 가늠할 수 없는 노동이다. 동일방직에서의 노동도 이에 속했다.

박정희 정권에 의해 추진된 경제정책은 대부분 노동자와 도시 빈민의 희생에 바탕을 뒀다. 반면 이들에 대한 복지제도는 없었다 해도 과언이 아니다. 노동자 산재보험은 1964년에 도입되어 500인

이상 사업장에 적용되었으나 유명무실했다. 직장의료보험은 1977년에 도입되었고 지역의료보험은 1981년에 도입되었다. 의료보험 전 국민 적용은 1989년에 이르러서다.

동일방직 노동자들도 '100억 불 달성' 국가 슬로건을 귀가 아프도록 들었다. 희망의 1980년대를 향한 '희망고문'이었다.

동일방직 1966년 입사자의 당시 일당은 70원, 잔업을 해도 월 수입은 3천 원에 못 미쳤다고 한다. 통계청 자료에 따르면 1970년 제조업 노동자 월 평균임금은 1만 4,300원이었다. 1977년 전산업 노동자 평균임금은 8만 2,400원이었고 제조업 노동자의 경우 6만 9,200원이었다. 7년 새 임금은 많이 상승했으나 당시 물가상승률을 고려해 보면 임금으로 장바구니를 채우기엔 부족했다. 1977년 식료품 가격을 보면, 쌀 8kg은 2,568원(한 가마니 80kg), 300g 두부 한 모 63원, 돼지고기 500g 710원, 닭고기 1kg 921원, 달걀 10개 293원, 콩나물 63원, 참기름 576원이었다. 맥주 1병은 365원, 소주 1병은 137원, 짜장면 한 그릇은 194원, 다방 커피 한 잔은 118원이었다.[7] 노동자들은 그야말로 허리띠를 졸라매야 했다.

---

7 통계청, 『통계로 본 한국의 발자취』, 1995.

일본에서 건너와 한국전쟁 통해 성장한 동일방직 자본

동일방직 자본 축적의 역사는 노동 착취의 역사였다. 특히 일제강점기 때부터 오랜 기간 식민지 여성 노동을 착취하고, 대한민국 정부수립 이후에도 장시간 저임금 노동력을 기반으로 설립, 발전한 곳이다.

1907년 일본의 대규모 방적공장인 데이코쿠섬유가 한반도에 진출했다.[8] 이어 1917년 조선방직 부산공장도 설립되었고 1930년대 초부터 일본의 면방 업체들이 식민지 조선에 대거 진출했다. 일본의 공장법이 적용되지 않는 곳에서 싼 임금, 어린아이와 여성 노동을 마음껏 활용하기 위한 것이었다. 당시 조선은 제품, 소비시장과 원료 공급지를 겸해 일본 면방 자본으로서는 매우 매력적인 곳으로 여겨졌다.

---

[8] 데이코쿠섬유는 경성 태평통 2정목에 경성지점을 설립하고, 부산과 인천에 공장을 설치했다. 일제강점기 동양방적 관련 내용은 이상의, 「구술로 보는 일제의 강제동원과 동양방적 사람들」, 『인천학연구』 37, 2022.에서 재인용, 참조하면서 다른 논문과 자료를 이용해 보강, 첨삭했음을 밝혀 둔다.

이때 일본 3대 방적 회사인 가네가후치(종연)방적, 다이니혼(대일본)방적, 도오요(동양)방적이 진출했는데, 그중 동양방적이 바로 해방 이후 동일방직이 되는 회사다. 동양방적(東洋紡績)은 1882년 일본 근대산업의 아버지로 일컬어지는 시부사와 에이이치(1840~1931)가 창립한 오사카방적을 모체로 1914년 6월, 미에방적과 합병하면서 창립[9]했다. 이후 1931년 3월에는 오사카에 있는 고도방적과도 합병하면서 덩치를 더욱 키워 세계 최대 방적 회사 중 하나로 성장했다. 2024년 새로 발행한 일본 지폐(1만엔권)에 시부사와 에이이치가 등장한 것만 보더라도 그가 일본 경제에 끼친 영향력이 어느 정도였는지 짐작할 수 있다.

당시 일본 방적업자들은 원면, 즉 아직 가공하지 않은 목화솜 대부분을 외국에서 수입해서 제품을 만들고 다시 외국으로 수출했는데, 기계를 24시간 돌리고 그에 맞춰 노동자를 주야 2교대로 심야 작업까지 시키는 데서 경쟁력을 찾았다. 1883년 심야 작업을 처음으로 실시한 회사가 다름 아닌 동양방적의 전신인 오사카방적이다. 특히 1886년 공장에 전기 조명이 도입되면서 심야 작업이 확대됐다. 이후 일본 방적 업계에서는 주야 12시간 작업이 보편화됐다.

공장법이 무한 착취에 제동을 걸기는 했다. 1911년 3월 28일 공포된 일본의 공장법은 15세 미만과 여성은 오후 10시부터 오전 4시까지 취업시킬 수 없다는 규정이 포함되어 있었다. 심야 작업을 시

---

[9] 東洋紡績(株), 『百年史-東洋紡(下)』, 1986. ; 이상의(2022)에서 재인용.

키지 않는다는 것이다. 그런데 이 법에는 "직공을 2조 이상으로 나누어 교대로 작업할 때는 15년간 이 규정을 적용하지 않는다"는 예외 조항이 있었다. 이는 면방직업계의 이윤을 보장해 주는 방편이었고 그 결과 아동과 여성의 심야 작업은 지속된다. 국제적으로 심야 노동이 금지되는 추세인데도 일본은 여성과 '소년공'의 심야 노동 금지를 계속 유예했다. 그러다가 1920년대 일본에서 사회주의운동과 노동운동이 성장하면서 1923년 공장법이 개정됐다. 이에 따라 1929년 7월 1일부터는 16세 미만 노동자들의 오후 11시~오전 5시까지 심야 노동을 완전히 중단했고 이들의 노동시간을 하루 11시간 이내로 제한했다. 이에 일본 방직업계는 하루 18시간을 오전 5시~오후 2시까지, 오후 2시~오후 11시까지 2교대제로 구분해 운영했고 식사 시간이 포함된 30분씩의 휴식 시간을 주었다. 법 내용이 어찌 되었든 이 법은 식민지에는 적용되지 않았다. 1930년대 일본 자본의 조선 진출이 활발해진 것은 이 때문이었다.

조선 진출을 추진한 동양방적은 몇 곳의 건설 후보지를 물색하다가 인천에 공장을 짓기로 했다. 인천은 경성에서 가깝고 통근 가능한 노동력이 풍부했으며 항구가 있어 중국과의 무역이 수월한 이점이 있었다. 동양방적은 1932년 인천부윤 마쓰시마 키요시와 공장 설치에 관한 가계약을 맺고 인천 서북쪽 끝 만석동 37번지 일대 2만 8천여 평의 매립지를 매입해 공장을 짓기로 했다. 인근 송림리에서 매일 1만 석의 용수를 얻을 수 있을 정도의 공장용 수원을 발견한 것이 만석동에 입지를 정하는 데에 크게 작용했다. 인천공장은 일본 아이치현의 이치노미야 공장을 모델로 하고 그 공장을 지은 담당자들이 중심이 되어 추진했다.

1933년 인천공장의 외부 공사가 끝나자 다음 해인 1934년 자본금 400만 엔을 투자해 제사(製絲)와 직포(織布)를 위한 방적부와 직포부를 갖추고 정방기(精紡機)와 직기(織機)를 설치해 공장의 시험가동을 시작했다. 1934년 3월 동양방적 오사카공장의 숙련공 55명이 열차 편으로 상인천역(현 동인천역)을 통해 들어왔다. 이들은 미숙련공인 조선인 직공에게 기술을 전수해 주기 위해 온 것이다.[10] 동양방적은 1934년 6월 1일 조업을 개시했다.[11]

동양방적 인천공장은 1943년 10월 현재 공원(종업원)이 1,080명 (남 130명, 여 950명)이었는데 그중 95%가 한국인이었고 사원(관리직) 39명은 일본인이었다고 한다. 전해오는 이야기에 따르면 이때 일제에 의해 강제로 끌려오거나 팔려 온 여공들이 탈출을 시도하다가 바다에 빠져 죽는 일이 많았다고 한다. 그래서인지 그때부터 항간에는 동일방직 여공들은 '팔자가 세다'는 말이 생겼다고 한다.[12]

---

10 동아일보 1934.3.28.
11 동양방적의 조업 개시 일시에 대해서는 자료마다 다르다. 조성원은 조업 연월을 동양방적 인천공장의 경우 1934년 6월로, 동양방적 경성공장의 경우 1937년 4월이라 적고 있다. 조성원, 「1930년대 朝鮮의 면방적자본의 축적조건-4대 방적회사를 중심으로」, 한일경상학회, 『한일경상논집』 27권, 281쪽, 2003. 다른 자료에도 6월로 적고 있다. 그런데 『동일방직노동조합 운동사』는 10월 1일로 적고 있고 그 책을 참조한 문헌은 모두 10월 1일로 적고 있다. 이는 당시 구인난으로 인해 일단 6월 1일 조업을 개시하고 다시 인원을 보충한 후 공장 전체를 가동한 것이 10월 1일일 것으로 추측해 보지만 확실하게 특정하기는 어렵다.
12 동일방직복직투쟁위원회, 『동일방직노동조합 운동사』, 돌베개, 27쪽, 1985.

당시 여성노동자들이 겪어야 했던 고된 일상을 반영하는 말이다.

한편 동양방적은 인천공장에 이어 경성에 공장을 추가 건설했다. 경성부 영등포 역전, 한강 변의 수질이 양호한 곳에 전용선을 끌어들이고 1936년 5월 공사에 착수, 1937년 4월 조업을 개시했다. 이 공장은 이내 높은 조업실적을 올렸다.[13] 동양방적은 조업을 시작한 지 고작 1년 만에 종연방적, 조선방직, 경성방직과 더불어 조선 4대 방직의 독점생산체제 반열에 들었고 면방직업의 1/3의 비중을 차지하게 됐다.

동양방적 인천공장은 개업 당시 명성이 자자했지만, 노동자들이 받는 처우나 생활 수준은 그에 미치지 못했다. 노동자들은 관리자들의 갖은 폭력과 희롱에 매일 같이 시달려야 했고 저임금, 장시간 노동은 기본이었다. 일제강점기 사회주의 여성 작가 강경애는 『인간문제』에서 동양방적 노동자의 일상을 사실적으로 다뤘다.

미군정이 들어선 후 일본인의 공사유재산은 동결되고 군정법령 제33호에 의거 이들 재산은 군정청에 귀속되었는데 이를 이른바 '적산(敵産)'이라 한다. 적산 기업은 군정 기간에 적산관리청과 해당 관서에서 관리하다가 1948년 남한 단독정부 수립 후 9월 9일 한미 간에 체결된 '재정 및 재산에 관한 협정'에 따라 모두 한국 정부에 귀속됐다. 이에 따라 목화 주산지인 남한 지역에만 집중되어 있던 면방직업체 중 경성방직을 제외한 11개 사가 모두 귀속재산이 됐다.

---

[13] 東洋紡績(株), 『百年史-東洋紡(上)』, 1986 ; 이상의(2022) 135쪽에서 재인용. 이상의, 「구술로 보는 일제의 강제동원과 동양방적 사람들」, 『인천학연구』 37, 2022.

1945년 해방과 함께 동양방적 인천공장은 미군정청에 귀속되어 동양방적공사에 흡수되었다. 동양방적공사에는 인천공장 말고도 경성공장이 있었는데, 1947년 10월 1일 제일방적공사로 명칭을 변경했다. 1948년 정부 수립 후 적산이 정부에 귀속되고 공사 관할도 상공부로 이전되었다. 1949년 9월에 인천공장은 제일방적공사와 분리되어 명칭을 동양방적공사로 바꿨다. 그리고 인천공장 공장장이었던 서정익이 초대 이사장으로 선출됐다.[14]

동양방적공사는 한국전쟁으로 상당한 피해를 입었으나 휴전 후 원면 사정이 좋고 면방업이 호황이었기 때문에 곧 회복할 수 있었다. 1955년 8월 5일, 정부의 귀속면방업체 민영화 방침에 따라 이사장 서정익은 동양방직주식회사를 설립, 스스로 사장이 되어 동양방적공사를 인수했다.

이후 동양방직주식회사는 시설을 확장하고 계열 기업을 창립 또는 흡수해 국내에서 손꼽힐 만한 방직업체로 성장했다. 그러다가 4.19 이후 부정 축재로 조사받았고 5.16 직후에는 부정축재처리법의 대상 기업으로 지목받게 되었다. 그 내용은 사장 서정익이 동양방적공사의 관리를 맡고 있을 때 부정 이득을 취했고, 동양방적공사의 매매계약 시 헐값으로 사들여 부당이득을 취했으며, 자유당 정권에 불법적인 정치자금을 댔다는 것이다. 회사 측에서 몇 차례

14　인천 동양방적의 관리인은 ①최남(1945.10.22.) → ②R. 버크 대위(1946.10) → ③최광원(1947.8) → ④임문환(1948.12) → ⑤서정익(1949.9) → 최종 불하 서정익 순으로 교체됐다.

에 걸쳐 이의를 신청해 벌과금은 9억여 환에서 2억여 환으로 줄었지만, 회사의 이미지는 손상을 입었다.

1960년대에도 동양방직주식회사는 착실히 성장해 시설 규모로는 전국 면방기업의 5~6위에 들었다. 자금 사정도 호전되고 귀속재산 대금도 일시불로 완납해 자신감을 얻자, 1966년 1월 회사 명칭을 동일방직주식회사(동일방직)로 변경했다.

동일방직은 정부의 강력한 수출 제일 정책에 부응해 1969년 안양공장을 건설하고 시설을 더욱 확장했다. 1969년 사장 서정익은 제6회 수출의 날에 철탑산업훈장을 수상했으며 1971년 수출 실적은 500만 달러를 넘어섰다. 1972년부터 1973년까지는 '단군 이래 최고 호황'을 맞이해 1973년도 5대 면방업체 중 최고 매출이익률과 최고 순이익을 기록했다. 이 시기에 서정익이 사망하고 부사장 정종화가 뒤를 이었다.

1972~1973년의 기록적인 호황은 석유파동으로 주춤하고 방직업계도 경영상의 문제점들이 드러났다. 그러나 동일방직은 이 시기 생산성 증대와 국내 수요 개발에 힘씀으로써 안정권에 들어갔다. 1978년 2월 정종화가 사퇴하고 창업주 서정익의 장남 서민석이 사장으로 취임했다. 1979년 서민석은 제16회 수출의 날에 대통령 표창을 받았다.

인천공장은 1975년 현재 사무부, 생산부의 2개부와 그 밑에 서무과, 노무과(이후 새마을과), 창고과, 생산관리과, 방적과, 직포과, 원동공작과 등 7개 과가 있다. 인천공장의 주된 생산품은 면사와 혼방이며 마라톤, 횃불, 토-취, 금관, 백조, 백두산, 스완텍스, 유니텍스 등의 상표를 가지고 있었다. 1982년 동일방직은 동영주식회사, 주식회사 동일트레이딩, 주식회사 동일니트, 동일레나운주식회사, 주식회사 동염, 중앙염색가공주식회사, 동양섬유주식회사, 재단법인 정헌산업장학재단 등을 거느린 종합섬유업체로 성장했다. 그중에서도 모회사인 동일방직은 서울 본사와 인천공장, 안양공장으로 구성돼 있었다.

노동자에게 꿈의 공장

동일방직은 취업을 준비하는 이들에게 인기가 많았다. 월급이 많고 시설이 좋다고 알려져 모집공고도 공장 옆에 잠시 붙여두면 될 정도였단다. 언니를 따라 원서를 내는 이도 있었고 동일방직에 다니는 친척이나 고향 이웃이 있다면 그 연줄로 취업하는 이도 있었다. 법적 취업 연령이 안 되면 관리자 집에서 식모를 살다가 들어가기도 했다. 언니 이름을 대고 들어가기도 했는데 주민등록증 제도가 생긴 것이 1968년이고 전산화가 전무한 때라 가능한 일이었다. 다만, 키는 155센티 언저리여야 했다. 나이가 어리면 법으로는 안 된다는 것을 회사도 알았지만, 기계에 맞춰 일할 정도의 키가 되면 모르는 척 채용한 것이다. 그래서 동일방직 여성노동자들은 키와 발 사이즈가 비슷하다.

경제 활동이 절박했던 여성노동자들에게 동일방직이 인기 있던 이유는 잘 지어진 기숙사와 건물, 도서관과 잔디밭이 있다는 것, 교대근무를 하니 8시간 노동이 지켜진다는 것 등이었다. 먼저 태어난 죄로 여성이라는 죄로 오빠·동생 학비를 벌어야 했던 여성노동자들에게 야간학교라도 다닐 수 있다면 더 바랄 것이 없었을 것이다. 교대제로 일하며 공부하고 책도 읽고, 5월이면 담장에 흐드러지게 피는 장미를 보며 찌든 삶일지라도 잠시나마 감성을 만끽하고 싶었을 것이다. 동일방직은 그들에게 꿈의 공장이었다.

그런데 현실의 공장 모습은 이랬다. 공장 복도를 걸어 들어가면 닫힌 문 사이로 기계 소리, 날아다니는 솜먼지, 간간이 들리는 일본 용어, 추운 겨울인데도 반소매를 입고 일하는 모습, 여기저기 호루라기 부는 소리, 뿌연 먼지가 눈에 들어온다.

동일방직이 노동자에게 준 꿈과 희망은 2~3일 내 기계 소리에, 먼지 속에 묻혀 버린다. 24시간 돌아가는 기계가 노동자들의 꿈을 벨트에 가두었다.

푸른 작업복을 입은 동일방직 노동자들.

1분에 140보 걸어야 실이 나온다

동일방직의 생산 과정은 크게 실을 만드는 방적과와 실로 천을 만드는 직포과로 나뉜다. 방적과에서는 실을 만들고 그 실로 직포과에서 천을 만든다. 방직(紡織)은 실을 뽑아내는 방적(紡績, spinning)과 천을 만드는 직조(織造, weaving) 또는 제직(製織)이라는 용어가 합성된 복합어다. 많은 방직공장 회사 이름이 처음에는 방적이었다가 방직으로 바뀌게 된 것은 처음에는 실만 만들다가 천까지 만들게 된 발전 과정이 반영된 것이다. 방직공장의 공정 역시 방적과 직조, 두 단계로 나뉜다.

실을 뽑는 방적 단계를 살펴보면, 1단계는 조면실에서 이루어진다. 혼타면(混打綿)은 혼면과 타면을 아우른 말로 목화솜 덩어리를 잘 풀어서 먼지나 잡티를 제거하고 간혹 있는 검불이나 목화의 나뭇잎, 부스러기 등도 떼어내면서 기계로 솜을 부풀리는 작업이다. 그리고 나서 소면기 기계로 실을 만들기 좋도록 헝클어진 솜을 평평하게 만드는 소면(Carding)을 한다. 그렇게 슬라이버(sliver)라고 하는 굵은 끈 같은 모양을 한 섬유 다발이 만들어진다. 정소면(Combing)은 슬라이버를 한 번 더 빗질해 잡물을 완전히 제거하는

<그림> 동일방직의 제품 생산 과정

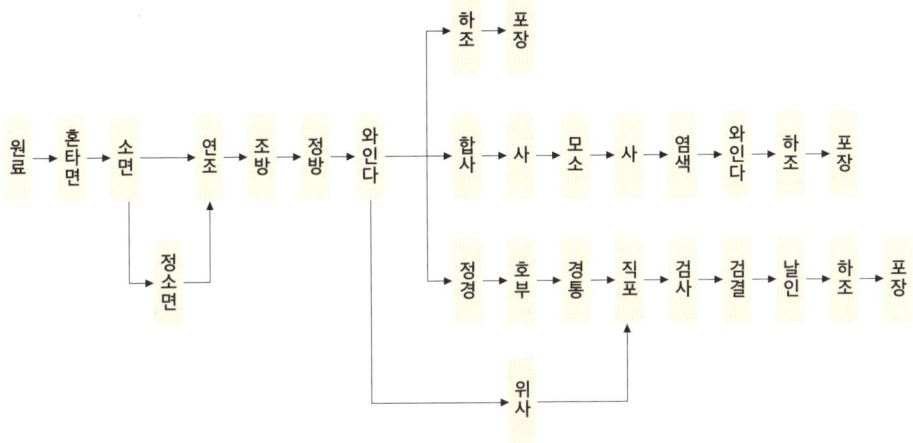

공정이다. 정소면을 거친 원사를 코마사(CM)라 하고, 정소면을 거치지 않은 원사를 카드사(CD)라고 한다.

2단계는 연조(Drawing)다. 소면과 정소면에서 나온 슬라이버 6~8가닥을 2~3회 합친 다음 가늘게 늘려줘 엄지손가락 두께의 실뭉치를 만든다. 여성노동자들은 돌아가는 연조 기계를 보다가 실뭉치가 끊어지면 이어준다. 작업자는 한시도 기계에서 눈을 뗄 수가 없고 기계 사이를 왔다 갔다 해야 한다. 다른 종류의 섬유를 혼합할 때도 이 공정에서 섞어 준다.

3단계는 실뭉치를 조방기에 걸어서 실을 뽑을 수 있도록 해주는 조방(Roving)으로 실을 적당히 꼬아서 작은 틀에 넣고 감는 일이다. 소음과 먼지가 많은 데다가 숙련이 필요하다.

정방(Spinning)은 조방기에서 나온 실(Roving yarn)을 가늘게 늘려 목표한 굵기의 실을 제조하고 실을 꼬아서 강하게 만드는 공정이다. 솜을 엿가락처럼 쭉 늘여 국숫발만 하게 가늘어진 실을 계속 꼬아 가늘면서도 단단하게 만드는 것이다. 와인딩(winding)은 권사라고도 하는데 원통형 또는 원추형의 지관이나 목관에 원사를 다시 일정한 중량씩 감아주는 공정이다.

그림 첫 줄 하조(荷造)와 포장은 완성된 실(cone)의 외관과 중량을 육안이나 저울로 검사한 후 상자에 넣고 포장하는 공정으로 제품으로서의 실이 출고되는 것이다. 하조(荷造)는 짐을 쌈, 짐을 꾸림, 포장함 등의 의미인데 '니즈꾸리'(にづくり)라는 일본어 발음이 변해 '미스꾸리'로 흔히 통용되곤 했다. 그림 둘째 줄은 실의 쓰임새에 따라 꼬아주거나 합해준 '합사(Doubling)'를 모우(hairiness), 즉 잔털을 제거하는 모소(gassing) 공정을 거쳐 염색해 출고하는 것이다.

그림 셋째 줄은 천을 짜는 과정이다. '정경'은 염색 준비 공정으로 직물 품종에 따라서 경사(날실) 방향의 실 가닥수만큼 치즈(cheese)를 정경기 크릴(creel)에 꽂아 일정한 길이와 장력으로 큰 원형 통인 빔(Beam)에 권취하는 작업이다. '호부'는 정경에서 만들어진 빔의 경사에 호(size), 즉 아교풀 따위를 먹인다. 이를 가호(sizing) 또는 호부라 하는데 잔털을 눕히고 정전기를 방지해 제직 공정을 쉽게 하고 금방 끊어지는 것을 방지한다. 호부 기계는 정경 기계보다 크고 힘이 드는 일이며 커다란 풀통도 옮겨야 하니 힘이 센 사람이 한다. 통경은 호부된 경사를 직물 조직(평직, 능직, 주자직)에 따라 드로퍼(Dropper), 헤드(Heald), 바디(Reed) 구멍에 끼운다.

그리고서 '제직' 또는 '직포' 공정인데 준비된 경사와 위사(씨실)를 교차해 직물을 짠다. 보통 한 사람이 여러 대의 기계를 맡는데 씨실이 끊어지는 일이 잦다. 씨실이 끊어지면 기계를 멈추고 북을 다시 걸어서 직기를 가동한다. 만들어진 천은 검사와 검결 날인 과정을 거쳐 상자나 포장재에 담겨 출하된다.[15]

공장의 기계는 한시도 멈추지 않았다. 그게 가능하도록 동일방직 노동자는 3교대로 일했다. 아침 6시 출근자는 오후 2시 퇴근, 오후 2시 출근자는 밤 10시 퇴근, 밤 10시에 들어간 이는 아침 6시에 퇴근했다. 새벽반, 낮반, 저녁반. 이 팀이 일주일마다 바뀐다. 몸이 적응할 만하면 또 바뀌는 것이다.

정방은 기계 수백 대가 쿵쾅거리고 돌아가니 소리가 커 손짓으로, 표정으로 대화했다. 40도 이상을 유지해야 했으므로 현장은 여름이고 겨울이고 더웠다. 일을 시작하자마자 순식간에 온몸이 땀에 젖었다. 소면은 솜먼지와 친숙해야 했다. 기계 돌아가고 10분만 지나면 솜먼지가 뭉게뭉게 날아다녀 눈과 코에 달라붙었다. 노동자들은 대수롭지 않게 스펀지로 슬슬 문지르며 일했다. 퇴근할 때면 머리에 하얀 솜이 내려앉아 마치 할머니 같았다. 이 속에서 기관지와 폐가 남아날 수가 없었을 것이다. 동일방직에 입사하면 먼저 의무

---

15 동일방직의 제품 생산 흐름도는 동일방직복직투쟁위원회, 『동일방직노동조합 운동사』, 돌베개, 29쪽, 1985. ; 방직(紡織) 공장의 생산 과정에 대한 설명은 다음을 주로 참조했다. 정혜경, 『아시아태평양전쟁에 동원된 조선의 아이들』, 섬앤섬, 128~129쪽, 2019. ; 정재원, 『구술생애사를 통해 본 여성 노동운동』, 푸른사상, 105~111, 2023.

실에서 엑스레이를 찍어 폐 상태를 확인했고 이후로도 매년 폐 사진을 찍었는데 만약 문제가 발생하면 조용히 퇴사를 권하기 위한 것이었다. 그래서 회사를 그만둘 수 없어 아픈 것을 숨기고 다니는 노동자도 있었다.

기계와 마주하는 일이라 졸면 큰일이다. 하지만 잠을 이기는 건 쉽지 않아, 깜빡 졸다가 손을 다치는 이가 많았다. 실 뽑는 일을 하다가 실을 손에 쥔 채 잠들기도 했다. 그래서 타이밍을 먹고 박카스를 마셔댔다.

조금이라도 행동이 굼떠 기계가 멈추면 '삑~' 호루라기 소리가 들린다. 공장에선 호루라기 소리가 멈추지 않았고 노동자에겐 스트레스 요인이었다. 누군가 다치거나 혼날 일이 발생했다는 신호였으니. 이처럼 책임자는 이름 대신 호루라기를 불었는데 이는 소음 때문이기도 했지만, 기강 때문이기도 했을 것이다. 작업 중이 아니더라도 '인마' '이 새끼' '저 새끼' 소리가 이름을 대신했다. 작업장 업무 지시 체계는 지도의원(담임)-반장-조장 순이었고 위계가 엄격했다.

기계는 한쪽에 7대, 양쪽으로 14대가 이어져 있었다. 한 사람이 28대 정도를 담당했다. 이 기계는 실이 끊어지면 멈춘다. 실이 엉키기 시작하면 미리 손을 봐서 끊기지 않게 조치해야 했고, 끊긴 실은 잽싸게 이어야 했다. 그러려면 최소 1분에 140보를 움직여야 했다. 눈썰미가 뛰어나야 했고 손은 민첩해야 했다.

8시간 노동하는 동안 밥 먹을 시간, 화장실 갈 시간은 따로 없었다. 동료가 기계를 봐주는 사이에 밥을 먹고 화장실에 갔다 와야 했다. 몸도 정신도 모두 기계에 맞춰졌다.

노동과정이 힘들었지만, 여성노동자들은 버틸 수밖에 없었다. "시골에서 농사짓는 것보다는 식은 죽 먹기다." "편하고 좋은 데라는 여기서 못 버티면 내가 또 어디 가서 일하겠나." 자신을 채찍질하고 주문을 걸었다.

이 속에서 노동자들이 의지할 수 있는 이는 함께 일하는 친구, 언니, 동생들이었다. 동일방직에 처음 입사하면 보통 3개월 정도 '양성'으로 일하게 된다. 밀대로 바닥 먼지를 닦아내거나 구루마(손수레)를 미는 허드렛일을 하면서 일을 배운다. 먼지가 많이 나는 20~30수 틀에서 일을 시작해 기계에 묻은 솜먼지 터는 일부터 몸에 익힌 다음, 점차 실을 잇는 일을 배우고 일을 잘한다고 인정받으면 먼지가 적은 40수 틀에서 일할 수 있었다. 양성을 마치면 파란 챙이 달린 하얀 모자를 쓴다. 작업복은 소라색(하늘색) 주름치마에 카라가 있는 윗도리였고 거기에 앞치마를 두르고 일한다. 양성은 언니들을 잘 따랐고 언니들은 동생을 잘 돌보았으며 노동자들은 서로서로 배려하며 일했다. 노동자들의 협동이 없다면 밥도 먹을 수 없는 구조가 그들 사이에 끈끈함을 만들었을 것이다.

노동자들은 밥 먹을 시간 동안 기계를 대신 봐주고 기숙사를 함께 쓰거나 같이 자취하며 가정사와 고민을 나눴다. 봄이면 딸기밭에, 가을이면 배밭에 함께 다니며 소녀의 꿈을 이야기했다. 책을 좋아해 소설 속 주인공 이야기를 나눈 내 동무, 충남상회·온양상회에 들러 간식을 사 먹으며 재잘거렸던 동무. 서로를 알아주고, 깊은 곳에서 마음을 주고받으며 공감과 연대가 동일방직 노동자들 사이에 싹텄다.

변화의 시작, 전태일 분신

박정희 정권의 노동 통제 정책에도 1960년대 노동자 투쟁은 꾸준히 이어졌다. 5.16 이후로도 임금인상과 노동조건 개선을 요구하는 투쟁은 계속되었고, 계엄이 해제된 이후로는 노동쟁의가 급증하여 1963년에는 89건, 17만 명에 달하는 노동자들이 쟁의에 참여했다. 특히 1960년대 중반에는 수출 주요 품목인 섬유, 금속, 화학 등의 제조업 분야에서 쟁의가 발생했으며, 1971년 국가비상사태가 선포되고 국가보위법이 발동될 때까지 연평균 103건에 약 15만 명이 쟁의에 참여했다. 특히 외국자본 사업장의 투쟁이 활발했고 대한조선공사처럼 장기간 치열하게 투쟁하기도 했다.

이 시기 노동자 투쟁은 임금인상 요구가 중심을 이루었고, 다음은 권리 분쟁으로 단체협약과 노조 결성을 인정하라고 요구하는 내용이 많았다. 이는 고도성장 아래 노동자의 낮은 임금실태를 그대로 반영하는 것이었으며, 당시 자본가들의 반노동적 행위가 극심했다는 것을 보여준다.

하지만 1960년대 노동자 투쟁은 사회적 파급력을 가지거나 주목받지는 못했다. 당시 박정희 독재 정권에 맞서 학생과 지식인들은 한일회담 반대, 언론 통제 반대, 민족적 민주주의 쟁취 투쟁을 전개했고 종교계는 반공과 통일 활동에 집중했다. 노동과 노동자에 관심을 두는 이들이 있기는 했지만 드물었다.

이러한 운동의 조류에 변화를 준 계기가 바로 1970년 11월 13일 재단 노동자 전태일의 분신이었다.

"우리는 기계가 아니다" "근로기준법을 준수하라"

한국 사회는 큰 충격에 빠졌다. 섬유산업의 참혹한 노동 현실을 정면으로 고발한 이 사건의 파급은 정치, 사회, 학원가는 물론 종교계까지 확장됐다. 시내 각 대학교 학생들은 시위, 단식농성, 성토대회를 했다. 일부 기독교계는 기도회를 열어 노동문제의 심각성에 대한 여론을 환기시켰다.

노동청은 근로기준법 적용 범위를 16인 이상 고용 업체까지 확대하고 근로기준법 위반 벌칙을 강화하겠다고 밝혔다. 임금인상과 근로조건 개선에 관한 각서를 기업들로부터 받기도 했다. 11월 27일 청계피복에 노동조합이 결성되었고 한국노총은 5인 이상 사업장에 대한 근로기준법 적용 확대를 요구하고 나섰다.

전태일의 분신은 당시 사회운동의 전망과 방향에도 커다란 영향을 미치며 노동운동을 촉진시켰고 후일 민주화운동으로의 연계에도 중요한 의미를 갖는 것이었다.

나아가 '민중' 개념을 정립한 진보적 지식인과 학생, 종교인들이 도시빈민이나 노동 현장에 관심을 기울이고 현장 참여 활동을 시작하는 계기가 되었다. 특히 학생운동 진영에 전태일 분신을 계기로 노동이 이슈화되었다. 학생운동 출신 활동가들은 한국기독학생총연맹, 도시산업선교회, 크리스천아카데미 등 노동자 지원 기구에서 실무자 역할을 맡으면서 노동교육, 조직 활동을 했다. 이후에는 직접 노동 현장으로 진출하기도 했다.[16] 그리하여 1970년대 말에 이르러서는 '노동'이 운동의 중심이 되었다.

한편 『월간 대화』에 연재된 노동자들의 수기[17], 황석영의 『객지』(1974), 조세희의 『난장이가 쏘아올린 작은 공』(1978), 김민기의 노래극 「공장의 불빛」(1978) 등 노동자의 삶은 다양한 방식으로 모습을 드러냈다. 이 또한 전태일의 죽음을 계기로 분출한 자주·민주 노조운동이 사회적 반향을 불러온 것이다.

16　전태일의 분신이 학생운동에 미친 영향은 다음 책들에서 확인할 수 있다. 유용태·정승교·최갑수, 『학생들이 만든 한국 현대사_서울대 학생운동 70년 제1권 시대사』, 한울, 145~147쪽, 2020. ; 이화 학생운동사 편찬위원회, 『이화여자대학교 학생운동사』, 백산서당, 184~185쪽, 2021.

17　동일방직 석정남의 노동과 삶을 다룬 글도 여기에 실렸다. 이 글들은 1984년 『공장의 불빛』으로 출판되었다.

인천도시산업선교회, 노동자 속으로

1960년대 말 종교인들도 노동문제에 관심을 두고 노동운동을 지원하기 시작했다. 1950년대 말 한국에 들어온 이들 종교 단체는 처음에는 산업 전도의 목적을 "산업사회의 구원"이나 "노동자 구원"에 두었다. 그러다가 노동자 스스로 자신의 문제를 해결하게 돕는 것이 올바른 길이라는 인식에 접근하던 차, 전태일 분신을 계기로 노동운동 지원을 다짐하게 된다. 종교 단체들은 미조직 노동자의 의식화, 조직화에 주력해 이들이 조직되면 조직 노동운동으로 인계하는 활동을 했다.

개신교와 도시산업선교회(산선)의 활동이 대표적이다. 1973년 당시 비교적 꾸준히 활동해 온 선교회는 인천의 기독교도시산업선교회(감리교), 동인천산업전도센터(기독교장로회), 영등포도시산업선교연합회(예장, 감리교), 경수도시산업선교회(감리교), 동서울도시산업선교회(예장), 동서울도시산업선교회(감리교), 청주도시산업선교회(예장) 등으로 주로 서울, 인천 지역 몇 곳과 청주지역 정도였다.[18]

이 가운데 특히 감리교의 산업 전도와 인천도시산업선교회(인천산선)[19]가 인천지역 노동운동에 영향을 끼쳤다. 감리교의 산업 전도는 예수교장로회의 경우와는 다르게 개인적으로 1954~1957년 한국에서 선교사 생활을 하면서 한국 사회에 관심을 갖게 된 조지 오글(George E. Ogle, 1923~2020, 한국명 오명걸)[20] 목사에 의해 시작됐다. 1961년 10월 오글 목사는 인천 동구 화수동에 초가집 한 채를 구입하고 윤창덕, 조용구 목사 등과 함께 '인천산업전도위원회'를 조직했다.

당시 오글 목사는 "그리스도는 교회뿐만 아니라 공장에도 계신다"는 신학적 믿음 아래 공장에 계신 그리스도를 발견하려는 사업으로 산업전도를 이해했다. 공장 경영진을 통해 근로자들을 전도하는 방식에서 벗어나서 전도자 자신이 노동자들 속으로 들어가 직접 그들의 세계에서 몸으로 경험하는 것으로부터 선교가 모색되어야 한다고 생각한 것이다. 오글 목사는 프랑스의 '노동자 사제(Worker

---

18 한국기독교교회협의회, 한국교회산업선교 25주년 기념대회 『노동현장과 증언』, 풀빛, 255쪽, 1984.

19 이 절의 내용은 장숙경, 『산업선교, 그리고 70년대 노동운동』, 선인, 2013. ; 인천도시산업선교회60주년기념사업회, 『인천도시산업선교회 60년사』, 다인아트, 16쪽, 2021. 참조.

20 중앙정부는 1974년 민청학련 사건의 배후 조직으로 인민혁명당 재건위가 있다고 발표하고 관련자 8명을 고문 끝에 간첩으로 조작했다. 조지 오글 목사는 1974년 10월 10일, 한국기독교교회협의회 강당에서 열린 목요기도회에서 인혁당 사건은 조작이며 증거가 없음에도 사형 선고를 받았다고 주장했다. 그 직후 중앙정보부로 연행되기도 했던 그는 1974년 12월 14일 아침 출입국관리소로 끌려가 다시 한번 조사를 받은 뒤 추방되어 그날 밤 미국행 비행기에 태워졌다. 그는 타계 직전인 2020년 6월, 민주주의 발전 유공 포장으로 대한민국 국민훈장을 받았다. 오명걸·함정례, 『한국 민주주의의 친구 조지 오글:20세기 한반도 이야기』, 신앙과지성사, 2021.

Priest)'의 영향을 받아 목사와 전도사도 노동자들과 함께 노동하며 생활하는 가운데 복음을 전해야 한다는 점을 깊이 생각했다.

이후 산업선교회 실무자들의 노동 훈련 과정이 이어졌다. 이승훈 전도사(인천판유리, 대성목재), 조문걸 전도사(인천중공업), 조승혁 목사(대성목재), 김치복 목사(인천부두), 안연순 전도사(흥한방직), 조화순 목사(동일방직), 김호현 전도사(인천판유리, 인천부두), 윤문자 전도사(중앙도자기), 김정국 목사(인천공작창), 유흥식(이천전기) 등이 노동 현장에 직접 가서 일하는 훈련 경험을 가졌다. 그러면서 산업선교회는 기존의 산업전도와는 다른 길을 가게 되었다.[21] 즉 노동자들을 회개시킴으로써 그들을 교회로 이끈다는 방식과 단절하고, 노동자를 무시하거나 낮추지 않고 '수난 덩어리'인 그리스도를 노동자 대중 속에서 발견할 수 있도록 노동자를 섬기고자 한 것이다.

1968년 인천산선은 노동조합 지도자 훈련으로 18개 사업장에서 40명을 선정, 3주간 '노동조합의 조직과 운영, 단체협약, 인간관계와 노사 협력, 지도자론, 노동관계 제법' 등을 교육했다. 또한 조합원 교육프로그램을 운영하기도 해 '한국의 노동조건과 근로기준법', '한국의 임금 구조와 그 결정 방식', '경제 발전과 산업재해 문제' 등에 대한 실무 세미나를 했다.

---

[21] 1968년 1월 태국 방콕에서 열린 동아시아교회협의회(EACC) 도시산업선교연구협의회를 계기로 '산업전도'라는 용어는 '산업선교'로 바뀌게 된다. 명칭 변경은 산업선교 활동을 노동조합 조직과 운영을 중심으로 사업을 전개하기로 한 것과 궤를 같이했다.

1970년이 되면 보다 본격적으로 '노동자 의식화 훈련', '노동조합 지도자 훈련', '평신도 지도자 훈련', '노동조합 조직 활동', '조합원 교육' 등 다양한 교육프로그램을 운영했는데 '노동학교'라는 이름의 의식화 훈련의 경우 1975년까지 70기에 걸쳐 총 4천여 명이 수료할 정도였다. 내용은 ①기독교인은 왜 노동운동을 해야 하나 ②노동조합의 이념 ③노동조합법 ④노동조합 조직과 운영 ⑤조합원의 역할과 임원의 역할 ⑥민주주의와 노동조합 ⑦노동조합의 당면 문제 중심의 토의 계획 등이었다.

또한 '노동조합 지도자 훈련'은 노조 현안 해결을 위한 간부 교육, 민주적 조합운영과 조합의 단결력 강화 등을 목표로 한 것이었다. 이 훈련 주제로는 ①지도자의 자세 ②오늘의 국내외 경제 동향 ③노동 제법과 관계법 ④단위노조의 당면 문제 분석 ⑤단위노조의 당면 문제 대책 수립 등이 포괄됐다. 지도자 훈련 과정에서 1975년까지 동일방직, 반도상사 등 11개 사업장 단위 노동조합 지도자 198명을 교육했다.

이러한 활동은 인천 공장지대 노동자들의 의식을 끌어올리며 이후 투쟁의 저변을 형성해 갔다.

조화순 목사와 동일방직 노동자의 만남

1966년 11월 1일부터 조화순 목사는 동일방직에 노동자 목회 훈련을 들어갔다. 오글 목사는 조화순 목사에게 '훈련받으러 가는 것'이므로 "전도한다는 건방진 생각을 하지 말라"며 "노동자에게 배운다는 생각만 하고 열심히 일을 하라"고 지시했다. 그러나 조화순 목사는 공장에서 자신보다 어린 노동자들에게 명령을 받고 모욕적인 언사를 듣자, "내가 누군데, 무식한 것들! 저렇게 팔자 사나운 것들한테 내가 이런 취급을 받다니 이게 무슨 꼴이야" 하며 견딜 수 없는 억울함과 증오심에 어찌할 줄 몰랐다. 하지만 노동자를 배우러 들어와서 노동자에 대한 증오심에 불타는 자신을 발견한 조화순 목사는 부끄러움에 참회의 눈물을 흘렸다고 한다.[22] 이렇게 조화순 목사는 자기반성과 깨달음을 얻고 그 시간을 견뎠다. 그러면서 정포, 혼타면, 연조, 조방, 와인다, 경통 등 부서를 두루 거쳐 훈련의 시간을 마쳤다.

---

[22] 조화순 목사가 동일방직에서 1966년 11월 1일부터 6개월 반에 걸쳐 노동했던 경험은 다음 글에 자세하게 서술되어 있다. 조화순, 「공장에서 흘린 눈물」, 『고난의 현장에서 사랑의 불꽃으로』, 대한기독교서회, 69~76쪽, 1992. ; 조화순, 『낮추고 사는 즐거움』, 도솔, 131~137쪽, 2005.

노동학교를 열어 여성노동자 의식 향상을 꾀한 조화순 목사.(사진 _ 인천도시산업선교회)

조화순 목사가 동일방직 공장에서 6개월간 훈련을 받고 나온 뒤 인천산선에는 여성노동자들을 대상으로 하는 소그룹[23]이 조직되었다. 요리, 꽃꽂이, 뜨개질, 한문, 영어 등 프로그램 10여 개가 운용됐다. 그런데 동일방직이 3교대였기 때문에 10여 개의 같은 프로그램을 3회 시행하면 30개 그룹이 조직되는 셈이다. 그룹 이름은 에덴 클럽, 넝쿨 클럽, 차돌 클럽, 사철나무 클럽, 불사조 클럽 등 다양했다. 모임 성원이 저마다 의미를 담아 지었다.

1973년 3월 조승혁 목사가 크리스천사회행동협의체로 옮겨 가면서 인천산선은 조화순 목사 중심 체제로 재편됐다. 조화순 목사는 당시 자신의 일기에 산업선교의 클럽활동이 추구해야 할 바를 "정치의식 고취와 정신적, 내면적인 자세 고양"이라고 적었다. 산업선교의 활동 방향에 대해서는 "사회정의 실현을 저해하는 악에 대항해 투쟁할 수 있는 조직을 만들고, 자주적인 힘의 형상의 일환으로 소그룹 확장에 역점을 두며, 민주시민 의식과 개발, 경제적 지위 향상을 위해 자질 향상에 역점을 두고 개인을 훈련해야 한다"고 썼다.[24]

조화순 목사와 학생운동 출신 최영희 간사는 "소그룹 활동으로 의식화시키는 교육과 자치활동 능력을 길러주고 조직된 조합이 올바른 방향으로 나가게 하는 견제 세력이 되고 또한 미조직 공장은

---

[23] 자료에 따라, 관점에 따라 소그룹, 클럽, 소모임 등으로 다양하게 부른다.
[24] 조화순의 자필 노트 1973년 「일기」에 실려 있다. 장숙경, 『산업선교, 그리고 70년대 노동운동』, 선인, 214쪽, 2013. 재인용.

<표> 1970년대 전반기 인천산업선교회의 노조활동 지원 상황

일시	사업장	지원 내용
1972.5~	동일방직	여성지부장 선출과 여성 집행부 출범, 노조파괴 저지 지원
1973.10~	삼원섬유	노조 결성 지원, 구속된 분회장 석방운동
1974.2~	삼송산업	노조 결성 지원, 산업선교 회원 축출 반대 투쟁 지원
1974.2~	반도상사	노조 결성 지원, 근로조건 개선 및 부당노동행위 저지 투쟁 지원
1974.3~	태양공업	노조 결성 지원, 부당노동행위와 노조파괴 행위에 대한 투쟁 지원
1974	한진주철	노조 결성 지원
1974	뉴코리아전자	노조 결성 지원
1974	GM코리아	노조 결성 지원
1974.12~	신한일전기	노조 파괴와 부당해고 저지 투쟁 지원

장숙경, 『산업선교, 그리고 70년대 노동운동』 선인, 221쪽, 2013.

이 소그룹을 통해 조합을 조직한다"는 분명한 목적이 있었다. 소그룹 활동을 통해 노동조합이 이미 조직된 회사에서는 상임집행위원 간부를 배출하게 하고, 노조가 미조직된 공장은 소그룹 출신 노동자를 통해 노동조합을 조직할 수 있게 했다.[25] 이러한 활동을 바탕으로 인천산선의 지원 아래 여러 노동조합이 새로 조직되거나 또는 활동을 활발하게 전개할 수 있었다.

한편 천주교의 가톨릭노동청년회(JOC, 가노청, 지오쎄)[26] 도 교육

---

[25] 인천도시산업선교회60주년기념사업회, 『인천도시산업선교회 60년사』, 다인아트, 19쪽, 2021. 참조.

[26] 가톨릭노동청년회와 관련한 내용은 다음을 참조할 수 있다. 한국가톨릭노동청년회, 『한국가톨릭노동청년회 25년사』, 분도출판사, 1986. ; 한국가톨릭노동청년회 출판위원회, 『한국가톨릭노동청년회 50년의 기록』, 민주화운동기념사업회, 2009. ; 어수갑, 「담쟁이를 바

자가 아닌 평신도 중심의 노동자가 주체가 되는 운동을 펴나갔다. 인천에서는 1964년 11월, 화수동 성당에서 첫 번째 지오쎄 팀이 만들어진 뒤 조금씩 회원이 늘고 성장해 갔다. 또 동일방직노조 조합원들을 대상으로 인천 기독교 도시산업선교회와 함께 3주에 한 번씩 노동조합에 관해 교육했고 회원 대상으로는 노동법을 교육했다는 기록이 있다.[27]

라본다」, 『희망세상』 12월호, 2009. ; 송기역, 「아름다운 투정-가톨릭노동청년회」, 『희망세상』, 2월호, 2011. ; 한국기독교교회협의회, 한국교회산업선교 25주년 기념대회 『노동현장과 증언』, 한국기독교교회협의회, 풀빛, 1984.

[27] 박민나, 「길을 찾아서 : 이총각-우리들의 대장, 총각 언니 "통곡하며 마친 지오쎄 투사선서"」, 한겨레신문 2013.5.30.

소모임, 노조 민주화의 씨앗

기숙사 생활을 같이하는 친구와 함께, 노동 현장에서 일하는 동료와 함께 인천산선 소모임에 참여하는 동일방직 노동자 수가 늘었다. 그저 배우는 게 좋아서, 친구들과 함께하는 게 좋아서 산선에 나오는 이들도 많았다. 소모임에서는 집, 직장, 사회에서 억눌려 살면서 포기해야 했던 자신을 드러내는 방법을 배웠다.

인천산선에서 한자 교실, 요리·꽃꽂이·뜨개질 소그룹 활동을 하던 동일방직 노동자들이 모임에서 회사 얘기를 하는 건 자연스러웠다. 자신들의 노동조건, 노동 환경, 임금과 처우 등에 관한 얘기가 쏟아져나왔다. 필요에 따라 듣고 싶은 주제를 정해 외부 강사를 초빙해달라고 인천산선 담당자에게 요청하기도 했다. 그러면서 조금씩 모임의 성격과 내용이 바뀌고 있었다.

여성노동자들은 실무자들의 예상과 달리 노동조합에 관심이 많았다. 매주 목요일 '노동조합이란 무엇인가', '한국 노동운동의 역사', '노동조합의 이상과 현실' 등의 내용으로 집중적인 훈련을 했는데 120명이나 듣기를 원해 세 반으로 나누어 교육했다. 인천산선의 노동자 교육을 통해 동일방직 여성노동자들의 변화가 시작되었다.

여성노동자들은 노동법에 관한 이야기를 듣는 순간 처음으로 '아, 이런 게 있었네. 무조건 복종하고 사는 것만이 좋은 것은 아니구나'라는 생각을 했다고 한다. 또한 이 기회를 통해 노동자의 사회·경제적 지위를 향상할 수 있다는 새로운 사실을 알게 되었다.[28]

> 자연스럽게 현장 이야기가 나왔어요. 함께 모여 뜨개질을 하며 서로 이야기를 나누게 되는데 대부분 회사에 대한 불만이었어요. 작업 조건이 나쁘다는 것, 서로 싸운 내용, 관리자들을 욕하는 것 등등 잡담처럼 주고받았어요. 마침내 이것이 해결 방법을 찾아보자는 쪽으로 의견이 모아졌어요. 말로만 불평할 것이 아니라 어떻게 할 것인가로 관심이 돌려짐에 따라 근로자의 권익 보호를 위한 근로기준법과 노동조합법이 있음을 그들도 마침내 알게 되었어요. (중략) 그래서 우리는 노조에 대한 공부를 함께 시작했어요. 그리고 토론하면서 노동자라는 것을 자각해 가기 시작했어요. 노동자로서 자기비하를 극복하기 시작한 것이지요.
>
> _ 조화순, 「공장에서 흘린 눈물」[29]

인천산선에서 소그룹 활동을 하던 동일방직 노동자들의 규모는 어느 정도였을까? 자료에 따르면 1973년 인천산선 내 남성 노동자

---

28 장숙경, 『산업선교, 그리고 70년대 노동운동』, 선인, 110~111쪽, 2013.
29 조화순, 「공장에서 흘린 눈물」, 『고난의 현장에서 사랑의 불꽃으로』, 대한기독교서회, 78~79쪽, 1992.

들의 모임은 5개 42명인 데 반해 직장 여성부 소속 여성노동자들의 모임은 22개 286명이나 되었다고 한다. 1972년 당시 동일방직의 여성 조합원 숫자가 1,214명이었던 점을 감안하면 결코 적은 수가 아닙니다. 전체 조합원의 약 23.5%에 해당하는 여성 조합원을 산업선교회가 조직하고 있다는 것으로 이는 동일방직에 대한 인천산선의 영향력이 상당한 정도였음을 보여준다.[30]

---

[30] 조화순 목사는 1967년부터 동일방직 노동자 15명과 예배 형식의 소모임을 시도했으나 참여가 부진하자 계획을 수정, 1단계 자치활동(생활실습, 일반교양, 이성 교제, 오락 등을 중심으로), 2단계 실력양성(성서 공부, 한문 공부), 3단계 의식화(노동법, 노동조합론, 역사 공부)로 나누어 그룹 활동을 재개했다. 이 방법이 주효해 1972년경에는 240여 명의 노동자가 그룹활동에 참가하는 회원이 되었다. 조화순 목사는 이를 통해 1972년 동일방직의 어용집행부를 민주적 집행부로 교체하고, 여성 지부장을 탄생시킬 수 있었다고 증언하고 있다. 趙和順(李泰昊 記), "民衆のたちとともに", 李順愛, 『分斷克服と韓國女性解放運動 - 一九七十年代を中心に』, 御茶の水書房, 1980. ; 성공회대학교 사회문화연구소, 『1970년대 산업화 초기 한국노동사 연구-노동운동사를 중심으로』, 노동부, 118쪽, 2002.

여성 대의원 출마와 대거 당선

노동조합 집행부를 민주적 집행부로 바꾸기 위해서는 당위적인 공염불이 아니라 구체적인 준비가 필요했다. 당시 노동조합 지부장 선거는 간선제였다. 즉, 대의원들의 투표로 선출했다. 따라서 민주파 대의원을 많이 당선시키는 것이 급선무였다.

1972년, 인천산선에 모여 있는 조합원들이 머리를 맞대고 부서별로 누가 대의원을 하면 좋을지 의논했다. 한 사람으로 모이면 그를, 후보가 여럿이면 무기명 투표로 선출해 내부적으로 대의원 후보를 정했다. 그런 다음 부서로 가 주변 친구들에게 그 후보를 추천하며 선거운동을 했다. "회사가 하라는 대로 하지 말자." "우리 부서 대표니까 우리가 좋다고 생각하는 사람을 밀자." 당시 인천산선 소모임이 부서마다 하나씩은 있었기에 상황 파악과 사전 논의, 후보 추천과 선거운동이 가능했다.[31] 선거 결과 대의원 40명 중 29명이

---

[31] 대의원 선출 과정에 관해서는 조화순 목사 구술을 참고했다. 면담자 이상록 2002년 9~10월(총 4차), 민주화운동기념사업회 구술 아카이브 https://archives.kdemo.or.kr/oral-archives/view/359 ; 박승옥, 「새로운 공동체 운동의 시원: 동일방직 노동조합」, 『다시 기계 앞에 서고 싶다: 동일방직 해고 30년 세월을 되돌아보다』, 동일방직해고자복직추진위원회, 2008.

여성이었다. 그 가운데 25명이 산업선교회 회원이었다.[32]

동일방직 1,300명의 노동자 중 여성이 1,000명에 가깝고 남성이 250~300명 정도였지만 여성 간부 중심의 노동조합으로 만든다는 게 쉬운 일은 아니었다. 대의원 선거 때마다 회사가 깊숙이 간여했기 때문이다. 회사 측 관계자는 누구누구 대의원 해라 지목해주기도 했다. 대의원 선거에 나오려는 조짐을 보이는 여성은 일이 힘든 부서로 보내버리기도 했다.

노조가 회사와 협조하며 노동자를 순치하고 통제하는 역할을 잘하려면 위원장 선출과 노조 활동 전반에 관한 승인 권한을 가지는 대의원들이 회사 편이어야 했으니 회사의 간여는 뻔한 것이었다. 당시는 노동조합 대의원 대부분이 돈과 향응과 특혜를 누리던 시절이기도 했다. 훗날 1987년 노동자 대투쟁을 거치며 '위원장 직선제'와 '조합원 총회'가 민주노조의 상징으로 자리 잡게 되는 것도 이런 역사적 이유에서 비롯된 것이다.

동일방직 여성 대의원 선출부터 회사 측과의 대결이었다. 그래서 대의원 선거와 지부장 선거를 준비하는 데 걸린 6개월은 이를 계획하고 실행한 이들에게는 피를 말리는 시간이었다.

동일방직 지부장 선출 대의원대회를 준비하면서 '넝쿨 클럽' 회원 김광자 등 25명이 모였다. 당시 동일방직 조합원이자 인천산업

---

[32] 조화순, 「민중의 딸들과 함께」, 『최근 노동운동 기록』, 청사, 68쪽, 1986. 대의원 당선자 중 산업선교회 회원이 24명이라는 기록도 있다. 박민나, 「길을 찾아서 : 이총각-우리들의 대장, 총각 언니 15 "어용노조 개혁 위해 노조 대의원 나서"」, 한겨레신문 2013.6.5.

선교회 회원이었던 김광자는 집행부 선거를 준비하던 때를 생생하게 기억하고 있었다.

> 회의 진행하는 방법을 가르쳐주고, 회의에서 발언할 때는 '긴급발언'을 요청할 수 있다, '상대가 이렇게 나올 때는 이렇게 하라', 이런 것을 외부로 다니면서 구체적으로 배웠다. 반대파가 우리가 똘똘 뭉친 걸 알기 때문에 산선 사무실에서 할 수 없었다. 분도회관, 성당, 교회, 이런 데 다니면서 그렇게 배웠다. 우린 합숙도 많이 했다. 그러면서 진짜 집에서도 다 내놓은 딸이었다. 집에 안 들어가는 때가 많았다. 그때 커피를 너무 많이 마셔서 밤에 일할 때 어지럽고 그랬다. 또 뭘 가르쳤냐면, 회사에서 탄압해도 절대 동요하지 말고, 회사에서 책잡힐 일은 절대 하지 말라고 했다. 그리고 동료들 간에 좋은 유대관계를 가져야 표가 오니까 그렇게 하라고 했다. 우리는 현장에서 일 잘하고 리더십 있는 사람들이 다 모인 거였다. 내 경우만 해도 반장이었는데, 밑에 있는 사람들한테 엄청 잘했다.
>
> – 김광자 구술 증언 [33]

대의원 출마와 대거 당선을 목표로 활동할 때부터 동일방직 여성 조합원들은 지부장 후보로 누구를 내세울 것인지 심사숙고하면

---

[33] 김광자 구술 면담 녹취록, 2022년 11월 5일, 면담 장소 : 인천도시산업선교회, 면담 주체 : 노동자역사 한내. 김광자 구술 면담자료는 2015년 1월, 민주화운동기념사업회 구술아카이브에도 남아 있다. https://archives.kdemo.or.kr/oral-archives/view/281

서 논의했다. 산업선교회 회원 스스로 하느냐, 그렇다면 누가 맡느냐, 아니면 다른 누군가를 데리고 올 것인가? 그러다가 여성 조합원들의 시선은 한 명에게 꽂혔다. 주길자였다.

여성 지부장 선출로 올린 민주노조 깃발

주길자는 근속연수가 제법 되었고 회사에서도 인정하는 분위기였으며 조합원들 사이에서도 잘 알려진 이였다. 무엇보다 인천산선 회원들이 교육을 통해 노동조합을 알게 되고 바꾸자는 결의를 했지만 어디까지나 원칙일 뿐 실제 적용을 하려면 경험을 해본 이가 필요하다는 데 의견이 일치해 이전에 부녀부장을 했던 주길자를 후보로 내세우기로 했다. 그는 산업선교회 활동을 한 것은 아니지만, 동료들의 의견을 고심 끝에 받아들였다. 그리하여 대의원대회 전에 조화순 목사와 만나 모임을 할 수 있었다.

여성 지부장 선출 낌새를 알아차린 회사 측이 대의원 선거 때부터 영향을 주려고 했지만 대세는 여성 대의원 대거 당선이었다. 그 결과 지부장 선거에서도 주길자 후보로 승리는 결정되어 있었던 셈이다.

1972년 5월 10일, 섬유노조 동일방직지부 대의원대회에서 진행된 선거에서 주길자 후보가 24대 동일방직 노동조합 지부장으로 당선되었다. 출마자 5명 중에는 21~23대에 걸쳐 내리 지부장을 역임한 현 어용 지부장 문원태도 있었다. 그는 회사의 지원뿐만 아니라 중앙정보부의 지원도 받고 있었다. 한국노총과 산별 위원장들만이 아니라 대기업의 지부장까지도 중앙정보부의 낙점이 없으면 불가능했던 것이 당시의 상황이다. 중앙정보부의 통제 아래 있는 어용노조였고 또 예외 없이 남성만이 동일방직 역대 지부장이었다. 그러나 여성 조합원들은 일찌감치 착실하게 그날만을 위해 준비해 왔고 마침내 여성 지부장 시대를 열었다.

1972년 5월 말 전국섬유노조 조합원의 83.2%가 여성이었고 동일방직은 1,383명의 조합원 중 1,214명(87.78%)이 여성이었다. 이처럼 조합원의 대다수가 여성인 노조에서 여성 지부장의 당선은 자연스러운 것이었지만, 당시의 사회적 인식이나 민주주의 수준을 고려했을 때 여성 지부장의 당선은 놀라운 것이었다. 따라서 주길자 지부장의 당선은 당시 중앙 일간지에도 보도될 정도로 화제가 되었다.

주길자 지부장 당선은 당시 언론의 주목을 받기도 했다.

동아일보 기사에 따르면, 당시 한국노총 448개 지부 조합원은 49만 9,701명(1972.3.말), 그중 여성이 12만 4,505명이었음에도 노조는 부녀부 외에 거의 남성 독주로 운영되고 있었다. 1972년 5월 선거에서 7일 연합노조 부산피복보세가공지부, 10일 섬유노조 인천 동일방직지부에서 각각 여성 지부장이 선출된 것이다. 동일방직 노조는 다시 태어나는 순간을 맞이했다.

한편 주길자 집행부 이후 1974년에는 반도상사 부평공장, 1975년에는 YH무역 등 여성이 대다수를 차지하는 공장에서 노조 결성과 함께 여성 대의원들과 지부장이 속속 선출되었다. 동일방직노조의 변화는 민주노조 확산과 한국 여성 노동운동에 있어 중요한 출발점이었음은 물론이다. 그 결과 1977년 말에는 전국에 걸쳐 11개 노조, 56개 분회에서 여성이 지부장이나 분회장으로 선출되었다.[34]

---

[34] 성공회대학교 사회문화연구소, 『1970년대 산업화 초기 한국노동사 연구-노동운동사를 중심으로』, 노동부, 258쪽, 2002.

비로소 조합원의 노동조합으로

동일방직노조에 주길자 집행부가 들어선 것이 왜 이리 떠들썩했던 것일까. 처음에는 여성 지부장이 선출된 것에 관심이 집중되었지만, 이후에는 주길자 집행부와 그 뒤를 잇는 여성 지부장들의 민주노조 활동에 관심이 집중되었다. 이는 한국노총의 역사성 때문이었을 것이다.

한국노총의 전신이 1946년 3월 10일 결성된 대한독립촉성노동총연맹(대한노총)이었고 노동자들은 이날을 노동절로 기념하고 있었다. 대한노총은 48명이 모여 설립했는데 설립 목적 자체가 전평(조선노동조합전국평의회) 타도였다. 엄밀히 보면 노동조합 조직이 아니라 구사대 테러 깡패조직과 다르지 않았다.

전평의 조직력 약화와 대한노총 세력의 급속한 양적 확산에는 경찰, 우익 청년단, 그리고 기업 측의 물리적 탄압이 결정적 역할을 했다. 점령 초기부터 1946년 9월 총파업 이전, 미군정은 서울 및 중소 도시에서의 파업에 대해 노사 간의 중재 방식으로 해결을 도모하고자 했다. 즉 거의 조정, 행정 조정 등 합법적 절차에 따라 해결된 것으로 나타난다. 이때까지 전평의 조직적 기반은 강력했다. 그러나 전평이 주도한 여러 차례의 총파업 이후 경찰이 개입해 파업을 진압했다. 여기에 대한노총과 우익 테러조직은 더한 폭력을 휘두르며 가세했다. 1946년 8월 전평 조합원에 대한 대한노총 테러에 가담한 청년들은 하루 300~500원을 받고 동원됐다. 이때 전 산업의 남성 노동자 하루 평균임금은 61원이었다.[35] 특히 9월 총파업 과정에서 용산 철도노동자들이 대거 사살되고 1,200여 명이 검거되는 등 큰 피해를 봤다. 여기에는 대한노총을 위시해 서북청년단, 대한민청, 그리고 김두한과 같은 폭력배들이 앞장섰다. 전평에 대한 테러조직으로 기능했던 대한노총의 그 태생적인 성격에 대해 한국노총은 1979년에 발간한 『한국노동조합운동사』에서 스스로 고백했다.

> 대한노총은 자본으로부터 독립되어 임금노동자들이 밑으로부터 자주적으로 조직해 올라온 것은 아니었고 자본의 엄호 하에서 임금노동자가 아닌 정치인들이 위로부터 하향적 지령을 통해 조직한 것이었고, 또한 그 제1차적 목표를 노동 생활의 제 조건의 개선이 아니라 반공투쟁에 두었으며, 일상적이며 항상적인 단체로서 의도되었다기보다도 특정한 목적의 달성을 위해 단기간에 급조되었던 것이다. 나아가 그 기능의 관점에서 보아도 미군정 하에서 대한노총은 노동조합으로서의 정상적 기능을 수행했다고 볼 수 없다. (중략) 한마디로 말해 대한노총은 노동조합의 일반적 필수 요건인 경제투

---

35 조순경·이숙진, 『냉전체제와 생산의 정치 : 미군정기의 노동정책과 노동운동』, 이화여자대학교 출판부, 303~310쪽, 1995.

쟁의 인식 기반 위에 성립된 것도 아니었고 우익 정치인과 자본가, 미군정의 지원을 바탕으로 반공투쟁을 통해 기존의 노동조합운동을 분쇄하는 정치적 기능을 행사하는 노동단체적 형식을 취한 반공단체였다.[36]

동양방적 인천공장에서도 전평 분회의 투쟁이 한창이던 1946년 8월 3일, 일부 종업원과 청년단체 임원들이 대한독립촉성전국청년총연맹(독청) 회원과 대한노총 계열 타 회사 조합원의 지원을 얻어 대한노총 산하 조직을 결성했다. 대한노총 동양방적공사노동조합의 초대 위원장으로는 채경석이 선출되었다. 회사 측은 새로 결성된 대한노총 회원 조합을 회사 내 모든 종업원을 대표하는 합법적인 조직으로 승인했다. 이로써 1946년 6월 노동쟁의를 일으켰던 전평계 조합원은 조직적 기반을 잃고 말았다.[37]

노동조합은 1955년 동양방직주식회사가 창립되면서 동양방직노동조합으로 명칭이 바뀌었다. 1961년 5.16 이후 노동조합의 재편 과정에 연맹 체제가 산별 체제로 바뀌면서 한국노총 전국섬유노동조합 동양방직 인천공장지부로 바뀌었다가, 1966년에는 회사 명칭 변경과 함께 동일방직 인천공장지부로 변경됐다. 한편 안양공장은 1975년 3월 동일방직 안양지부를 결성, 독립지부가 되었다. 그러다

---

[36] 한국노동조합총연맹, 『한국노동조합운동사』, 280~281쪽, 1979.
[37] 박영기·김정한, 『한국노동운동사 3 : 미군정기 노동관계와 노동운동 1945~1948』, 고려대학교 노동문제연구소, 지식마당, 551쪽, 2004.

1981년 2월에는 전국섬유노동조합 동일방직 인천공장지부와 안양공장지부가 다시 전국섬유노동조합연맹 동일방직노동조합으로 통합되었다.[38]

초대부터 23대에 이르기까지 동일방직노조는 조합원들의 의사를 제대로 반영하지 못한 채 아니, 반영하지 않은 채 섬유노조의 지시에 따라 단체협약에서 결정된 임금 인상액을 회사 측에 승인 요청하는 역할 정도만을 해왔다. 또한 조합원의 대다수를 차지하는 여성 조합원들이 노조 활동으로부터 소외되었고, 소수의 기술직 남자 조합원들이 노조의 중요 간부직을 차지하고 있었다. 이러하니 조합원들에게 노조는 회사의 한 부서쯤으로 여겨졌다. 그러나 주길자 지부장 선출로 동일방직에서는 남성 위원장(지부장) 체계와 단절하는 일대 사건이 일어난 것이다.

여성 지부장 선출과 민주노조 활동은 동일방직 수준을 넘어선 긴장감을 자본과 정권에 안겼다. 동일방직 노동자들은 여성노동자의 시대가 다가오고 있음을 선포한 것이다.

---

[38] 이 책에서는 동일방직노조라 쓰고 꼭 필요한 경우에만 동일방직지부로 표기했다. 1946년 8월 3일 노조 결성 후 1972년까지 역대 위원장 명단과 임기 : 1대 채경석(1946~1947) 2대 김병학(1947~1948) 3대 문성훈(1948~1949) 4대 최정환(1949~1950) 5~13대 정인화(1950~1957) 14~15대 이종억(1957~1960) 16~17대 권오상(1960~1961) 18~19대 김재수(1961~1966) 20대 강성옥(1966~1967) 21~23대 문원태(1967~1972).

갈수록 든든하고 멋진 민주노조

여성 지부장, 민주노조를 원했던 조합원들은 노동조건이 조금이나마 바뀌는 것을 보면서 자신들의 선택을 확신하게 되었다.

노동조합은 우선 작업복을 바꿨다. 세탁 후에 꼭 다림질해야 했던 면(綿) 작업복을 폴리에스터 재질의 테트론으로 바꾸었다. 노동조합은 조합원들의 월차와 수당으로 대체하던 생리휴가를 강력히 요구해 보장받았고 회사 창립일을 유급 휴가로 정했다. 노조가 요구해, 새로 건립된 기숙사에 온수 시설도 설치했다. 일요작업 특근 50% 인정, 중추절 상여금과 떡값 지급, 퇴근 시 몸수색 개선 등 조합원들은 변화를 느낄 수 있었다. 퇴직금 누진율도 높였다. 무엇보다 식사 시간을 확보했다. 동일방직 교대근무가 오전 6시~오후 2시, 오후 2시~오후 10시, 오후 10시~오전 6시로 되어 있으니, 근무시간과 식사 시간이 겹쳐 대부분 허기진 상태에서 일해야 하므로 회사 측과 협의해 근무시간 중이라도 교대로 30분씩 식사를 할 수 있게 했다.[39] 보리밥에 된장 멀겋게 푼 국이 다였던 밥상도 조금은 나아졌

---

[39] 조화순, 「인간이기 위한 여공들의 몸부림」, 『고난의 현장에서 사랑의 불꽃으로』, 대한기독교서회, 100쪽, 1992. ; 장숙경(1992), 254쪽 참조.

다. 하지만 회사와 협의로 식사 시간을 확보했다 해도 기계가 쉬지 않고 돌아가는 부서에서는 지켜지지 않았다. 줄 서서 배식을 받다 보면 벌써 들어가 일해야 할 시간이니, 밥을 먹는 게 전쟁과 같았다.

각종 제도와 관행을 바꾼 것은 노동조합이지만, 그것을 현장에 정착시켜 간 것은 조합원들이었다. 조합원들은 늘 선택의 기로에 설 수밖에 없었다. '휴가를 가면 수입이 줄어드는데' '조장한테 찍히면 피곤해지는데 어떻게 할까'. 현장에 생리휴가를 실제 정착시키는 과정에서 있었던 일화는 노조와 조합원의 힘이 합쳐져야 제도를 완성할 수 있다는 것을 보여준다. 모 부서 한 명이 생리휴가를 신청했는데 조장 반장 등이 나서 "진짜인지 아닌지 어떻게 아냐"며 휴가를 사용하지 못하도록 하니, 생리대를 갖다 보여주며 기필코 휴가를 받아냈다는 이야기가 전해지면서 너도나도 호응했다고 한다.

주길자 집행부는 조합원 교육을 인천산선과 함께 진행했다. 동일방직노조는 전 조합원이 매주 화, 수요일마다 하는 산선의 노동학교를 이수하도록 하고, 부서별로 모임을 열어 조합원 의식개발에 역점을 두어 활동했다. 그러자 노동학교에는 여성노동자들을 위해 이전에는 없던 '여성운동사', '한국 여성의 위치와 역할', '현대사회에서의 여성운동의 중요성' 등의 강의가 교육프로그램에 추가되었다.[40]

무엇보다 주길자 집행부는 노동조합을 깨끗하게 운영했다. 회

---

[40] 기독교도시산업선교회, 「1973년도 활동보고서」 ; 장숙경, 『산업선교, 그리고 70년대 노동운동』, 선인, 215쪽, 2013.

노동조합 사무실은 조합원들의 만남의
장소였으며 토론의 장소였다.
대의원대회는 노동자로서 의견을 당당하게
개진하는 회의가 되었다.

사 측의 유혹에 넘어가지 않으니 꿀릴 것 없어 자주적이었다. 조화순 목사는 주길자 집행부 출범 초기 한 일화를 들려준다.

> 처음에 노동조합 집행부가 구성되면 회사가 으레 그러는 거예요. 남자들이면 술집으로 들어가는 거래. 여자들을 방마다 집어넣는 거래. 여자 집행부가 되니까 어떻게 할 수가 없는 거야. 술을 먹을 줄 아나. 주길자를 데리고 가서 회사에서 돈을 준 거예요. 나한테 와서 얘기하는데 일생에 그렇게 많은 돈을 생전 처음 봤대. 자기도 모르게 손이 가더래. 손이 가면서 그 다음에는 내 생각이 나면서 동시에 이 돈을 가지면 안 된다. 자기도 모르게 뭐 얼굴에 탁 집어 던졌대요. 자기도 모르게 그랬대.
>
> _ 조화순, 2002년 구술 면담[41]

집행 간부들은 섬유노조 회의에 참여하는 등 출장을 다녀온 후 교통비를 제외한 금액을 반환했다. 노조 재정에 기밀비를 책정해 다달이 형사와 보안대에 돈을 준다는 이야기가 있었는데, 민주 집행부는 이를 없애고 기관원의 노조 사무실 출입도 막았다. 중앙정보부가 노조 활동에 깊숙이 개입하고 있던 당시 상황에서 이러한 동일방직 민주 집행부의 행보는 기존 집행부뿐 아니라 섬유노조가 봐도 껄끄러운 지점이었을 것이다.

---

[41] 성공회대학교 사회문화연구소, 『1970년대 산업화 초기 한국노동사 연구 - 노동운동사를 중심으로』, 노동부, 164쪽, 2002.

지부장과 집행 간부들이 현장을 지나가기만 해도 조합원들의 가슴이 뛰었다. 자신들을 대신해 회사 측 간부에게 항의하는 모습은 든든하고 멋졌다. 필요한 사항을 회사에 건의하고 받아들여지지 않으면 단체행동을 하겠다는 결정을 담은 상집회의 결과 공고문을 보면서 환호했다. 생산부장이 현장에 와 훈계할 때 아무 말 못 하고 듣고 있다가도 지부장이 현장에 오면 함성을 질렀다. 노조가 내 옆에 있다는 게 소름 끼칠 정도로 좋았다.

땀으로 범벅이 되는 노동 현장에서 '타이밍'(각성제)으로 버티며 일하면서 '대망의 80년대', '80년대가 오면 모두가 다 살기 좋은 나라가 된다'는 '희망 고문'으로 하루하루를 버티던 이들에게 민주노조는 지금 이 현실을 바꿀 수 있는 무기였을 것이다. 노동자들은 동일방직에서 이루고자 했으나 열악한 노동조건에 짓밟혀 접어두었던 꿈이 노동조합을 통해서 실현될 수 있을 거라는 믿음을 가졌을 것이다. 이렇게 동일방직노조의 자주·민주적 활동은 노동자들의 자기 발견, 삶의 방향 설정에 중요한 계기가 되었다.

한편 각종 복지 확대와 노동조건 개선을 내건 활동으로 성과를 내고 대의원대회에서 회사 주식 매입을 결의하는 노동조합이 있다는 점은 다른 섬유 방직 회사로부터 동일방직 회사 측이 원성을 살 만한 일이었다. 한국 수출산업의 최전선을 담당하고 있던 섬유산업 내에서 노동조건의 향상, 노동조합을 중심으로 한 노사 힘 관계의 변화 시도는 동일방직을 넘어 모든 자본에 위험 요소였을 것이다. 노동조합으로의 단결, 그것은 자본이 가장 경계하는 지점이었다.

이영숙 집행부 출범과 거세지는 노조 탄압

주길자 집행부는 사측의 부당해고와 협박, 사표 강요, 부서 강제 이동 등의 탄압을 받으면서도 조합원의 권익옹호, 임금인상, 복지후생의 확대 등을 위해 노력했고 조합원들의 지지를 받았으며 나름의 소임을 다하고 임기를 마무리했다.

뒤를 이은 이영숙 지부장은 오랫동안 산업선교회 활동을 했고, 주길자 집행부에서는 총무부장으로서 노조 활동의 경험을 쌓았기에 보다 조직적인 집행력을 담보할 수 있었다.

동일방직노조는 이영숙 집행부 시기를 맞아 활발한 교육 선전 활동을 벌여 민주노조로서의 내실을 다지는 시기를 보냈다.

1975년 7월에는 섬유노조 교육선전부장이 대의원·상집 대상 단체협약과 회의진행법 교육을 했다. 11월부터 지부장은 조합원을 30명씩 모아 ①노동조합의 목적 ②조합을 보호하는 법 ③조합원의 자세와 의무 및 권리 ④가족 계획 ⑤공동 생활인의 태도 등을 교육했다. 『조합원 노동수첩』을 만들어 노동관계 법령과 단체협약 등을 담아 배포했으며 『섬유노보』도 전 조합원에게 배포했다.

노조의 교육은 꼭 정해진 시간에만 이뤄졌던 것은 아니다. 집행부는 경비실 옆 노조 사무실을 개방해 문턱을 낮추고 차를 끓여두었고 그곳이 바로 교육장이었다. 출근하면서 노조 사무실에 들러 언니들한테서 들은 이야기, 공고문을 현장에 붙이기 위해 글을 적으면서 정리하는 과정, 부서별 모임을 하면서 무슨 일이 일어났는데 어찌 해결됐으며 회사가 이렇게 얘기해서 노조는 저렇게 대응했다는 이야기를 주고받는 과정 자체가 교육이었다. 현장에서 노조와 회사가 한 합의를 어기고 준비나 인수인계 등 업무외 노동을 시키는 데 항의하는 것도 다 교육이었다. 월급에서 조합비를 왜 떼는지 모르던 조합원이 노조가 하는 일이 뭔지 알게 되고 임금인상도 노조 활동으로 가능하다는 것도 알게 되었다. 그렇게 조합원들은 주변의 물을 다 빨아들이는 스펀지처럼 학습하며 성장했고, 노조에 우호적으로 변해갔다.

회사 측은 주길자 집행부 3년(1972~1974), 그리고 이영숙 집행부 1년(1975)을 거치면서 노조 탄압의 방향을 바꾸기 시작했다. 회사는 이영숙 집행부를 완전히 퇴출하고 회사 측과 긴밀한 협조 관계를 갖는 이른바 어용노조를 세우고자 마음먹었다. 이영숙 집행부가 노조의 요구를 관철하기 위해 회사 측과 대립하면서 이전 주길자 집행부와는 다른 행보를 보인 점도 영향을 미쳤을 것으로 보인다.

우선 회사는 조합원들을 개별적으로 압박하거나 물리적인 탄압을 거듭하며 노조로부터 멀어지도록 유도했다. 노조에 우호적인 조합원을 낡은 기계에 투입하거나 담당 기계 대수를 늘리고, 조장·반장을 동원해 감시하는 등 불이익을 주면서 괴롭혔다. 그냥 넘어갈 수 있는 일도 노조 활동을 하는 조합원에게는 감봉, 부서 이동 등의 불이익을 줬다. 그러나 상황이 나빠지면 나빠질수록 조합원들은 노동조합만이 이 문제를 해결할 수 있다고 믿었다. 노동조합으로의 결속은 더 강해졌다.

이에 회사는 조직적 탄압으로 대응했다. 대의원 선거를 앞둔 시기에 사측 관리자들은 조합원들을 강하게 압박하며 집행부 지지 후보자나 조합원들이 다른 동료들에게 말도 제대로 붙일 수 없는 삼엄한 분위기를 조성했다. 조합원들을 소집해 집행부 지지 대의원이 당선되면 이로울 것이 없을 거라고 노골적으로 협박했다. 또한 비교적 사측 관리자들과 가까운 남성 조합원들을 이용해 대의원에 합류하도록 적극 지원했다.

당시 동일방직의 남성 노동자들은 대부분 웬만큼 기술을 갖춘 기능공으로서 여성노동자들보다 보수도 배 이상을 받았고 작업 시간도 아침 출근, 저녁 퇴근으로 3교대인 여성노동자들에 비해 월등한 대우를 받고 있었다. 그리고 이들은 근속연수가 차고 회사의 인정을 받으면 관리사원인 담임으로 승진할 기회도 주어졌다. 이로 인해 남성 조합원들은 서로 간에 치열한 진급 경쟁을 벌였다. 특히 결혼과 동시에 퇴직해야 하는 여성과 달리 남성들은 '평생직장'이라는 생각이 강했다. 회사 측과 투쟁하며 노동자의 공동체적 성격을 강화해가던 노조가 경쟁에 익숙한 남성노동자에게 달갑지는 않았을 것이다.

사측의 개입으로 집행부 반대파 대의원이 많이 당선된 가운데 열린 대의원대회를 주관하는 이영숙 지부장.(1976.4.23.)

　동일방직 사용자는 바로 이 점을 파고들었고, 이와 같은 전략은 차츰 성과를 거두기 시작했다. 1976년 2월 6일 개최된 대의원 선거에서 47명의 대의원이 선출되었는데, 그중 23명만이 이영숙 집행부를 지지했다. 나머지 24명 중 대부분은 남성들로 사측과 긴밀한 관계를 맺거나 공개적으로 이영숙 집행부를 반대하는 대의원들이었다. 민주노조에 위기가 드리워지고 있었다.

2장

민주노조 사수 투쟁과 해고

공장 새마을운동과 QC서클 활동

1970년대 들어 방직업계도 시설 과잉 투자가 문제 되어 자금난을 겪었다. 그동안 한국 기업은 사채시장에 의존하는 경향이 컸는데, 정부가 1972년 1.17 금리 인하, 8.3조치[42] 등으로 시장에 강력하게 개입해 기업을 구원했다. 특히 민간회사가 일반인을 대상으로 회사채를 발행할 수 있도록 한 것은 자본시장에서는 일종의 혁명적인 일이었다. 이때 동일방직도 1억 원의 회사채를 발행하며 자본을 끌어모았다.

그러나 1차 오일쇼크로 인해 한국경제도 휘청거렸다. 1973년 수출 실적은 사상 최고였지만 바로 다음 해는 사정이 달랐다. 수출증가율이 둔화하고 재고는 쌓였으며 업계는 자금난에 허덕이기 시작했다. 섬유업계도 영향을 받아 수출이 부진했다.

이 와중에도 동일방직은 비교적 큰 충격 없이 운영되고 있었다. 1974년 4월 22일 창업자 서정익 동상 제막식을 여는 등 사세를 과

---

[42] 8.3조치는 1972년 8월 3일 박정희 정부가 사채시장을 제도권 금융으로 흡수하기 위해 긴급명령으로 집행한 금융정책이다. 당시 기업들은 자본의 30%가량을 사채에 의존했는데 이 조치로 기업들이 안고 있던 사채가 동결되고 연리 1.35%, 3년 거치 5년 분할 상환 혹은 출자로 전환하게 되었다.

시하기도 했다. 그러나 1976년 접어들며 상황은 녹록지 않았다. 수요 감소와 선진국의 잇따른 수입 규제 조치로 동일방직 당기순익이 전기의 30% 정도로 떨어졌다. 자기자본은 전기의 43억에서 37억으로 감소했고 부채비율은 전기의 301.4%에서 450%로 늘었다. 재고가 늘어 조업을 단축하기도 했다. 동일방직은 이 자본의 위기를 안양공장 시설 증대, 신제품 개발과 품질 고급화 등으로 해결하려 했다. 경기회복에 대비하고 기업 체질 개선에 주력하겠다고 선언했다.[43]

동일방직은 1976년 10월 1일부터 12월 31일까지 90일 동안 연말 증산 작전을 전개했다. 그 일환으로 동일방직 인천공장에서 1회 QC서클 경진대회를 열었다. 정종화 사장을 비롯해 QC서클 10개, 300여 명의 직원이 참가했다.[44]

박정희 정권은 1974년을 공장 새마을운동 적극 추진의 해로 정하고 한국수출산업공단 공장 새마을 연수원을 세워 '공장 새마을운동 선도요원' 양성을 시작했다. "전 기업인과 근로자에게 새마을운동의 기본 정신을 함양할 수 있도록 전달 교육을 할 수 있는 요원"을 배출해냈다. 이어 1976년 3월 10일 박정희는 한국노총 간부들과 만나 노동운동에 있어서 새마을운동 방식을 강조했는데 "종업원들이 자기 일처럼 열심히 일하면서 생산성도 올라가고 기업의 수익도 높아져 임금도 많아지게 될 것이며 서로 고마운 마음으로 따뜻한 분

---

43   동일방직 자본의 흐름에 관해서는 동아일보 1972.5.15.; 매일경제 1976.3.23. 참고.
44   매일경제 1976.11.20.

위기에서 노사협조가 잘 되게 될 것"이라 했다.[45]

박정희의 공장 새마을운동 핵심이 바로 QC(품질관리) 활동이었다. QC서클(분임조)은 생산량을 늘릴 방안은 무엇인지, 품질을 높이기 위해 자발적으로 뭘 할지를 토론하는 게 일이었다. 자제와 소모품 감소를 위한 방안, 능률향상을 위한 방안 등을 분임조의 토론 주제로 정하고 그 주제에 따른 현상 조사, 대책 수립, 실행과 결과, 직·간접적 효과, 재발 방지와 반성 등을 논의했다.[46]

자본과 정권은 이렇게 다시 수출 증대 고삐를 죄고 있었고 그 핵심이 QC 활동이었다. 그런 동일방직 QC 분임조에 300명이 넘는 직원을 편재했다는 얘기다. 이렇게 동일방직 자본이 현장에 애사심을 확장해가던 때였으니 이에 제동을 거는 민주노조를 곱게 볼 리 없었다. '수출 100억 불 시대'를 공언하고 공장은 물론 사회 전체를 조직해가던 박정희 정권에게 투쟁하는 민주노조는 눈엣가시였을 것이다.

---

[45] 동아일보 1976.3.11.
[46] 양규헌, 『걷고 보니 역사였네』, 한내, 93~95쪽, 2025.

사용자의 치졸한 어용화 전략

1976년에 접어들면서 동일방직 자본은 노사관계를 예전으로 돌리고자 본격적으로 개입하기 시작했다. 사측의 노조 어용화 전략은 노노 갈등 유발과 개인에 대한 탄압으로 구체화 되었다.

동일방직지부는 1976년 3월 27일, 차기 대의원대회를 4월 3일 서울 합정동 섬유노조회관[47]에서 개최한다고 공고했고 본조는 이를 승인했다. 그런데 회사가 나서 대의원 매수 작전을 폈다. 대의원대회 이틀 전 인천 시내 화신여관에서 노무차장 등 관리사원 5명이 노조 집행부에 반대하는 대의원 5명을 만나 대회 불참을 지시했다. 더 나아가 노동조합에 비판적인 대의원들을 만나 돈 봉투를 건네며 대의원대회 불참을 지시했다.

고두영은 어용 세력을 대표하는 자였다. 4월 3일 정기대의원대회에 고두영 등 24명은 끝내 나타나지 않았다. 고두영은 지부에서 대기시킨 버스에 타지 않고 나중에 가겠다고 한 다음, 대의원들을

---

[47] 당시 섬유노조회관은 1976년 1월 8일 준공된 새 건물로서 서울 마포구 합정동에 있었다. 1980년대에도 같은 위치에 있었고 1985년 동일방직복직투쟁위원회(위원장 이총각)가 점거 투쟁에 들어갔던 적도 있다. 지금은 철거되어 호텔 주차장으로 쓰이고 있다.

인천 용현동 고속버스터미널[48]에 집결시켰다. 뒤늦게 사정을 알게 된 대의원들이 반발했지만, 사전에 준비한 음식을 가지고 인천 송도유원지로 야유회를 가버렸다. 대의원대회는 유회되었다.

노조 집행부 주도권 장악이 마치 일련의 정보전으로 전개되던 어느 날, B씨는 나에게 놀라운 사실을 알려주었습니다. 인사과장의 지휘 하에 여관을 아지트로 잡아놓고 고두영을 앞세워 노조를 파괴할 작전을 세운다는 것이었습니다. 이러다가 노조는 완전히 회사 편으로 넘어가겠다 싶어 즉시 그 사실을 이영숙 지부장에게 알렸습니다. 자기네의 비밀 회합이 졸지에 탄로나자 그들은 깜짝 놀라 정보 제공자를 밝혀내기에 혈안이 되었습니다. 어떻게 알았는지 어느 날 인사과장이 호출해 갔더니 왜 대의원도 아니면서 조직에 깊이 개입해 혼란을 가져오느냐고 호통을 치는 것이었습니다. 또 어느 날은 회사의 담당 형사 유치관, 김건일이 나를 부르더니 본적과 주소, 전 거주지 등등 입사 전의 상황까지 문책 비슷하게 질문했습니다. 이것도 은근히 겁을 주려는 회사의 수단이구나 생각하니 불쾌하기 짝이 없더군요.

_ 이병국의 증언[49]

---

48 당시 인천 고속버스 및 시외버스 종합터미널은 인천시 남구 용현동에 있었다. 인천 종합버스터미널은 1997년 11월에 인천광역시 미추홀구 관교동으로 이전했다.
49 동일방직복직투쟁위원회, 『동일방직노동조합 운동사』, 돌베개, 102쪽, 1985.

4월 23일 대의원대회가 속개되었으나 진행은 순조롭지 않았다. 고두영 등이 지부장 불신임 관련 지부 운영 규정 개정안을 발의하거나 쟁의기금을 대의원 승인 없이 사용했다고 트집을 잡는 등 이영숙 집행부를 끌어내겠다고 작정하고 달려들었다. 하지만 회의는 그들 뜻대로 돌아가지 않았다. 오히려 두 명의 대의원이 "저들이 매수하려 했다"며 천원 권 2만 원을 집어던지자 고두영 등은 대회장을 퇴장해 버렸다. 대회는 또다시 성원 미달로 유회되었다.

대의원대회를 유회시키는 데 성공한 고두영 등은 더욱 노골적으로 반노조 행위를 자행했다. 동일방직 사용자가 그를 지원하면서 집행부 지지 대의원들과 회사 지지 대의원들 간의 대립이 점점 커졌다. 회사 측은 '노조 내부 조직 분규'라며 노노 갈등으로 몰아갔다.

동일방직 사측이 민주노조를 지지하는 개인을 탄압하는 양태는 더 집요해졌다. 노조 집행부를 지지하는 대의원들이나 조합원들을 강제로 부서 이동시키거나 기능공에게 양성공 일을 시켰다. 사소한 문제에 꼬투리를 잡혀 시말서나 경위서를 쓰는 일도 있었다. 대표적인 게 '정의숙 사건'이다. 5월 2일 야간근무를 위해 출근하던 길에 넘어져 발목을 삔 정의숙이 일하다 잠깐 졸았는데 이를 발견한 사용자는 경위서를 요구했고, 경위서를 제출하자 그 다음엔 시말서를 요구했다. 정의숙이 항의하자 사측은 '명령불복종'을 이유로 무기한 출근 정지 처분을 내렸다. 이에 반발한 동료들이 연서명과 함께 언론사에 진정서를 제출하며 대응을 시작하자 여론화를 두려워한 사측은 정의숙을 복직시켰다. 동일방직 사용자의 졸렬한 노조 탄압으로 시작된 이 투쟁은 무려 56일이 지나서야 일단락됐다.

회사로부터 받은 설움과 고통을 일일이 다 열거할 수는 없겠으나 지금도 잊히지 않는 것은 대의원으로서 항상 열성적으로 일하기 시작하던 때의 출근 정지 사건이다. 그 당시 나에겐 참으로 생존을 위협하는, 발등에 불이 떨어진 셈이었다. 더구나 그러한 조치가 노조 활동 탄압의 도구로 취해진 것이고 회사의 의도라고 판단되었을 때 나는 참을 수가 없었다. 그때 처음 내 손으로 호소문도 만들어 보았고 직접 들고 다니며 사회 여론에 호소하기도 했다. 잠자리에 누우면 잠도 오지 않았고 분노에 가슴을 떨었다.
그러던 어느날 새벽 나는 직접 사장을 만나 담판을 짓기 위해 XX동에 있는 그의 호화주택 앞으로 찾아가는 일도 서슴지 않았다. 차가운 돌계단에 주저앉아 나의 숨통을 조였던 장본인을 기다리는 새벽에 느꼈던 오싹한 추위와 떨림은 아직도 기억에 생생하게 남아 있다. 드디어 아침 해가 떠오를 즈음 출근길에 나서는 사장의 앞을 막아서자 처음 본 사장은 무척이나 놀라워 했다. 더구나 내가 자기 회사에서 출근 정지를 당한 여공이라는 것을 말하자, 잠시 할 말을 잊고는 얼굴이 하얗게 되더니 회사에서 만나자는 말만 남기고 그대로 차에 오르는 것이었다.
이러한 나의 노력과 조합원들의 복직 운동으로 나는 다시 제자리를 찾을 수 있었다. 이렇게 나를 위해 싸워준 조합원들은 후에 나의 어깨에 부지부장이라는 책임감을 안겨 주었다. 나를 믿고 따르는 그들을 위해 지부장님과 함께 할 수 있는 모든 일을 하려고 노력했다.

_ 정의숙의 회고 [50]

---

[50] 동일방직복직투쟁위원회, 『동일방직노동조합 운동사』, 돌베개, 153쪽, 1985.

사법·행정기관까지 민주노조 파괴 가담

사용자와 결탁한 고두영 일파의 전횡에 노조 집행부 또한 대응에 나섰다. 1976년 6월 2일 이영숙 집행부는 "회사의 탄압을 두려워하는 대의원들을 유도, 대회에 불참시키고, 일부 대의원을 매수하고, 지부장에게 폭행을 가하고, 회사와 야합, 반조직 행위를 했다"는 사실을 들어 상급단체인 섬유노조에 고두영 등의 징계를 요청했다.

이에 섬유노조 또한 진상조사와 더불어 고두영 등에게 징계를 결정했으나, 고두영 등은 노조의 징계 조치에 불응하고 지방법원에 징계효력정지 가처분신청을 내는 한편 가까운 대의원들의 연서명을 받아 경기도청에 대회소집권자 지명을 요구했다.

이러한 가운데 이영숙 집행부에 의해 1976년 네 번째로 소집된 대의원대회는 고두영 측이 불참하고 섬유노조가 난동을 우려하여 연기를 지시함으로써 또 다시 무기한 연기되었다. 여기에 더해 서울지방법원 인천지원이 고두영 측의 징계효력정지 가처분신청을 승인하고, 지방행정부인 경기도는 고두영을 소집권자로 하여 대의원대회 개최 명령을 내렸다. 사태는 걷잡을 수 없는 국면으로 치달았다. 사용자의 노조파괴행위에 행정부와 사법기관마저 참여하게 된 것이다. 고두영 측은 사측의 노골적인 지원과 반노동자적인 사법부·행정부의 비호 아래 민주노조를 파괴하고 노동조합을 강권으로 탈취하려 했다.

이에 동일방직노조는 7월 16일에 자주적인 대의원대회를 개최하고 25일에는 전체 조합원 총회를 개최할 것을 공고했다. 또한 관계기관에 동일방직의 상황을 적은 <노동조합 탄압은 근로자의 인권 유린이다>라는 제목의 호소문[51]을 발송했다. 호소문에는 사측의 비열한 어용 공작과 고두영 일파의 노조파괴 내용이 담겼다. 또한 경기도지사가 고두영을 소집권자로 행정명령을 내린 것은 사용자를 대변하는 허수아비 대의원대회를 열도록 관권이 작동한 것이라 지적했다.

---

[51] 동일방직복직투쟁위원회, 『동일방직노동조합 운동사』, 돌베개, 51~53쪽, 1985.

조합원 모두가 함께한 지부장 석방 투쟁

1976년 7월 22일 섬유노조 68차 중앙위원회는 고두영 등 4명의 반조직행위에 대한 동일방직지부의 징계처분 결정을 재확인했다. 이영숙 집행부는 이를 공식화하고 고두영 등이 소집한 어용 대의원대회를 저지하기 위해 보고대회를 개최했다. 그러나 사측은 보고대회 장소인 회사 식당의 불을 끄고 문도 잠가버렸다. 지부장을 조합원들로부터 격리하고자 했다. 이에 조합원들이 강하게 항의하자 사측은 경비와 구사대를 총동원해 폭력으로 보고대회를 무산시켰다.

7월 23일 오전, 인천 동부경찰서는 전날의 보고대회 사태를 핑계로 이영숙 지부장과 노조 집행부를 '불법파업 준비'를 빌미로 연행했다. 또한 기숙사 문에 못을 박아서 기숙사생들의 출입을 막고 고두영 측 대의원들이 준비한 대의원대회를 간접적으로 지원했다. 그들만의 대의원대회에서 이영숙 집행부 불신임안은 통과되었고, 가짜 지부장에 오른 고두영은 해당 내용을 경기도지사에게 보고했다. 그 보고에는 토론도 한 적 없는 '지부장 불신임 정족수에 관한 조항 삭제'가 대의원들의 결의사항인 것처럼 적혀있었다.

소식을 듣고 격분한 200여 명의 조합원이 기숙사 문을 부수고 창문에서 뛰어내리는 등 사측의 제지를 뚫고 노조 사무실로 몰려왔다. 이들은 '지부장 석방, 고두영 측 대회 무효, 노조 탄압 규탄' 등의 구호를 외치며 농성에 돌입했다. 이에 이영숙 지부장은 잠시 석방되었으나, 조합원들이 농성을 풀고 귀가하자 경찰은 다시금 이영숙 지부장과 이총각 총무부장을 연행해갔다.

7월 23일 밤 동일방직 조합원들은 야간 퇴근조를 중심으로 잔디밭에서 재농성에 돌입했다. 회사는 건물의 물과 전기를 끊고 화장실까지 폐쇄했다. 그러나 농성에 참여하는 조합원 수는 계속해서 불어났다. 출입하지 못한 조합원들 또한 정문 밖에 모여 있었다.

"이영숙 지부장을 석방하라", "회사는 자율적 노조 활동에 개입하지 말라", "7.23 대의원대회는 무효다", "사이비 지부장 고두영은 물러가라", "한○○ 노무차장 물러가라", "무릎을 꿇고 사느니보다는 서서 죽기를 원한다."

조합원들의 노래와 구호가 멈추지 않았다. 조합원들은 <노총가>와 <우리 승리하리라> 등의 노래를 불렀다.

> 아침에 솟는 해는 우리의 동맥
> 여명의 종 울려서 지축을 울린다
> 쉬지 않고 생산하는 영원한 건설자
> 조국은 부른다 아 우리들은 노동자
> 노총의 깃발 아래 강철 같이 뭉쳐서

민족의 사는 길로 노총은 간다

_ 노총가[52]

7월 24일 토요일 아침이 되자 농성 조합원 수는 800여 명으로 불어났다. 출입이 막히는 바람에 들어오지 못한 조합원 300여 명은 정문 밖에 모여 호응했다. 거의 모든 조합원이 농성에 참여한 셈이었다. 사측과 경찰들이 조합원들을 향해 협박과 회유를 반복하며 해산을 종용했지만, 이미 하나가 된 조합원들에게는 소용없는 일이었다.

오전 10시쯤 경비실 앞이 소란스러웠다. 가족들과 동네 사람들까지 정문 근처로 모여들었다. 특히 김광자 부위원장의 어머니가 앞장서서 가족들의 항의를 이끌었다. 농성 소식을 듣고 달려온 조합원들의 부모와 가족들이 공장 앞 충남상회 같은 가게에서 우유며 박카스며 마실 것들을 들여보내려 했고 정문 밖 조합원들도 빵과 얼음을 사서 들여보내려 했다. 경비들은 이 모든 것들을 보란 듯이 패대기를 쳐 깨뜨리고 산산조각 냈다. 그리고는 조합원들을 무시하는 욕설을 퍼부어댔다. 항의하는 가족과 조합원 수가 늘어나 동일방직 정문 앞 고가도로까지 가득 메웠다.

조합원들은 7월 24일 밤 10시까지 지부장과 총무부장을 석방할

---

52 <노총가>는 김광섭 작사, 이흥렬 작곡의 노래로 1961~2006년, 40년이 넘도록 한국노총 가로 불리다가 2006년 한국노총이 이른바 쇄신 작업이란 것을 한다며 새 노총가로 교체했다.

것을 요구했고 만약 요구가 수용되지 않으면 파업에 돌입할 것을 결의했다. 간부들은 석방되지 않았고 동일방직노조는 전면파업에 돌입했다.

   회사 측은 농성 장소에 백열등을 많이 매달아 놓고 켰다 껐다를 심하게 반복해 정신을 못 차리게 했다. 또 방송으로 조합원들을 회유 협박했다. 경찰과 경비, 사원들이 삼엄하게 경계를 섰고 바리케이드가 설치됐다. 회사 측은 이영숙 지부장이 조합비를 횡령해 땅을 샀다는 황당무계한 악선전도 해댔다.

최후의 저항, 나체시위

7월 25일도 파업은 계속되었다. 농성하고 있던 조합원 모두 허기와 더위에 지쳐 있었다. 농성장이 30도가 넘는 뙤약볕이 내리쬐는 회사 안 잔디밭이었으니 당연한 일이었다. 하지만 조합원들의 식을 줄 모르는 울분과 꺼질 줄 모르는 투쟁의 부르짖음은 거세어만 갔다. 회사 주변의 교통은 통제된 상태였다. 오후로 갈수록 무더위에 쓰러져 병원으로 업혀 가는 조합원들이 한두 명씩 늘어갔다. 해가 길어져 일몰이 늦어지던 여름날의 저녁 6시 30분, 농성 3일 차였던 동일방직 조합원들에게 운명의 순간이 왔다.

경찰이 왔다는 소리를 듣고 농성 조합원들은 한군데로 모였다. 같이 있어야 한다는 본능이 발동했을 것이다. 그때 어디선가 "옷을 벗으면 남자들은 손을 못 댄대"라는 외침이 들렸고 누가 먼저랄 것도 없이 웃옷을 벗기 시작했다. 눈물범벅이 된 채 두려운 눈빛으로 떨리는 목소리로 팔을 흔들며 노래를 불렀다.

"경찰이 왔다!" 하는 소리와 함께 흩어져 있던 사람들이 일시에 한 곳으로 모여들었다. 생전 처음 보는 시퍼런 경찰차에 완전 무장을 한 전투경찰을 보자 겁에 질려 엉엉 우는 사람도 있었다. 두려움과 긴장이 감도는 가운데 우리는 모두 약속이라도 한 듯한 덩어리로 뭉쳐졌다.

그러나 힘이 없는 약한 여자들이 아닌가. 기어이 올 것이 왔구나. "벗고 있는 여자 몸엔 경찰 아니라 그 누구도 남자들은 손을 못 댄대" 하는 누군가의 다급한 음성은 서로 앞을 다투어 우리들의 옷을 벗게 했다.

우리는 어느새 너나 할 것 없이 반나체로 두 주먹을 흔들며 노래를 부르고 있었다. 너무도 엄청난 폭력 앞에서 최후의 저항 수단으로 수치심도 두려움도 떨쳐버린 돌발적인 행동이었다. 무장을 하고 방망이를 찬 기동대원들과 회사 측 남자들에 의해 완전히 포위된 상태에서 우리들은 알몸으로 꽁꽁 뭉쳤다. 강철인들 이보다 강하고 단단할 수 있을까? 누구 하나 감히 손을 댈 수가 없었다. 그것은 하나의 거대한 바위가 된 모습이요, 건드리기만 하면 터질 듯한 시한폭탄 같은 기세였기 때문이다.

뜻밖의 대담한 행동에 경찰들도 어쩔 수 없는 듯 멍청히 바라보고만 있었다.

_ 석정남, 『공장의 불빛』[53]

경찰들은 차마 눈을 마주치지 못했다. 그러다가 회사 간부와 쑥

---

[53] 석정남, 『공장의 불빛』, 일월서각, 49쪽, 1984.

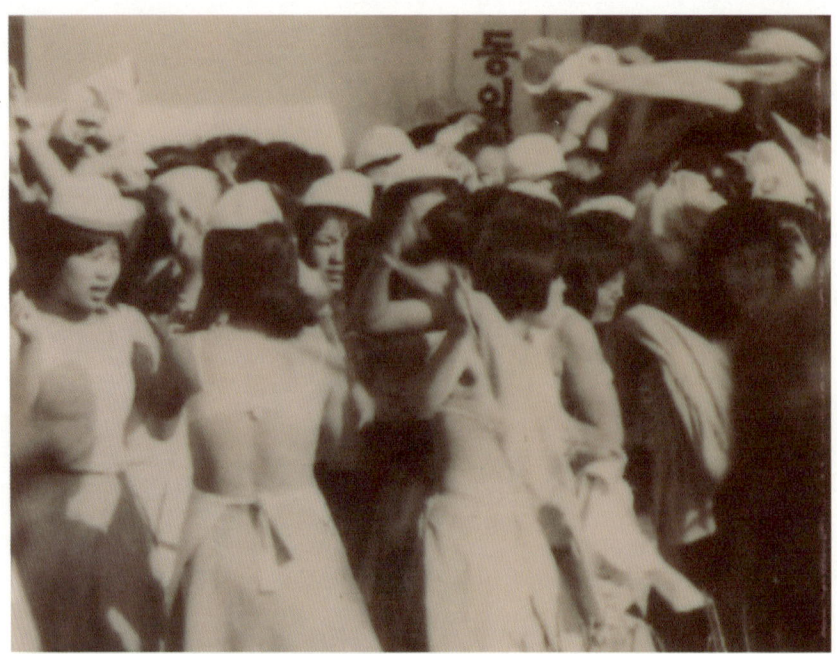

경찰병력에 맞선 여성노동자들의 저항.

덕쑥덕하던 지휘관인 듯한 경찰 하나가 메가폰을 들고 조합원들을 향해 장광설을 늘어놓기 시작했다. 옷을 벗든 사람이 많든 다 자기의 직권으로 잡아갈 수 있다고 겁을 줬고 즉결 심판에 넘어가서 전과자가 된다는 둥, 빨간 줄이 그어진다는 둥 협박을 이어가더니 주동자만 내놓으면 귀가시켜 주겠다고 회유했다.

조합원들은 "주동자가 따로 없습니다. 우리 모두가 주동자입니다"라고 외쳤다. 그러자 회사 간부가 나서서 대의원들을 지목했다. 회사 측의 손가락질로 대의원들은 한 명씩 질질 끌려갔다. 서로 부둥켜안은 팔을 놓치지 않기 위해 붙잡는 조합원들을 경찰들은 방망이로 내리치고 머리채를 잡아채 차에 태웠다. 여기저기서 비명이 터져 나왔다. 약 30분 만에 경찰은 농성 대오를 진압했다. 연행자 수는 72명이었다. 연행자들을 실은 경찰 버스가 못 가도록 안순옥은 바퀴 밑으로 들어갔다. 그러나 몽둥이로 얻어맞으며 끌려 나와 버스 안으로 내팽개쳐졌다.

> 그런데 어느 날, 경찰차가 들이닥치고 군복을 입은 경찰들이 우리에게 다가왔다. 그때 누군가 옷을 벗자는 소리에 망설이지 않고 서슴없이 옷을 벗기 시작했다. 벗은 여자의 몸은 그 누구도 건드리지 못할 것이라고 생각했기 때문이다. 하지만 그 생각은 순박한 허상일 뿐이었다.
>
> 경찰과 한통속이 된 남자 대의원들은 기다렸다는 듯이 뒤에서 벗은 몸으로 투쟁하고 있는 나를 몽둥이로 내리치고 구둣발로 허리를 찼

다. 집단 폭행의 충격으로 나는 그 자리에서 쓰러져 버렸다. 쓰러진 나를 남자 네 명이 양쪽 팔다리를 들고 (회사) 옆에 있는 병원 바닥에 마치 쓰레기 버리듯 내던졌다. 정신을 차려 눈을 뜨니 그 넷이 나의 모습을 위에서 내려다보며 장난치듯이 낄낄거리며 웃고 있었다. 지금까지도 그때 구둣발로 맞은 곳은 늘 아프고 허리는 항상 불편하다. 하지만 나는 다시 나와 친구들과 투쟁을 했다.

그 와중에 경찰차가 동료들을 싣고 동부경찰서로 가려고 했다. 어떻게 그런 생각을 했는지, 나도 벗은 몸으로 경찰차 바퀴 밑으로 들어가 누웠다. 차가 출발하지 못하면 동료들이 다시 내릴 수 있을 것 같았기 때문이다.

_ 안순옥, 「투쟁의 아픈 기억들을 보듬으며」[54]

다친 조합원은 70여 명이었고, 충격을 받아 기절한 조합원만 50여 명에 이르렀다. 기절한 이들 중 14명이 회사의 지정 병원에 입원해야 할 정도였고 일부는 찬물을 뒤집어쓰기도 했다. 대부분 하루 이틀 만에 깨어났지만, 이돈희, 이순옥 두 조합원은 5일이 지나고도 깨어나지 못해 오래 병원 신세를 졌다.

농성이 진압된 뒤 연행되지 않은 조합원 200여 명이 뛰어서 동부경찰서로 향했다.

연행된 조합원들도, 뒤에 남은 조합원들도, 경찰도, 회사 측 구사

---

[54] 안순옥, 「투쟁의 아픈 기억들을 보듬으며」, 70년대 민주노동운동 동지회 엮음, 『어둠의 시대 불꽃이 되어』, 학민사, 173~174쪽, 2021.

대도 떠난 농성장은 어수선하면서도 고요했다. 함성도 울부짖음도 사라진 노조 사무실 앞 짓밟힌 잔디 위에는 찢어진 작업복, 주인 모를 운동화, 작업모, 음료수병, 머리핀 등이 여기저기 어지럽게 널브러져 있었다.

이튿날인 7월 26일 300여 명의 조합원이 삼삼오오 짝을 지어 서울에 있는 섬유노조 본조로 향했다. 연행 조합원 석방을 요구하며 농성을 진행했다. 결국 밤 11시가 되어 동부경찰서 연행자들이 전원 석방되었다. 조합원들의 3일간의 농성, 그리고 경찰의 폭력 진압과 연행, 이에 맞선 눈물의 나체시위 등 투쟁의 한 순환이 일단락되었다. 노동조합과 조합원들의 승리로 말이다.

조합원들은 26일부터 27일 오전까지 연행자들을 석방하지 않았다는 이유로 일에 들어가지 않았다. 비록 잠시였지만 자연발생적인 파업이었던 셈이다. 27일 오전이 되어 석방된 이영숙 지부장의 지침이 내려진 이후에야 작업에 복귀했다.

그런 상태에서도 여전히 지부장에게 뒤집어씌운 횡령죄 혐의는 벗겨지지 않았다. 경찰이 압수해 갔던 회계 장부는 영수증 처리가 안 된 8만 원 외에 다른 하자가 전혀 없었는데 경찰은 그것을 빌미 삼아 횡령 혐의로 구속영장을 신청했다. 하지만 검찰에서 기각되었다.

한편 경찰의 폭력과 회사 측의 난동이 이어지던 당시 현장에 관한 언론 기사는 찾아볼 수 없다. 박정희 유신체제 치하였으니 어쩌면 그게 당연하다고도 할 수 있다. 몬트리올 올림픽에서의 한국 여

자배구와 레슬링 메달 소식이나 남북 관계 관련한 뉴스만 연일 이어질 뿐, 여공 수백 명이 옷을 벗고 울부짖는 사태는 알려지지 않았다.[55] 당시 기사가 실린 거의 유일한 매체는 동아일보 해직 기자들이 자리 잡고 있던 『주간시민』이었다. 글을 쓴 이태호 기자는 아비규환이었던 당시 상황을 알리기 위해 '완전 나체'라는 식으로 과장해 표현하기도 했다.

어떻게 표현되었든 '나체시위'에서 중요한 것은 옷을 벗어던지면서까지 저항했던 여성노동자들의 의지와 이를 무참하게 짓밟고 폭력적으로 연행해 간 경찰과 국가권력의 야만적 광기였다. 또한 당시 여성노동자들에게 저항할 수 있는 최후의 수단이 몸뿐이었다는 것을 상징적으로 보여주는 장면이 아닐 수 없다. 그런 의미에서 이 나체시위는 단순한 은유가 아닌, '온몸으로 투쟁한다'는 구호의 실제라 할 수 있고 또 이 시대의 권력과 저항의 구도를 상징적으로 보여주는 역사의 한 장면이다.

세월이 한참 지난 2010년대 국가정보원 발전위원회 보고서에 의하면 동일방직 나체시위 사건은 당시 중앙정보부의 무리한 노조 와해 활동이 빚어낸 사건이라고 기록하고 있다.[56] 이에 관해 2010

---

[55] 이 시위는 1979년 8월 「김 섬유노조 위원장이 밝혀-이렇게 당했다」라는 제목의 기사로 일간지에 등장한다. 김영태는 "도시산업선교회 근로자들이 각 산업체에서 말썽을 부린 사례"를 폭로하면서 동일방직 사건이 가장 극렬한 사례라고 했다. "데모 근로자들을 해산하기 위해 기동 경찰이 투입되자 나체시위를 벌였고 성 대결 선거라는 선거 방식을 도입, 도시산업선교파 근로자를 노조 지부장으로 피선하게 만들었다"는 게 그의 주장이다. 경향신문 1979.8.18.
[56] 국가정보원, 『과거와 대화 미래의 성찰 언론·노동편(V)』, 321쪽, 2007.

년 진실화해위원회는 당시 노동청 노정국장이었던 신○○와 면담을 했는데 그 역시 그러한 평가에 동조하면서 중앙정보부의 개입 때문에 항의 농성, 경찰 투입, 나체시위로 연결되었다고 진술했다. 그는 "당시 동일방직의 나체시위 사건은 단순한 노사관계의 문제가 아니었고, 도시산업선교회의 산업선교라는 목표와 정부의 강경정책의 충돌로 동일방직을 앞세운 도산과 중정 등 정부의 강경정책이 빚어낸 결과였다. 소위 나체시위 이전부터 회사 측에서 남자 직원을 앞세워 노조 지부장을 세우려고 했고, 이로 인해 노사갈등이 계속되어왔다. 노조의 선거 문제는 노동자들 자신의 일이기 때문에 노동청 등이 개입할 이유가 없다. 노동부, 경찰 등 정보기관 등이 노조의 대의원대회 개최 여부 등에 대해 관여할 권한이 전혀 없음에도 불구하고, 정부 차원에서 도산 출신이 (노조 집행부를) 잡으면 문제가 발생하니까 신경을 곤두세웠다. 중정은 노조 지부장이 도산 출신이냐 아니냐가 중요했고, 그래서 도산 출신이면 어떻게 해서든지 막으려 했기 때문에, 중정 등 공안기관이 노조 선거에 관여함으로써 불필요한 갈등이 야기됐고, 문제를 더 크게 만들었다. 나체시위 당시 경찰이 농성 조합원 모두를 연행하기로 사전에 계획되어 있었다고 들었고, 나는 기관원들의 개입이 심하여 동일방직에 나와 있는 모든 기관원의 철수를 요구했던 일도 있다"고 진술했다.[57]

---

[57] 진실화해를위한과거사정리위원회, 『2010년 상반기 조사보고서-진실화해위원회 제9차 보고서』, 596쪽.

멈추지 않는 탄압과 섬유노조의 외면

7월 29일, 동일방직노조는 섬유노조 대의원대회에 참석하여 그간 '동일방직 사태'의 경과를 요약한 유인물을 배포하면서 사안의 완전한 해결을 위해 끝까지 투쟁할 것임을 밝혔다. 그러나 동일방직 사용자의 압력은 더욱 거세져 농성에 참여한 것으로 확인되는 조합원들의 진급을 금지했다. 아예 지부장 행세에 나선 고두영과 그 일파는 나체시위 사진을 들먹이며 성폭력을 일삼기도 했다.

사측은 어떻게든 열성 조합원들의 힘을 꺾기 위해 안달이었다. 퇴사 협박은 물론 고두영을 지지하는 서명부를 만들어 조합원을 일일이 불러내 회유하기도 했다. 이에 반발한 조합원들이 거세게 항의하자 서명부를 불태우고 노조 탄압은 사측과는 상관없는 일이라며 발뺌하는 일도 있었다. 신경쇠약으로 고통받는 노동자도 있었지만 회사는 어떻게든 탄압의 고삐를 늦추지 않았다.

사측의 탄압이 거세 조합원 130여 명이 공장을 그만두었다. 전체 직원의 10%에 해당하는 숫자였다. 그러나 동일방직노조 집행부는 흔들리지 않았다. 노동조건 개선 투쟁을 이어나갔고, 부당한 지시나 노조 탄압으로 여겨지는 일체 행위들에 대한 적극적인 개선과 공장 정상화를 요구해 나갔다. 조합원들은 연장 작업 시정 요구 운동을 벌이거나 농성 참여를 이유로 조장 선발에서 제외하는 데 대해 작업 거부로 대응했다.

한편 상급단체인 섬유노조에서는 불안한 변화가 일어나고 있었다. 당시 섬유노조의 부산지부장이었던 김영태가 신임 위원장으로 선출되면서 이풍우를 동일방직 사태 수습 책임위원으로 임명한 것이다. 이풍우는 동일방직에서 벌어진 모든 사건을 형식적으로 일단락하고자 했다. 섬유노조는 대놓고 회사 편을 들지는 못했지만, 침묵과 방관을 통해 동일방직에서 벌어진 투쟁의 근본적인 해결을 방해했다.

섬유노조와 동일방직 민주 집행부 사이에 크게 두 번의 충돌이 있었다. 우선 새로운 집행부 구성 문제를 놓고 토론하면서 상집위원들이 "1976년 대의원 선거에서 부정 수단으로 회사 지지 대의원이 많이 당선되었으니 재선거를 하자"고 하자 이풍우는 그대로 두고 빈 곳만 선거를 하자고 주장했다. 결국 대의원 선거는 미뤄졌다.

또 사측과 단체협약을 갱신할 때 갱신의 주 내용은 '사원'을 조합에 가입시키는 문제였는데, 이에 지부장이 반대하자 이풍우는 노조의 질을 높이고 조직 수습을 원활히 하기 위한 것이며 본조의 방침이라 주장했다. 여기서 말하는 '사원'은 주로 공장 내의 담임들인데 이들은 그동안 회사 편에 서서 노조 활동을 방해하는 데 핵심적으로 앞장서 왔던 이들이다. 지부는 11월에 전 조합원이 사원의 노조 가입을 반대한다는 의견을 본조에 여러 번 전달했고 본조로부터 "협약은 체결된 것이 아니며 교섭중"이라는 답을 들었다. 그런데 12월 25일 회사와 수습 책임위원 사이에 이뤄진 단체협약 갱신 공문이 경기도지사의 승인을 거쳐 지부로 발송되었는데, 그에 따르면 사원의 노조 정식 가입이 가능했다. 회사가 단체협약을 갱신한 날짜는 이미 11월 24일이었다. 이풍우는 사용자와 밀실 합의를 통해 단체협약을 갱신했고 김영태 또한 이를 알면서도 묵인한 것이다.

동일방직노조가 믿고 기댈 곳이 더는 없었다. 이처럼 수습 책임위원의 개입으로 노동조합이 조직 와해 위기에 처하자, 집행 간부들은 노동청으로, 본조로 직접 찾아가 단체협약 체결과정의 문제와 불법성을 알리고 대책을 요구했다. 그러나 별다른 반응은 없었다. 특히 섬유노조 위원장인 김영태는 "여자들이 시집이나 가지 무슨 노동운동이냐, 지금 최면술에 걸려 그렇게 돌아다니는 거다"라는 등 기가 막힌 말을 하며 관심도 없다는 듯이 책상 앞에 앉아 손톱을 깎았다.

현장의 상황이 급변해가는 가운데 사측은 고두영을 현장에서 경비실로 보내버렸다. 더는 이용 가치가 없다는 얘기였다. 이영숙 지부장은 결혼과 함께 사직했다. 동일방직에 새로운 탄압의 국면이 열리고 있었다.

동일방직 사건 해부식과 노동청의 중재

1977년 1월 21일, 1년 이상 민주노조 사수 투쟁을 벌여온 동일방직 노조는 회사 안이 아닌 밖으로 이 문제를 알리고 조합원의 힘을 모아야 한다고 판단했다. 이에 동의하는 15명의 조합원이 모여 '동일방직 사건 수습 투쟁위원회'(수습투위)를 구성했다. 수습투위는 투쟁의 방향을 '사회 여론화'로 결론 내리고 지금까지의 모든 사정을 호소문으로 작성해 온갖 사회단체를 직접 방문하며 동일방직 사태의 심각성을 알렸다.

수습투위는 2월 2일 <호소문>을 발표했다. 여기에는 천주교 정의평화위원회, 산업선교연합회, 가톨릭노동청년회 전국연합회, 가톨릭노동청년회 인천연합회, 교회여성연합회, 기독교장로회 여신도회, 인권위원회(NCC), 한국교회사회선교협의회, 여성유권자연맹, 기독교 산업문제연구소 등이 참여했다.

<호소문>은 그간의 과정, 즉 섬유노조 이풍우 수습대책위원장이 사고지부 처리를 위해 대의원 선거를 진행하기는커녕 그보다는 회사의 앞잡이 노릇을 하는 '사원'들을 조합원으로 넣는 단체협약 갱신에만 몰두해 왔다, 섬유노조 산하의 80% 이상이 여성들인데 그

들의 조합비를 가지고 운영하면서 15만 조직이라고 떵떵거리는 섬유노조 위원장이 여성 근로자를 이렇게 무시하니 과연 진정한 노동조합 간부인지 의심스럽다, 우리는 마침내 우리 손으로 우리의 권리를 찾자고 결심하고 회사와 야합해 노조를 짓밟아버린 본조가 문제를 해결할 때까지 싸울 것을 결의했으니, 섬유노조 산하의 수많은 여성 근로자들을 위해 본조의 비양심적인 노조 활동을 폭로하고 회사의 잔인한 탄압을 고발하려 한다는 의지를 담고 있었다. 2월 6일에는 보고대회를 통해 이에 대한 구체적인 내용을 소상하게 밝히고자 했다. 수습투위는 이 보고대회를 '동일방직 사건 해부식'이라고 명명했다.

관계기관은 불안감을 감추지 못했다. '사건 해부식'이 실제로 열린다면 결과적으로 노조를 둘러싼 갖가지 비리와 탄압이 사회에 널리 알려지면서 사태가 심각해질 가능성이 있었다. 더구나 이를 계기로 노동자와 지식인이 연결되어 공동투쟁의 방향으로 확대되어 나갈지도 모르는 일이었다. 이는 유신 정권과 중앙정보부 입장에서 달가운 일이 결코 아니었다.

사건 해부식 이틀을 앞둔 2월 4일, 나체시위로 연행된 4명의 투쟁위원이 풀려났다. 밤 11시가 넘어 노동청에서 노정국장이 동일방직 공장장실로 직접 내려와 회사와의 중재를 주선한다는 것과 노조의 모든 요구 조건을 다 들어준다는 소식을 알려 왔다. 명동성당에서 열기로 한 사건 해부식만 취소하라는 거였다. 노동청 노정국장과 투쟁위원들은 공장장실 문을 열고 들어가 밤을 새우며 토론을 거듭했다.

　1977년 2월 5일, 사건 수습 투쟁위원 5명, 즉 이총각, 정의숙, 최명희, 정인자, 김인숙은 노동청 차장실에서 합의 문서에 서명했다. 노조 간부들의 지혜와 조합원들의 의지가 마침내 결실을 본 것이다. 노동청 차장과 노정국장, 섬유노조 이유복 부위원장, 회사 정종화 사장이 자리했다. 합의 내용은 다음과 같았다.

합의사항

1. 단체협약 중 사원의 노조 가입 문제는 배제하도록 하고 이에 필요한 절차를 취한다.
2. 대의원 선출은 자율적으로 하고 대의원대회는 노조가 조속한 시일 내에 개최하도록 한다.
3. 회사는 어떠한 이유로도 조합원을 차별대우하는 일이 없도록 한다.
4. 조합 내부 문제는 자체 해결토록 하고 외부로 확대시키지 않는다.
5. 근로자 전원은 생산성 향상에 노력한다.
6. 본조, 회사 및 위 근로자는 그간의 분규에 대해 상호 유감의 뜻을 표하고 앞으로는 이러한 사태가 없도록 최선을 다할 것이며 회사는 분규를 일으킨 자에 대해 응분의 조치를 한다.

1977년 2월 5일

동일방직주식회사 대표이사 사장 정종화
동일방직주식회사 근로자 대표 정의숙
전국섬유노동조합 부위원장 이유복
노동청 노정국장 신연호

수습위원회 중심 노조 정상화 추진

2월 10일 수습대책위원 이풍우가 사임하고 후임으로 본조 조사통계국장 이광환이 선정되었다. 이광환은 동광모방노동조합 분회장으로서 민주노조를 만들기 위해 노력하면서 1975년부터 섬유노조 조사통계국장으로 일하고 있었다. 그가 선정된 것은 당연히 동일방직 여성노동자들의 투쟁의 성과이면서도 사태 수습을 위한 중앙정보부, 경찰, 노동부 등이 모여 합의한 결정이기도 했다. 이들이 합의 후 이광환에게 제의했고 그가 수락함으로써 새 수습대책위원이 선임된 것이다.[58]

이튿날인 11일에는 노조 탄압에 앞장섰던 노무차장 한○○가 합의 내용에 의거, 책임을 지고 부산으로 전출되었다.[59] 회사 중역들은 이에 앞서 수일간 노조 간부들을 찾아와 인사에 관한 합의사항을 재고·양보해 달라고 요청했지만, 노조 간부들은 단호히 거절했다. 기업의 앞잡이가 되어 노동자를 마구 탄압하던 자들의 비굴

---

58 이광환, 「언제나 기본에 충실하자는 좌우명으로」, 70년대 민주노동운동 동지회 엮음, 『어둠의 시대 불꽃이 되어』, 학민사, 381쪽, 2021.
59 동일방직복직투쟁위원회, 『동일방직노동조합 운동사』, 돌베개, 77쪽, 1985.

한 모습이었다.

1977년 2월 8일 노조 간부들은 1,300여 조합원들에게 합의사항을 알리고 앞으로의 단결을 다짐하는 <동일방직 조합원 동지들에게>라는 제목의 유인물을 배포했다. 간부들은 유인물을 통해 빠른 시일 내에 대의원 선거와 대의원대회를 진행해 노조 정상화를 이룰 것이고 그간 노조를 지지해 온 열성 조합원들에게 진급 차별 등 불이익이 없도록 하며 조합원들의 권익을 대변하는 노동조합이 되겠다고 다짐했다. 2월 19일 오후 2시, 노조는 퇴근반이 사내 식당에 운집한 가운데 그동안의 경위 및 합의사항에 대한 보고대회를 열기도 했다.

이풍우 사퇴 후 교체 파견된 이광환은 1976년 2월 선출된 대의원들과 지금까지 노조를 지켜온 집행 간부를 중심으로 13명을 지명해 수습위원회를 구성했다. 13명은 이총각, 정의숙, 김인숙, 정인진, 김진분, 최명희, 유재길(이상 집행부 지지), 김건환(남성), 박영학(남성), 박성기(남성), 박복례, 문명순, 박찬희(이상 회사 지지) 등이었다. 7대 6으로 수습위원회의 주도권을 잡은 집행부 지지 수습위원들은 1977년 2월 26일 열린 수습위원회 회의에서 대의원 선출 방법 개정을 추진, 관철했다. 이제까지 부서, 반별로 투표해 대의원을 선출하던 종전의 방식에서 여성 반장과 남성 조합원들을 하나로 합쳐 배당된 수의 대의원들을 선출케 하고 일반 여성 조합원들은 부서, 반별로 대의원을 선출하도록 개정했다.

집행부 지지 수습위원들이 이처럼 대의원 선출 방법을 개정하려고 했던 이유는 1976년 2월의 대의원 선거에서 얻은 교훈 때문이었다. 그때 회사 측과 남성 조합원들은 대의원 후보와 투표권을 가진 조합원들에게 위협 또는 압력을 가해 자유로운 선거를 방해했다. 조합원들은 마음먹은 대로 의사 표시를 하지 못했으며, 막상 선출된 대의원들도 담임, 반장, 조장들로부터 수모와 고초를 겪어야 했다. 근본적으로 투표 방식을 고쳐 조합원들이 자기 의사대로 투표할 수 있는 권리를 보장해 주자는 것이 집행부 지지 수습위원들의 의도였다.

방해 뚫고 이총각 민주집행부 구성

1977년 3월 30일 공장 내 기숙사 강당에서 대의원 45명 중 43명이 참석한 가운데 수습 대의원대회가 개최되었다. 회사 측의 집요한 압력과 남성 조합원들의 반조직 행위로 노조가 분열된 지 1년 만의 대회였다.

수습 책임위원 이광환의 사회로 진행된 대회에서 가장 중요한 안건은 지부장·임원 선출 건이었다.[60] 지부장 선출을 눈앞에 두고 지부장 후보 문명순이 자리에서 일어나 이총각이 지부장 후보 등록 마감 10분 후에 서류를 제출했기 때문에 무효라고 주장했다. 약간의 소란이 있었지만 이총각 측은 이를 받아들여 단일후보 문명순에 대한 가부를 묻게 되었다. 투표 결과는 찬성 12명, 반대 31명으로 문명순의 지부장 선출은 부결되었다.

---

[60] 이광환은 임시대의원대회 의장 자격으로 섬유노조 이원보 조사통계부장을 대동하고 인천공장으로 갔는데 회사는 남성 사원들을 동원해 그를 납치했다고 한다. 그러다가 그는 남성들이 방심한 틈을 이용해 겨우 탈출에 성공할 수 있었고 곧장 회의장으로 달려가 수습 대의원대회가 열릴 수 있었다고 한다. 이원보도 마찬가지 일을 겪었다고 한다. 이광환, 「언제나 기본에 충실하자는 좌우명으로」, 70년대 민주노동운동 동지회 엮음, 『어둠의 시대 불꽃이 되어』, 학민사, 381쪽, 2021.

회사 측과 남성 조합원들의 일방적인 지원에도 불구하고 문명순은 대의원 3분의 1의 지지도 얻지 못한 것이다. 이렇게 되자 수습대의원대회가 휴회되고 새로운 지부장 후보 등록 공고를 하기로 결정했다. 이총각이 정식으로 등록할 시간을 번 결과가 되었고 이미 승부는 정해진 거나 다름없었다.

그러나 다음날 계속된 대회는 남성 대의원들이 진행을 방해하고 폭력을 행사함으로써 중단되고 말았다. 이 소동 중 지난번 농성으로 정신병원에서 수 개월간 치료를 받은 바 있던 이순옥이 남성 대의원이 던진 재떨이에 이마를 맞아 피를 흘리며 병원으로 옮겨지기도 했다. 당시 파견된 경찰들은 이런 소란과 행패를 보고서도 팔짱을 낀 채 구경만 했다.

노조 정상화를 기대하던 조합원들은 대의원대회 속개를 요구하며 농성했다. 열정적인 노조 간부들은 인천 동부경찰서장을 만나 경찰의 협력을 요구했으며, 본조에도 대회의 조속한 속개를 요청했다. 4월 4일 오후 3시 대의원대회가 다시 열렸다. 이날 회사는 남자들의 출근 시간을 갑자기 새벽 6시로 바꿔 2시에 퇴근할 수 있게 해주었다. 대회를 방해할 시간적인 여유를 충분히 주는 이상한 배려였다.

대의원대회가 시작되었다. 남성 대의원들은 고춧가루와 인분 등을 들고 회의장에 참석했고 작업을 일찍 마친 남성 조합원들이 회의장으로 몰려들었다. 회의장이 곧 수라장이 될 판이었다. 이때 현장에서 일하고 있던 집행부를 지지하는 여성 조합원들이 대거 작업을 중단하고 대회가 진행되던 기숙사 강당을 둘러쌌다. 1976년 사건을 경험한 조합원들은 오로지 수와 단결만이 노조를 살려내는 가장 강력한 무기라는 사실을 깨닫고 있었다. 이제 정당한 절차를 거쳐 조합원들의 편에 설 집행부가 선출되는 순간에 또다시 노조를 폭력으로 무너뜨리려는 움직임을 보자, 조합원들은 자발적으로 노조 구출을 위해 달려온 것이다.

사측은 당황했다. 작업 중단으로 인한 손실도 물론이지만 1976년과 같은 사건이 또다시 발생해 사회의 지탄을 받는 것도 달갑지 않았다. 사측은 남성 조합원들을 만류했다. 이들은 남성 대의원과 회사 지지 여성 대의원들과 함께 대회장에서 물러났다.

여성 조합원들이 대회장 밖에서 초조하게 기다리는 동안 회의는 계속 진행되어 이총각 후보가 자리에 남아 있던 대의원 31명 전원의 지지를 받아 지부장으로 선출되었다.[61] 신임 지부장 이총각은 인사말을 잇지 못했다. 그 혹독했던 탄압, 처절했던 투쟁을 딛고 일어선 이총각의 눈에는 이슬이 맺혔다. 그 대신 한 대의원이 일어서서 1년여에 걸친 긴 투쟁 끝에 노조를 지켜낸 지부장, 조합 간부들, 그리고 밖에서 새로운 지부장을 기다리는 많은 조합원을 둘러보고는 울먹이며 노래 <선구자>를 불렀다. 하나둘 같이 따라 부르다가

---

[61] 동일방직복직투쟁위원회, 『동일방직노동조합 운동사』, 돌베개, 84쪽, 1985. 한편 당시 중앙정보부가 작성한 <동일방직 노조 동향 보고 -2보>에 따르면 30명의 대의원 중 29명이 찬성, 1명 기권으로 이총각이 당선된 것으로 기록되어 있다. 국가정보원, 『과거와 대화 미래의 성찰 언론·노동편(V)』, 325쪽, 2007.

이윽고 밖에 있던 조합원까지 모두 하나가 되어 부르는 그 노래, 그 울먹임은 바로 벅찬 감회에 통곡이라도 할 것만 같은 우렁찬 함성이었다.[62]

지부장 선출에 이어 이총각 보궐 집행부가 구성되었다.

- 지부장 : 이총각
- 부지부장 : 정의숙, 이병국
- 총무부 부장 : 김인숙   차장 : 최연봉
- 조직부 부장 : 정인자   차장 : 유재길
- 교육선전부 부장 : 안순애   차장 : (없음)
- 부녀부 부장 : 최명희   차장 : 임재옥
- 조사통계부 부장 : (없음)   차장 : 김진분
- 쟁의부 부장 : 황선의   차장 : (없음)
- 회계감사 : 정영숙, 박선자

---

[62] 박민나, 「길을 찾아서 : 이총각-우리들의 대장, 총각 언니 37 "대의원대회서 만장일치로 지부장 당선"」, 한겨레신문 2013.7.7.

탈퇴 공작 막아내고 분열 책동 일단락

새로 구성된 집행부가 맨 먼저 부딪힌 문제는 남성 조합원들이 주동이 되어 벌인 노동조합 탈퇴 서명 작업이었다. 사측의 사주에 의한 것이었다. 합법적 절차로는 민주노조를 깰 수 없게 되자 남성 조합원들은 수습 대의원대회 당일부터 공장 내를 돌아다니며 조합원들에게 탈퇴서 서명을 강요했다. 노조 사무실이 아닌 현장 내에서 작업 중이던 조합원들은 남성들과 담임, 반장, 조장 등의 압력에 견디지 못하고 조합 탈퇴 원서에 개별적으로 서명할 수밖에 없었다.

남성 조합원들은 서명자 수가 조합원 수의 절반을 넘자, 이를 섬유노조 본조와 노동청에 신고하고 탈퇴를 요청했다. 유니언숍 제도 하에서 유례없는 노조 탈퇴 행위에 대해 본조와 노동청은 수습 대의원대회를 인정함과 동시에 조합원의 노조 탈퇴를 공식적으로 접수함으로써 이중적인 태도를 보였다. 임금 지급 시 회사 측은 종전의 조합비 일괄 공제 방식을 즉시 버리고 탈퇴자에게서는 조합비를 2개월째 공제하지 않음으로써 스스로가 그들의 배후임을 드러내고 있었다.

집행부는 노동청과 본조를 항의 방문하며 한 축으로는 '탈퇴 확인 작업'을 벌여 이 사안에 대응했다. 조합원 스스로 탈퇴서에 서명했다면 확인에 응하면 될 일인데 탈퇴 서명한 이들 중 누구도 응하지 않은 것은 자발적 의사로 탈퇴한 게 아니라는 얘기였다. 집행부는 노동청과 본조를 드나들면서, 본조에 제출한 675명의 탈퇴 원서에 명단의 중복, 명단 불확실 등 사례가 있고 탈퇴는 지부의 승인이 있어야 한다고 주장하며 탈퇴 확인 작업을 요구했다. 노동청과 본조는 결국 조합 탈퇴 확인 작업에 동의했다. 집행부는 1977년 6월 2일 오전 6시부터 다음날 오전 7시까지 노동조합 사무실에서 비밀기명 확인으로 노동조합 탈퇴 확인 절차를 밟을 것이고, 만약 확인을 거부하는 사람은 노동조합을 탈퇴하지 않은 것으로 간주 처리할 것이라는 내용의 공고문을 붙였다.

관계기관, 섬유노조, 지부의 합의로 확인 작업이 추진되자 탈퇴를 추진했던 이들이 작업 중단 등의 물리력까지 써가며 회사의 협조를 구했으나 회사 측의 반응은 그들의 생각과 달랐다. 아무도 탈퇴 확인 작업에 응하지 않았다. 지부는 6월 6일자로 675명 전원의 재가입을 공식적으로 발표했다. 노동청, 본조는 물론 회사까지도 여기에 이의를 달 수 없었다.

두 달간에 걸친 조합원 탈퇴 소동은 집행부의 승리로 끝났다. 집행부는 이 사건을 해결하는 과정에서 지부 운영 규정 등을 적절히 활용하는 동시에 상대편의 약점을 이용해 '노조 탈퇴 확인 작업'이라는 절차를 만들었고, 이에 대해 관계기관과 회사가 어쩔 수 없이 동조하게 함으로써 상황을 유리하게 이끌어갔다.

회사는 6월부터 조합비 일괄 공제의 원칙으로 되돌아갔다. 이렇게 해 1976년 4월부터 회사 측과 본조 및 이에 가세한 일부 남성 조합원들의 민주노조 분열 책동으로 꼬리를 이어 계속됐던 분규는 일단 노조의 승리로 끝맺게 되었다. 7월 18일 회사와의 단체협약 갱신에서 노조의 요구에 따라 "종업원은 회사에 입사와 동시에 자동적으로 조합원이 된다"는 문구 다음에 "탈퇴할 수 없다"는 문구가 추가되었다.

동일방직지부 소식이 궁금해 회사 정문 앞으로 모인 가족들.(1977.4.4.)

사측과 어용 섬유본조 한몸으로 노조 압박

노동조합 탈퇴 공작 사건이 수습되자 이총각 집행부는 정상적인 업무와 활동을 할 수 있게 되었다. 이총각 집행부의 임기는 전 지부장 이영숙의 잔여 임기 1년이었기 때문에 새로운 계획을 수립, 실행하기보다는 장기적인 투쟁으로 인한 조합 내부의 문제들을 해결해 나가는 데 주력했다.

이총각 집행부는 회사와 정면으로 대결하기보다는 신중한 자세를 보였다. 앞으로 계속될 투쟁을 승리로 이끌기 위해서는 조합원들의 노조 활동에 대한 이해와 협조가 필요했기에 집행부는 조합원 교육에 전력을 기울였다. 회사와의 교섭 활동도 정상적으로 노조가 운영되던 때와 별다른 차이가 없이 진행되었고 일정한 성과를 거두었다.

그러나 장기간에 걸친 분규가 끝난 뒤여서, 조합원 내부의 단결이 이전 수준으로 회복되지 못한 형편이었으므로, 노조 활동에 어려움이 많았다. 남성 조합원들의 비협조 문제도 그대로 남아 있었으며, 회사 측의 노조 간부 및 열성 조합원들에 대한 박해도 노골적인 표현만 못 할 뿐 여전했다. 더불어 1978년은 동일방직 노조로서는 3년 임기의 지부장을 선출하는 민주노조의 장래가 걸린 해였다. 투쟁의 해가 다가오고 있었다.

　1978년 1월 23일, 섬유노조는 임시대의원대회를 소집해 '산하 지부의 자율권을 제한'하고 '본조 위원장의 권한을 강화'하는 규약 개정을 단행한다. 그 내용은 ①본조가 지부나 분회를 제쳐놓고 단체협약의 체결 등을 교섭할 수 있도록 규정하고, 지부 노사협의회 대표자를 본조 위원장이 선정할 수 있도록 했으며 단체협약의 체결에 관해 지부 분회의 인준을 얻도록 한 규정을 삭제했다. ②본조의 집행위원회가 사고지부를 결정할 수 있도록 규정하고 해당 지부장은 본조 위원장이 위촉한 수습위원에게 그 권한을 인계하며 수습위원은 조직이 정상화될 때까지 그 권한을 집행하도록 규정했다. ③지부 임원이 인정한 사유에 해당될 때에는 본조 중앙위원회의 결의로써 제명이나 정권 등의 징계 처분을 하도록 규정하고 선출기관의 동의를 요한다는 규정을 삭제했다. ④본조가 중앙위원회의 의결을 거쳐 산하 지부의 임원뿐만 아니라 산하 조직 그 자체를 징계 특히 제명할 수 있도록 규정했다. ⑤본조 산하의 지부 운영 규정은 무효라고 규정하고 그 제정을 금지했다. 한마디로 현장 중심의 민주노조운동이 확산하는 정세 속에서, 섬유노조는 상급단체로서 사용자나 정권과의 타협으로 얻는 유·무형적인 이익을 공고히 하는 동시에 현장에 대한 정치적인 통제를 강화하고자 한 것이다.

　동일방직노조는 최대한 신속하게 선거를 진행하여 안정적인 민주 집행부를 승계함으로써 남성 조합원들이 주축이 된 반민주적이고 반노동적인 흐름을 최대한 견제하고자 했다. 그에 따라 섬유노조에 1978년 2월 중으로 대의원대회를 개최하는 안을 승인받고자 했으나 거부당했다. 여기에는 별다른 이유가 없었다.

동일방직노조는 대의원대회 개최안을 명분 없이 반려한 데 즉시 반발했다. 지부의 항의에 마땅한 구실을 찾지 못한 섬유노조는 결국 대의원대회 개최를 승인했다. 대의원대회는 개최하게 되었으나 상급단체로서 지부의 자주적인 노조 운영권을 침해하고자 했다는 점은 어쩌면 이후 벌어질 참담한 사태의 전조였는지도 모른다.

1978년 2월 21일로 동일방직노조의 대의원 선거일이 확정되고 지부장 후보 등록이 시작되었다. 지부장 후보로는 이총각 현 지부장이 나섰으며, 반노조적인 흐름을 주도하는 박복례도 후보 등록을 마쳤다.

한편 사측과 섬유노조를 비롯한 한국노총은 동일방직 민주 세력에 대한 정치적 공세를 노골화하기 시작했다. 그들은 가장 먼저 동일방직노조의 대표적인 연대조직인 도시산업선교회와 가톨릭노동청년회를 공격하기 시작했다. 특히 한국노총은 동일방직 사측과 합작하여 '불순세력의 개입'을 비난하면서 "동일방직의 연대조직들이 순진무구한 조합원들을 의식화하여 투쟁을 선동한다"고 주장했다. 또한 '산업선교회는 빨갱이 단체'라는 내용의 책자와 유인물 등을 현장에 배포하며 동일방직의 현 집행부가 "국제공산주의자들의 지시로 움직이는 도시산업선교회의 지도를 받고 있다"며 황당한 악선전을 해댔다.[63]

박복례 등 반노조세력은 이 시기를 놓치지 않았다. 박복례는 도시산업선교회에 의해 변질되고 있는 노동운동을 지키기 위해, 아무 것도 모르고 집행부를 추종하는 동지들을 그들로부터 구하기 위해 지부장에 입후보했음을 밝히는 등 동일방직 집행부에 대한 정치적 공세에 힘을 보탰다.

여기에 섬유노조 조직국장을 비롯한 간부들은 노조 사무실로 직접 찾아와 대의원 선출방식에 꼬투리를 잡으면서 선거 연기를 주장하는 등 민주파의 당선을 막기 위해 수단과 방법을 가리지 않았다.

선거일이 다가올수록 사태는 점입가경으로 치닫고 있었다. 조합원들의 자발적인 클럽 활동은 '빨갱이 짓'으로 몰렸으며, 사측은 노조 집행부가 산업선교회의 조종을 받는다고 선전했고, 섬유노조 본조는 사측과 의견을 같이하면서 지부의 상식적인 권한조차 부정하려 했다.

투표를 하루 앞둔 날에는 남성 조합원들과 박복례 등 출근자와 퇴근자가 합세한 폭력배 여럿이 순식간에 노동조합 사무실로 밀어닥쳐 투표함을 때려 부수는 등 행패를 부리고 이총각에게 욕설과 폭력을 퍼붓다가 경찰이 출동하는 사태가 벌어지기도 했다. 박복례 등은 1977년의 패배를 앙갚음하기 위해 총공세를 펼치고 있었다.

---

63   동일방직복직투쟁위원회, 『동일방직노동조합 운동사』, 돌베개, 95쪽, 1985. ; 이원보, 『한국노동운동사 5권 : 경제개발기의 노동운동, 1961~1987』, 지식마당, 409~412쪽, 2004

"똥을 먹고 살지는 않았다"

1978년 2월 21일 투표일이 밝았다. 새벽 6시경 동일방직노조 간부들은 투표 준비를 마치고 야근반 퇴근자들을 기다리고 있었다. 그때 갑자기 화장실 앞에 숨어 있던 박복례와 남성 조합원들이 방화수 통에 똥을 담아 들고 노조 간부와 조합원들에게 달려들었다. 이들은 고무장갑을 낀 손으로 똥을 묻혀 닥치는 대로 조합원들의 얼굴과 온몸에 바르고 뿌리고 먹였으며, 달아나는 여성 조합원들을 쫓아다니며 가슴에 똥을 집어넣는가 하면 통째로 뒤집어씌우기도 했다. 박복례는 "저년에게 똥을 먹여라"며 고함을 지르는 등 남성 조합원들을 부추겼다. 그들은 여성 조합원들의 탈의실과 기숙사까지 쫓아 들어와 똥을 뿌려댔다. 순식간에 벌어진 일이었다.

이때 대의원대회의 원만한 진행을 위해 노조에서 요청한 여러 명의 정·사복 경찰관과 본조에서 파견된 간부들이 현장을 지켜보고 있었다. 다급한 한 여성 조합원이 울먹이며 구원을 호소했다.

"야! 이 쌍년아! 가만있어, 이따가 말릴 거야."

한 경찰관의 답변이었다. 본조 간부들은 재미있는 구경거리를 만난 듯했다. 박복례와 남성 조합원 무리는 지부 사무실에 마련된

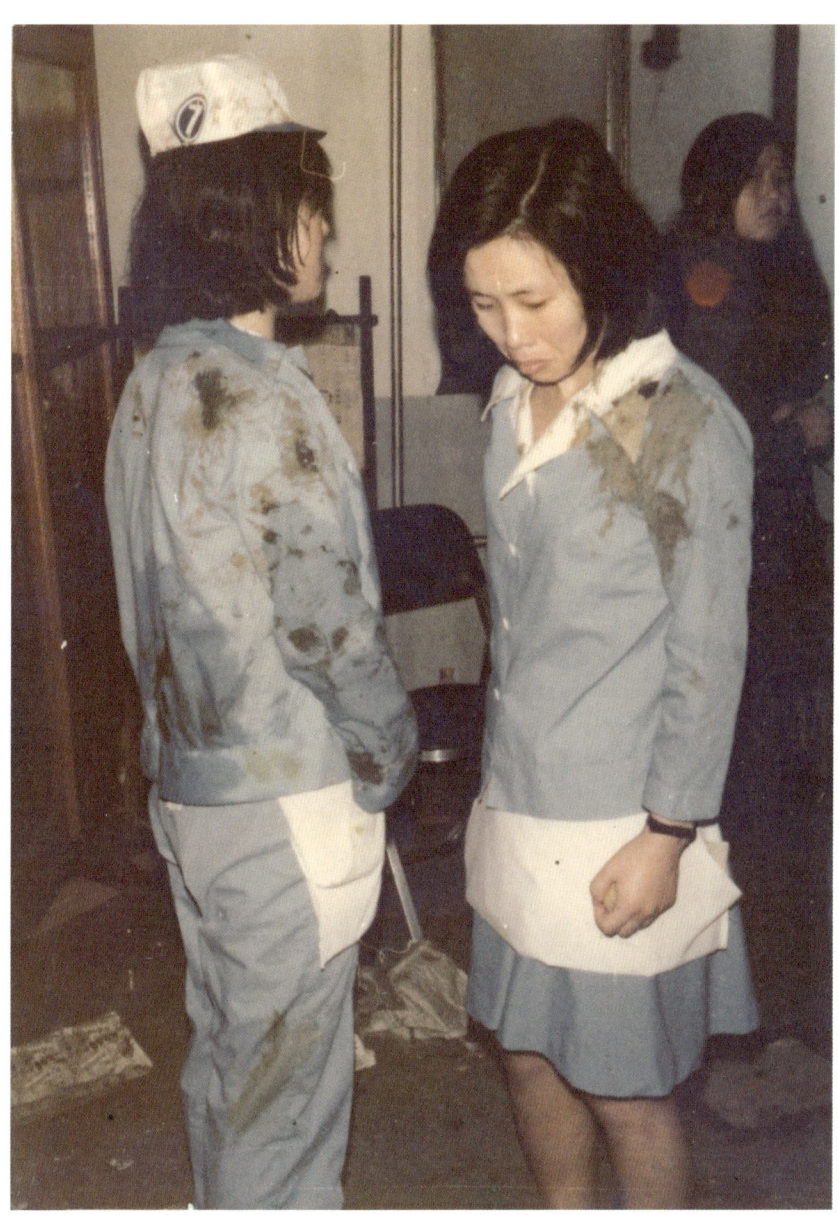

똥을 먹고 살지는 않았다.

투표함과 사무 용구들을 몽둥이로 때려 부수고는 "늬년들 어디 투표하나 보자"고 큰소리친 후 사라졌다. "아무리 가난하게 살았어도 똥을 먹고 살지는 않았다"는 동일방직 여성노동자들의 울부짖음이 차가운 새벽 공기를 갈랐다.

> 제가 재입사한 지 7개월이 지나고 있을 때 똥물 사건을 맞이했어요. 그때 저는 오후 2시에 출근하는 반이어서 기숙사에서 자고 있었는데, 누군가 복도에서 다급한 목소리로 남자들이 노조 사무실에 똥을 뿌리고 부수고 있다고 소리쳤어요. 놀라 일어나서 옷을 대충 챙겨입고 친구와 함께 노조 사무실로 달려가는데, 갑자기 남자들이 소리를 지르며 달려와서 무언가를 뿌리며 옷에 문지르고 닥치는 대로 때렸어요. 그때는 똥이라고 생각도 못 했어요. 뭔가를 뿌리기만 한 게 아니라 뿌리면서 너무 심하게 때리니까 식당 쪽으로 도망가는데 끝까지 따라와 주먹으로 때리고 발길질을 했어요. 막상 맞고 나서는 아무 정신이 없었어요. 이것저것 생각할 상황이 아니었고 어쨌든 도망가야 했으니까요. 경찰이 있었지만 말리지 않아서 경찰도 우리 편이 아니라는 생각은 했어요. 한참을 도망 다니다가 상황이 누그러져서 그때야 똥을 뿌린 걸 알았고 기숙사로 도망 왔어요. 목욕탕에 가서 씻고 옷 갈아입고 나서 다시 노조 사무실로 달려가 합류했어요.
>
> _ 김용자 구술 [64]

---

[64] 노동자역사 한내 구술 ; 유경순, 「농민의 딸, 방직 공장 여성노동자가 되다」, 『내일을 여는

퇴근반 일부와 작업하던 조합원들이 몰려들었다. 조합원들은 지부 사무실을 에워싸고 농성을 벌였다. 이총각은 농성하는 조합원들에게 오후 2시에 투표를 다시 강행한다고 약속해 작업장으로 돌려보냈다. 저들이 바라는 것은 선거를 중단시켜 노동조합을 혼란에 빠뜨리는 것이었다. 집행부는 신속하게 사무실을 정리하고 라면 상자로 투표함을 만들어 오후 2시부터 실시될 선거 준비를 끝냈다. 어떤 방해가 있더라도 선거는 진행되어야 했다.

그러나 12시경 남성 조합원들이 쳐들어와 지부장, 총무부장 등 노조 간부들을 폭력으로 끌어내고 사무실을 점거해 버렸다. 이때 본조에서 노동조합 보호를 구실로 파견된 조직행동대는 공공연히 회사의 사주를 받은 반노동자적 조합원들과 행동을 같이했다. 오후 2시가 되자 퇴근자들이 지부 사무실로 모여들었다. 여성 조합원들은 폭력에 의해 빼앗긴 노조 사무실을 되찾고자 했다. 그러나 사무실을 점거한 남성들은 깨진 유리 조각을 던지고 거칠게 주먹과 발길질을 해대면서 여성 조합원들을 막았다. 사무실은 수라장이 되었고 밀고 밀리는 과정에서 여성 조합원 배옥진이 유리 조각에 손등이 찔려 일곱 바늘을 꿰매는 큰 상처를 입었고 50여 명이 부상 당했다. 노조 사무실을 둘러싸고 치열한 싸움이 벌어지는 가운데 회사의 사주를 받은 수십 명의 남성 조합원들은 노무과 앞에 모여 "외부 세력 물러가라" 따위의 구호를 외쳐댔다.

역사』 20호, 214~215쪽, 2005. 이 글에서는 김용자의 이름이 김순희로 가명 처리되어 있다.

78년 2월 21일 대의원 선거일이 되었습니다. 며칠 전부터 대의원 배정 문제를 걸고 넘어지며 계속 소란을 피워온 반대파에서 설마 그토록 야만적인 방법까지 동원할 줄은 꿈에도 몰랐습니다. 투표소로 들어서던 조합원들에게 똥물을 끼얹고 투표소는 온통 수라장이 되어버렸습니다. 선거는 계속 연기되었고 사태는 더욱 심각해졌습니다. 선거를 하려는 조합원들의 시위와 농성이 계속되고, 사내로 경찰이 투입되고 생산 활동이 중지된 살벌한 분위기는 가히 말로 형용하기 힘들 지경에 이르렀습니다.

그러던 중 본조에서 수습차 와 있던 맹원구라는 행동대장이 나를 부르더니 하는 말이 내일이면 본조에서 동일방직 집행부 임원을 징계할 예정인데 마지막 기회니까 잘 생각해보라고 하더군요. 지금이라도 집행부에서 손을 떼고 이총각 일당을 타도하는 데 협조하면 위원장한테 잘 말해서 징계에서 구제해 주겠다, 부양가족을 생각하라고 말하더군요. 말하자면 나에게 보내는 최후통첩과도 같은 것이었습니다.

그의 입에서 부양가족이라는 말이 나왔을 때 내 마음도 무척이나 약해졌던 게 사실이지만 운명을 같이했던 조합원들은 지금 사생결단으로 싸우고 있는데 말도 안 될 소리라고 고개를 저었습니다. 더구나 인간의 양심으로 상황이 어렵게 변해간다고 마음마저 변절하는 위인은 되기가 싫어서 그와의 타협을 거절하였습니다. 회사를 다니고 못 다니고는 운명에 맡기고 설사 못 다닌다고 산 입에 거미줄 칠까 하는 생각과 무슨 짓을 하든 식구들을 굶겨 죽이지는 않겠다는 생각 등이 얽히어 나의 심정은 착잡하기만 했습니다.

_이병국의 진술[65]

관계기관, 본조, 회사 측에서는 똥물 테러 사건을 노동조합 내 노노 갈등과 분규로만 파악하고 처리하려고 했다. 일부 열성 간부와 반대파 조합원들 사이의 노동조합 주도권 쟁탈전이라는 것이었다. 더욱이 섬유노조는 이미 규약개정을 통해 민주노조 억압을 위한 제도장치를 마련해 놓고 있었으며 여러 차례에 걸쳐 동일방직 지부의 자율권에 시비를 걸고 있었다. 또한 이날 새벽의 끔찍한 사건을 목격하면서도 경찰, 본조 간부들은 '나와는 관련 없다'는 자세로 일관했다. 한국노총과 공권력, 사측까지 합작한 민주노조 탄압은 동일방직노조를 시범 삼아 끔찍한 '민주노조 파괴 공작'으로 완성되고 있었다.

동일방직 집행부는 날이 추워 조합원들이 농성을 계속하는 것은 무리라 판단하고 오후 6시 해산할 것을 설득했다. 조합원들은 다음날을 기약했다. 길고도 치욕스러운 하루였다. 그 당시 현장을 목격한 노동자들의 생생한 증언은 이렇다.[66]

① 대의원 선거 날 새벽 6시 퇴근하고 나오니까 출근시간이 8시 30

---

[65] 이병국의 증언 전문은 동일방직복직투쟁위원회, 『동일방직노동조합 운동사』, 돌베개, 101~104쪽, 1985.
[66] 동일방직복직투쟁위원회, 『동일방직노동조합 운동사』, 돌베개, 104~105쪽, 1985.

분인 보전반 남자들이 벌써 나와서 똥바께쓰를 들고 다니면서 조합 사무실에 투표하러 들어오는 조합원들에게 마구 똥을 먹이고 옷에, 귀속에, 눈에까지 뿌렸다.

② 6시 출근인데 8시가 넘도록 현장에 들어가지 않고 끝까지 똥바께쓰를 들고 다녔다.

③ 6시 40분경에 탈의장에 똥바께쓰를 들고 와 탈의장 유리문을 주먹으로 깨뜨리고 고무장갑을 낀 손으로 똥을 퍼서 탈의실 옷 갈아입는 조합원들에게 마구 뿌리고 조합원들이 목욕탕으로 피해 갔으나 여자 목욕탕까지 쫓아 들어와서 뿌렸다.

④ 회사에선 보전반 남자들이 작업 시간인데도 현장을 이탈해 조합 사무실과 의무실 및 경비실에서 투표를 못하게 조합 사무실에 못 들어가게 지켜보고 있었는데도 인사과 담임은 그런 행위를 보고도 묵인했다.

⑤ 회사에서는 남자 조합원들이 우리 회사 천을 써서 "산업선교는 물러가라" (빨간 글씨로) "외부세력, 이총각 물러가라" 등 5개의 플래카드를 회사 사무실, 노동조합 사무실 앞에다 걸어놓아도 묵인하고 경찰관들도 보고만 있었다.

⑥ 사고지부에 대한 유권 해석을 가지고 퇴근하다 경비에게 빼앗겼다.

⑦ 2월 23, 24일경 직포과 기능공 아저씨들 작업 중에 3~4시간씩 일 안 함.

⑧ 박복례 파에게는 작업 중 조퇴를 잘 해준다.

이 사건은 똥을 뒤집어쓴 이들에게도 그 장면을 목격한 이들에게도 충격이었다. 똥을 뒤집어쓴 이들은 인간으로서의 자존심을 심각하게 훼손당했다. 옆에서 본 조합원들은 똥을 퍼부은 이들이 짜장면을 사주던 상사였다는 것, 같은 작업장에서 일하던 이들이라는 것에 진저리를 쳤다. 그 때문에 눈도 돌리지 않았던 노조에 관심갖는 이가 생기기도 했다.

한편 노조 사무실이 똥물 바다가 된 상황에서 이총각 지부장은 동일방직 정문 앞에 있는 사진관이 생각났다. 조합원들이 친한 동료들끼리 기념사진을 찍으러 가곤 하던 우일사진관[67]이었다. 사진관 이기복 씨에게 요청, 이 현장을 촬영해 증거물로 남기도록 했다. 우일사진관은 동일방직 코앞에 있었기 때문에 이기복은 1976년 시위와 농성 등도 다 목격했고 이미 알고 있었다. 그는 노조 사무실로 달려와 똥물을 뒤집어쓴 조합원들과 여기저기 인분이 널려 있는 모습을 찍었다. 이렇게 1970년대 민주노조와 여성노동자들의 활동, 그에 대한 박정희 정권, 어용 섬유노조, 회사 측의 탄압을 증거할 장면이 남게 되었다. 이기복은 이렇게 그날을 기억했다.

"10여 명의 여공이 똥물을 뒤집어쓰고 있었고 노조 사무실 천장

---

[67] 인천광역시 만석동 62번지에 위치하고 있었고 2020년까지만 해도 '우일영상'이라는 간판이 남아 있었는데 그 이후 간판은 사라졌다. 그렇지만 2023년 현재, 2층으로 올라가는 건물 유리문에는 '이기복 Studio'라는 글자 도안이 있어 역사적 그날 목격자 이름이 흔적으로 남았다. 동일방직 똥물사건은 단편 극영화로 만들어지기도 했다. <푸르른 날에>(2018, 34분, 감독 한은지)가 그것인데, 방직 공장 노동자와 공장 맞은편 사진관 주인이 주인공이 된 이야기로 그날의 똥물 사건과 사진을 모티브로 하고 있다.

20여 년이 지나 이기복의 사진관을 찾은 동일방직 노동자들.

과 벽에 온통 똥물이 묻어 있었습니다. 또 몇몇의 여공들은 바닥에 누워 울고 있었습니다."

노조는 그에게 사진값으로 똥 묻은 봉투에 돈을 담아줬지만, 그는 차마 그 돈을 받지 못했다. 그 뒤 박복례 등이 사진관으로 쳐들어와서 "노조에서 왔다"며 필름을 내놓으라고 했지만, 눈치로 알아챈 이기복은 "이미 노조에서 찾아갔다"며 따돌렸다. 정보기관에서도 찾아와 필름을 찾았지만, 마찬가지로 잡아뗐다고 한다.[68]

---

[68] 박민나, 「길을 찾아서 : 이총각-우리들의 대장, 총각 언니 46 "아무리 가난해도 똥을 먹고 살진 않았다"」, 한겨레신문 2013.7.18. ; 김시덕, 『서울 선언』, 열린책들, 334쪽, 2018. ; 박준성, 『슬라이드 사진으로 보는 노동운동사』, 전국금속노동조합, 142~143, 2010.

노동자를 배신한 한국노총 섬유노조

1978년 2월 22일, 섬유노조 집행위원회가 열렸다. 섬유노조는 동일방직 조합원들의 항의 방문에 대비해 깡패들을 고용해 회의가 열리는 건물을 지키도록 했다. 이총각을 비롯한 동일방직노조 간부들은 섬유노조 조직행동대에 의해 저지당했다.

인천공장의 동일방직 노조 사무실은 일부 남성 조합원들이 계속 점거하고 있었다. 노조 사무실 앞에는 "외부세력 이총각 물러가라", "산업선교는 물러가라", "때려잡자 조화순 무찌르자 이총각" 등의 플래카드가 걸려 있었다.

2월 23일 오전 섬유노조 조직국장 우종환은 사장실에서 동일방직 사장이 입는 가운을 입고 이총각과 박복례 두 사람을 불러 12시까지 "본조의 지시와 명령에 따른다"는 각서 제출을 요구했다. "각서를 쓰지 않는다면 동일방직노조를 사고지부로 처리하겠다"는 이야기였다. 우종환이 협박을 하는 자리에는 동부경찰서 형사 2명이 함께 자리하고 있었다.

박복례 측은 이에 응했고, 이총각은 "복종이라는 말은 결코 있을 수 없다"며 거부했다. 그러나 섬유노조의 사고지부 결정은 이미 정해져 있었다. 섬유노조는 2월 23일 자로 동일방직노조를 사고지부로 결정하고 업무 일체를 조직 수습 책임위원에게 인계하라고 명령했다.

섬유노조는 일찌감치 개정해둔 규약을 적용, '합법'이라는 이름으로 민주노조를 파괴해 가기 시작했다. 이에 이미 준비태세를 갖춘 '섬유노조 조직행동대'는 동일방직노조의 남성 조합원들과 함께 공개적으로 집행부의 활동을 저지했다. 출퇴근길의 여성 조합원들이 이들 조직행동대에게 봉변을 당하는 일도 있었다.

그러나 집행부는 물러서지 않았다. 집행부는 본조의 사고지부 결정을 거부하는 동시에 본조가 원하는 대로 사고지부를 결정하도록 한 개정된 규약 자체가 무효이며 불법적인 업무 인계는 할 수 없다고 맞섰다. 또한 조합원들의 동요를 막고 집행부의 민주노조 수호 결의를 밝히기 위해 2월 28일, <동일방직 조합원 동지 여러분!>[69] 이라는 제목의 유인물을 제작, 배포했다. 집행부는 그간의 과정을 설명하고 자주적인 노조 운영을 다짐하며 후임자가 선임될 때까지 맡은 소임을 다할 것을 약속했다.

그러나 섬유노조는 수습이라는 명분으로 조직행동대를 동원해 노조 사무실을 점거하고 간부들의 출입을 봉쇄했다. 또한 섬유노조 중앙위원회는 지부장 이총각, 부지부장 정의숙·이병국, 총무 김인숙 등 4명의 노조 간부들을 '반노동조합적 활동'을 했다는 이유로

---

[69] 동일방직복직투쟁위원회, 『동일방직노동조합 운동사』, 돌베개, 106~108쪽, 1985.

제명했다. 이날 회의에서 섬유노조 위원장 김영태는 "산업선교는 국제 빨갱이 단체이며 동일방직 현 집행부는 그 새끼다", "세계교회협의회(WCC)는 세계적인 공산당 조직이다"라며 조화순 목사에 대해서는 "붉은 공산당 두목 같은 년, 쌍년, 사지를 팍팍 찢어 죽일 년" 등의 욕설을 했다.

장충체육관 노동절 행사 기습시위

지부장과 집행부의 주요 간부들이 섬유노조의 일방적인 결정으로 제명되면서 회사 내에서 노조 활동이 불가능해졌다. 지부 간부들과 열성 조합원들은 일찍이 없던 투쟁 방법을 동원해 민주노조의 복구를 요구하기로 했다.

1978년 3월 10일, 서울 장충체육관에서 노동절 행사가 열렸다. 당시는 한국노총의 창립 기념일이 노동절이었다. 동일방직노조 간부들의 철저한 준비 하에 조합원들은 장충체육관으로 들어가 간부들의 신호를 기다렸다. 수천 명이 동원되어 식장을 꽉 메우고 국무총리가 참석한 가운데 10시 정각부터 행사가 시작되었고 라디오와 TV로 전국에 중계되었다. 10시 30분 한국노총 위원장 정동호가 기념사를 한참 읽어갈 즈음, 식장에 숨어들어와 있던 76명의 동일방직노조 조합원들이 부녀부장 최명희의 신호로 일제히 일어났다. 가슴에, 주머니에, 소매 안에 숨겨 들여온 유인물을 뿌리고 몸에 칭칭 감았던 플래카드를 펼쳤다. 동시에 구호를 외쳐댔다.

"김영태는 물러가라!"

"동일방직 문제를 해결하라!"
"우리는 똥을 먹고 살 수 없다!"

순식간에 벌어진 일이었다. 곧 경찰과 조직행동대원들이 달려들었다. 그들은 닥치는 대로 차고 때리며 조합원들의 머리채를 휘어잡고 바닥에 짓이겼다. 노동절 행사를 중계하던 생방송은 2분여씩 3회나 중단되었다. 10여 분간의 실랑이 끝에 조합원 31명이 서울 중부경찰서로 연행되었다. 이들은 조사를 받고 진술서를 쓴 다음 28명은 석방되고 최명희, 김연심, 김민심은 다음날 즉결 재판에서 25일 구류 처분을 받았다.

당시의 상황을 최명희는 이렇게 쓰고 있다.

우리는 노동절 행사장에 숨어 들어가 저들의 야만스런 행동을 알리려고 했다. (중략)
"동일방직 문제를 해결하라!"
나는 기를 쓰며 소리쳤는데, 그 소리가 내 귀에는 모기소리처럼 느껴졌다. 막연한 느낌이 모기소리로 느껴졌을 뿐 내 소리는 무척 컸었나 보다. 뒤에 있던 조합원들이 플래카드를 높이 들며 더욱 크게 외쳤고 유인물은 되는대로 이리저리 막 집어던졌다. 그때 지직 지지직 하며 생방송이 몇 분 동안이나 중단되었다고 하니 우리는 어느 정도 성공한 셈이지만 대신 현장에 잠복해 있던 조직행동대와 경찰들에게 직사게 얻어맞았다. 그놈들은 우선 우리를 끌어내는 데

급급하여 닥치는 대로 끌어냈다. 머리채고 발목쟁이고 잡히는 대로 개처럼 끌어냈다. 우리는 울면서도 끝까지 요구 사항을 외쳐댔다. 이렇게 끌려가 나는 구류 처분을 받고 민심이 연심이와 함께 동부서 유치장에 들어갔다. 신발과 양말을 벗으라고 해서 벗었는데 등을 더듬더니 부라자 끈을 확 잡아당기며 이건 왜 안 벗었느냐고 호통을 쳤다. 뒤에는 남자들도 많은데, 글쎄 얼마나 챙피했겠는가?
밥을 먹을 때 연심이도 울었지만 나이가 제일 어린 민심이는 자꾸만 울었다. 나는 부녀부장이고 나이도 많아 울지도 못하고 어린 민심이를 달랬다. (중략) 구류 25일을 마치고 나오던 날 동부서 앞은 굉장했다. 우리 해고된 동지들이 잔뜩 몰려와 기다려 주었다. 소금을 뿌리고 환호성을 지르며 입이 메지게 두부도 먹여주었다.

_ 최명희의 기록[70]

---

[70] 동일방직복직투쟁위원회, 『동일방직노동조합 운동사』, 돌베개, 109~110쪽, 1985.

67명 목숨 건 단식농성

장충체육관 투쟁 이후 이틀이 지난 3월 12일, 동일방직 조합원들은 신구교연합 노동절 기념행사에 참석했다. 조합원들은 이 행사에 참석하기 위해 전날 밤 기숙사를 나와서 외박을 하는 등 온갖 노력을 아끼지 않았다. 그 결과 700여 명이 모인 가운데 노동절 행사가 열릴 수 있었다. 기도회장은 울음바다가 되었고 "똥을 먹을 수는 없다", "노동 3권을 보장하라" 등의 절규와 호소가 이어졌다.

기도회가 끝난 후 노동자들은 명동성당 사제관 3층으로 자리를 옮긴 후 ①김영태 물러가라 ②동일방직 노동조합 문제를 해결하라 ③가톨릭노동청년회와 산업선교회는 공산주의가 아니다 등의 요구 조건을 내걸고 무기한 단식농성에 들어갔다. 인천에서도 이에 호응해 3월 12일 인천 답동 천주교회에서 노동절 예배에 참여한 50여 명의 조합원이 단식농성에 들어갔다.

사건이 확대되는 기미를 보이자 정부 당국 등 관계기관은 12일 바로 단식 현장을 방문, 김몽은 명동성당 주임신부를 통해 노동자들의 요구 조건을 모두 들어주겠다고 설득했다. 또한 3월 10일 노동절 행사장 시위 투쟁을 주동했다는 혐의로 이총각에게 내려져 있던

명동성당(위), 인천산업선교회(아래)에서 단식투쟁을 벌인 노동자들.

체포령을 해제했다고 했다.

　단식농성자들은 인천 답동 천주교회 단식농성장으로 합류해야 겠다고 판단, 일단 농성을 풀고 김몽은 신부와 함께 인천으로 내려가기로 했다. 그러나 서울을 벗어나 부평 인터체인지에 들어서자마자 기다렸다는 듯이 무장한 경찰 여러 명이 차를 세우고는 에워쌌다. 그리고 M1 소총을 겨누며 이총각 지부장을 차에서 끌어내 연행했다.

　지부장이 연행되자 조합원들은 결사 투쟁을 결의했다. 3월 14일, 43명의 조합원이 상경하여 명동성당 본당 사무실에서 단식농성에 들어갔다. 3월 15일부터는 인천산선 지하실에서 조화순 목사 등까지 가세해 67명이 무기한 단식에 들어갔다. 동일방직공장 현장에서도 '자발적'으로 출근 거부, 태업, 단식하는 조합원들이 생겨나고 있었다. 단식농성자들의 요구 조건은 ①똥을 먹고 살 수 없다 ②노동3권 보장하라 ③김영태 물러가라 ④동일방직 사건 해결하라 ⑤종교 탄압 중지하라 등이었다. 이들은 출입문을 폐쇄하고 가족 면회도 거부한 채 투쟁을 지속했다.

　노조 간부 해고는 민주노조가 이대로 끝장날 수도 있다는 징조였다. 조합원들은 어떤 일이 있어도 노동조합을 지켜야 한다는 생각에 최후의 투쟁, 단식농성을 선택한 것이다. 단식에 들어가기 전에 다시 돌아오지 못할 수 있다는 각오로 짐을 정리하는 이도 있었고, 얼마를 굶어야 할지 모르니 실컷 먹어두자는 생각에 가게를 찾는 이도 있었다. 하루 이틀 지나 배고픔이 엄습하자 몰래 김치 항아

단식을 풀고 인천에서 만난 노동자들.

리를 뒤지거나 보리차 끓이고 건져놓은 보리를 먹는 이도 있었다. 곱슬머리가 라면으로 보이고 동그란 모양은 모두 도너츠로 보였다. 그러나 나중에는 몸이 쳐져 먹을 게 생각나지 않을 지경이었고, 픽픽 쓰러져 누워있는 친구들을 보면서 공포감마저 들기도 했다.

정신이 혼미해지니 걱정이 더해갔다. 이렇게 하면 회사가 우리 요구를 들어줄까, 돌아갈 수 있을까. 친구들, 언니들과 함께하겠다고 다짐하면서도 두려웠다.

　가족이 교통사고가 났다, 엄마 아프시다며 명동성당으로 딸을 찾으러 온 아버지도 있었다. 인천산선 단식농성장도 다르지 않아, 동네 사람들까지 밖에 진을 치고 빨리 끝내고 데려가라, 저러다 죽으면 우리가 피해를 본다며 아우성이었다.

　지부장과 총무 4명이 제명당하고 일은 점점 어렵게 되어 갔다. 의장단 4명의 해고는 노조가 끝장날 징조라는 생각도 들었다. 여러 가지 노력 끝에 그래도 안 되자 최후수단인 단식을 하게 되었다. 단식에 들어가기 위해 나는 지금까지의 생활을 정리하고 각오를 단단히 했다. 성한 몸으로 다시는 기숙사에 못 돌아오게 될 것 같아 소지품도 정리했다. 어떻게 될지도 모르는 판에 평소에 먹고 싶던 거나 실컷 먹어두자는 생각에 가게집에 들러 빵과 우유, 도나스 등 먹고 싶은 것은 뭐든지 다 먹었다. 우리가 늘 다니며 먹던 그 가게 안에는 이렇게 먹고 서 있던 사람이 나뿐만은 아니었다. 단식 농성장에 갔을 때 가게에서 얼굴을 대했던 사람을 여럿 볼 수 있었다. 모두들 나처럼 마음을 단단히 준비한 사람들이었다. 원 없이 잔뜩 먹고 단식에 들어갔다. 워낙 많이 뱃속에 쟁여놓았던 탓인지 아니면 마음을 독하게 먹어선지 나는 3일이 지나도록 배고픈 줄을 몰랐다. 4일, 5일, 6일째가 되면서 온몸의 힘이 쏙 빠져나가는 듯 잦아들었다. 담요를 머리 위까지 폭 뒤집어쓰고 누워 희미해져 가는 의식 속에서도 우리를 이렇게 만든 원수는 꼭 갚아야 한다는 생각뿐이었다. 7일째 되던 날은 아침부터 거의 의식이 없었다. 바로 곁에서 떠드는 친구들의 말소리가 멀리 담 너머에서 들리는 것 같은 웅웅거림으로 들렸다. 언제 그렇게 되었는지 알 수 없었다.

눈을 떠 보니 내 팔에는 들기름병 같은 약이 떨어져 들어오고 있었다. 약국이나 병원이 어떻게 생긴 지도 모르던 내가 후일 일상품처럼 자주 보게 되었던 링겔이라는 것을 그날 처음 보았던 것이다. 링겔을 맞고 정신이 좀 들자 나는 하얀 성모병원의 침대 위에 태연히 누워 있을 수가 없었다. 멀쩡하다고 말하자 그 몸으로는 도저히 단식할 수 없으니 인천으로 돌아가라는 것이었다. 교회로 가겠다고 말하고 내가 다시 간 곳은 단식농성장이었다.

물 한 모금 안 마시고 열흘이 지나자 또 저번 때처럼 의식이 혼미해지기 시작했다. 이런 내 고집을 꺾으려고 많은 사람들이 찾아와 먹기를 권했으나 먹고 싶은 생각이 없었다. 노조를 살리기 위해서라면 죽어도 좋다는 생각뿐이었다. 나는 기독병원에 15일 동안 입원해 있었다.

_ 김용자의 기록[71]

명동성당에 지켜선 경찰들은 "니년들이 여기서 굶어 죽는다고 해도 눈 하나 깜짝 안 해"라고 했다. 소름 끼치는 말이었다.

---

[71] 동일방직복직투쟁위원회, 『동일방직노동조합 운동사』, 돌베개, 110~111쪽, 1985.

연대 확산과 결사 투쟁으로 이룬 합의

동일방직 사건이 조합원들의 노동절 시위와 단식투쟁으로 알려지면서, 당시 민주화투쟁을 전개하던 종교인, 지식인, 학생 등의 연대 투쟁이 이어졌다. 동일방직 사건이 민주화 투쟁세력의 연대를 만들어가는 계기가 된 것이다.

각계각층으로부터 동일방직과 관련한 성명서와 조사 보고서가 쏟아져 나왔고 사건 해결을 위한 공동 노력의 일환으로 종교계, 해직교수, 언론인, 문인 등 각계 인사들이 중심이 된 동일방직 사건 수습대책위원회가 구성되었다. 그러나 신문, 방송, TV 등 언론기관들은 이 사건과 노동자들의 투쟁에 대해 무거운 침묵만을 지킬 뿐이었다. 노동자들은 그들의 침묵에 항의해야 했다.

1978년 3월 20일 서울 종로5가 기독교회관, 한국기독학생회총연맹(KSCF)이 2층 강당에서 인권강좌를 열었다. 한편 같은 건물에서는 3월 15일부터 한국교회사회선교협의회 실무자들이 동일방직 조합원들의 투쟁에 연대하는 의미로 금식 기도에 들어간 상황이기도 했다. 노동 상황에 대해 취재를 요청했지만 기자들은 한 명도 나타나지 않았다. 강좌에 참여한 30여 명의 노동자는 격분했다.

이들은 9층에 있는 기독교방송국으로 몰려가 생방송을 일시 중단시켰다. 기동 경찰들이 출동했고 경찰의 폭력으로 10여 명의 노동자가 중경상을 입었다. 기독교방송국에 진입했던 노동자들은 동일방직, 원풍모방, 방림방적, 진로주조, 해태제과 등의 여성노동자들이었다.[72]

한편 명동성당에서의 단식은 계속되었다. 예상외로 사태가 긴급해진 것을 느낀 한국노총 위원장과 동일방직 사장 서민석이 농성장에 들어와 몇 가지 양보를 하면서 단식을 풀라고 종용했다. 그러나 사건의 근본적인 해결책은 제시하지 못했다.

조합원들의 단식투쟁에 대한 사회 각계각층의 뜨거운 호응 속에서 김수환 추기경, 강원룡 목사, 김관석 기독교교회협의회 총무 등 종교계 지도자들이 정부 당국(중앙정보부)과 접촉해 협상을 벌였다. 그리고 마침내 사건을 2월 21일 이전의 상태로 환원하되, 먼저 조합원들이 회사에 복귀해 공정하고 중립적인 선거 관리를 통해 노조를 정상화할 것을 합의했다. 종교계 지도자들은 명동성당 단식투쟁장으로 와서 조합원들을 설득했고 조합원들은 단식농성을 해제했다. 한 달여에 걸친 조합원들의 민주노조 수호 투쟁이 승리로 돌아간 듯 싶었다. 3월 23일 단식농성을 해제한 조합원들은 김찬국 목사와 함께 인천으로 향했다.[73] 인천산선에서 만난 조합원들은 서로

---

[72] 강인순, 「1970년대 여성노동자들의 민주노조운동 : 재평가와 의미」, 경남대학교 인문과학연구소, 『인문논총』 24집, 35쪽, 2009.
[73] 최연봉에 따르면 합의 후 단식농성을 해제한 다음 뭔가 석연치 않은 지점이 있었다고 한

를 부둥켜안고 뜨거운 눈물을 흘렸다.

그때는 며칠 후 단식농성 푼 것을 후회하게 될 거라 생각하는 이가 아무도 없었다. 종교지도자들은 동일방직노조의 핵심 간부를 도려내 민주노조 투쟁의 확산을 막으려는 박정희 정권의 의도를 꿰뚫지 못하고 있었다.

다. "서울에서 김수환 추기경님을 못 움직이게 한 사람이 있었더라고요. 그때 우리랑 약속한 세 분이 안 오신 게 의아하긴 했지만, 우리 대책위원장이셨던 김찬국 목사님이 우리랑 같이 인천으로 가시겠다고 오셨더라고요. 그러니까 우리가 인천으로 돌아가기로 한 거죠." 최연봉, 「공장노동자에서 지역활동가로 - 구술자 최연봉의 삶」, 인천연구원 엮음, 『끝나지 않은 이야기』, 인천연구원, 39~40쪽, 2022.

사측, 각서 강요하더니 124명 해고

단식농성을 풀던 시점에 조합원들의 집마다 회사 측에서 보낸 문서가 도착했다. 출근하라는 내용이었다.

> 귀하를 회사 취업규칙 59조 17항 즉 정당한 이유 없이 무계결근 3일 이상 혹은 간헐적으로 결근한 사유로 해고 조치를 취하지 않을 수 없습니다. 그러나 귀하가 위반한 행위를 반성하고 앞으로 회사 지시에 순응하겠다고 하면 이번에 한해 정상을 참작, 계속 근무케 할 방침이니 오는 78년 3월 23일 12시까지 회사에 출두해 의사 표시를 바랍니다. 만일 위 일시까지 출두하지 않을 시에는 부득이 해고조치 하겠으니 양지하시기 바랍니다.
>
> _ 석정남, 『공장의 불빛』[74]

인천산선에 모여 있던 조합원들은 그런 문서의 존재를 알지 못했다. 회사 측이 발송한 문서와 관계없이 조합원들은 인천산선에

---

[74] 석정남, 『공장의 불빛』, 일월서각, 136쪽, 1984.

대기했다. 좁쌀죽을 끓여 먹으며, 대책위원장인 김병상 신부와 동일방직 사장의 만남이 예정되어 있으니 만남의 결과를 기다리고 있었다. 그러다 속옷이라도 챙기려고 기숙사로 간 몇몇이 옷을 챙겨 나오다 회사 사무실로 불려가게 됐는데, 거기서 회사에 돌아오려면 각서를 써야 한다는 말을 들었다.

사측은 과장, 부장급으로 자격심사위원회를 구성해 회사에 들어오는 모든 조합원에게 회사 명령에 절대복종할 것이며 앞으로 어떠한 처벌을 해도 감수하겠다는 내용의 각서에 서명할 것을 요구했다. 그 말을 들은 조합원들은 이대로 각서를 쓰고 회사로 돌아갈 수는 없다고 의견을 모았다. 어차피 그렇게 복귀한들 회사 측이 조합원들을 해고해 버리면 그만일 거라 생각한 것이다.

그런데 김병상 신부가 회사 측과 만나기로 한 시각 이전에 또 다른 만남이 있었다. 원풍모방 방용석 지부장의 증언에 따르면 김병상 신부 방에서 중앙정보부 간부가 가톨릭노동청년회 정인숙 회장에게 "그렇게 회사로 들어갈 필요 없고, 사장을 불러내서 사장에게 약속을 받고 들어가는 것이 좋다"고 하며 복귀를 지연시켰다. 결국 회사가 데드라인으로 정한 시간에 출근하지 못하게 하는 역할을 중앙정보부가 한 셈이었고 회사가 124명을 해고할 수 있는 명분을 제공한 셈이었다.[75]

조합원 대부분은 회사 측의 각서 요구 철회를 요구하며 출근을

---

[75] 국가정보원, 『과거와 대화 미래의 성찰 언론·노동편(V)』, 328쪽, 2007.

거부하고 인천산선에서 농성을 계속했다. 2월 21일 이전으로의 환원이라는 '약속'이 백지화된 것이다.

한편 몇몇 조합원들은 굴욕적인 각서를 쓰고 출근했으나, 현장의 담임(사원)들이 "너희들은 무슨 수를 써서라도 사퇴케 만들겠다"고 위협을 했으며, 어떤 사람은 형광등을 깨 나이 어린 여성 조합원을 창고로 끌고 가 앞으로 이총각 지부장을 따르지 말고 노동조합에 관여하지 말라고 위협했다.

돌이켜보면 1976년 나체시위 이후 갖은 괴롭힘으로 130여 명의 조합원이 현장을 떠난 지 불과 2년도 지나지 않은 때다. 사측이 또다시 어떤 보복과 도발로 괴롭힐지 충분히 예측 가능한 일이었다.

1978년 4월 1일, 동일방직 공장 중앙 복도에 126명의 퇴직자 명단이 나붙었다. 그중 2명은 자진 퇴사자였으니 실제 해고자는 124명이었다. 인천산업선교회에 모여 있던 노조 간부들과 조합원들에게 해고 소식이 곧 알려졌다. 양성공들 중에는 해고 통보서를 박박 찢으며 울부짖는 사람도 있었다.

> 해고됐을 때는 정말 억울하고 막막했어요. 사실은 여러 감정이 엇갈렸는데 솔직히 후회도 좀 했죠. 왜냐하면 그때는… (한참 울다가) 엄마하고 저하고 같이 살았기 때문에 제가 벌어야 먹고 살았거든요. 그런 상황에서 하루아침에 짤리니까 난감하죠. 동일방직이 그래도 월급이 다른 데보다 낫고 그래서 여기서 꼭 돈을 벌어서 남부럽지 않게 살겠다 하고 들어간 건데, 그렇게 되는 바람에 많이 힘

들었죠. 내가 왜 거기에 참여했을까, 이런 생각도 했고. 회사가 들어오라고 할 때 들어갔어야 했나 그런 생각도 했고. 하지만 나는 옳은 생각을 한 건데 왜 잘못됐다고 하느냐, 하는 생각이 더 컸죠. 나는 옳다고 생각하는 대로 했으니 조금 더 버티면 해결되지 않을까 그런 생각도 가졌죠.

_ 이은옥 구술

친구들하고 같이 거기 그냥 있었어요. 회사에 들어가지 않고. 무섭고 똥물도 맞고 그랬지만 사람 취급을 안 하니까 갈 수 없었어요. 해고됐을 때는 마음이 여러 가지였어요. 한편으로는 후련했다니까요. 이 지긋지긋한 곳 이제 안 다녀도 되겠구나. 개 취급받던 데서 벗어날 수 있게 됐구나. 그러면서도 어떻게 먹고 살지? 걱정이 시작된 거죠.

_ 정선희 구술

해고 통지를 받아도 '다시 돌아갈 수 있겠지' 생각했어요. 그랬는데 영영 못 돌아간 거죠. 그땐 현실감이 없었어요. 왜 그러냐면은 같이 했던 애들 중에 더러는 도로 들어갔거든요. 그때 제가 대의원인가 그래서 더 돌아가지 못하고 그러기는 했는데. 저러다가 회사에서 다시 들어오라 그러겠지 했었죠. 그랬는데 그냥 끝난 거지. 당시에 제가 동일방직을 조금 오래 다녔어요. 왜 그러냐 하면 14살인가 15살인가에 들어갔으니까. 해고될 때 내 나이가 스물 몇 살이었는데 '조금만 더 해서 10년 채워야겠다' 생각했어요. 그랬는데 10년 조금 못 채웠죠. 그래서 퇴직금을 조금밖에 못 탔어요. 먹고 살 궁리를 해야 했죠.

_ 박부순 구술[76]

124명 대부분은 해고 사실을 처음 알았을 때는 현실을 부정했다. 다시 돌아갈 수 있겠지, 조금만 버티면 해결되겠지, 그러다가 억울하고 분한 마음이 생겼다. 내가 잘못한 게 없는데 해고라니 납득이 가지 않았다. 시간이 갈수록 생존의 두려움이 엄습했다. 다시 먹고 살 궁리를 해야 했다.

---

[76] 박부순 구술 이외에도 그녀의 동일방직 경험에 대해서는 다음 자료를 참조할 수 있다. 서상희, 「멋진 할머니 선장, 박부순 님」, 인천민예총 강화지회·전국교직원노조 강화지회, 『강화시선』 제14호, 2022.

민주노조 파괴 기획자는 중앙정보부

중앙정보부 경기지부에서 근무한 최종선은 1978년 초 인천 담당관으로 부임한 직후 이총각 지부장과 만나 "유신체제 철폐, 박정희 정권 타도 요구만 하지 말라"면서 "그 외에는 다 도와주겠다"고 했단다. 그는 중앙정보부 지부와 노조 사이에 일종의 '평화협정'이었다고 설명했다.[77] 신문에서는 보도조차 하지 않았어도 동일방직 노동자 투쟁으로 인천지역이 떠들썩했으니 더 이상 극한 충돌로 문제를 일으키고 싶지 않아 제안한 것으로 보인다.

그런데 동일방직 노동자 투쟁이 극한으로 치달은 것은 '똥물 투척 사건'에 중앙정보부 본부가 직접 개입해서라고 최종선이 증언했다. 그의 말에 따르면 똥물 투척 사건이 있기 2주 전쯤 보안사 인천지부에서 전화가 와 "인천 신포동 뒷골목의 배명여관에 거동이 수상한 자들이 집단으로 기거하는데 알고 있으라"는 정보를 줬다고 한다. 중앙정보부 인천 담당관으로서 찾아가 책임자를 찾으니 "우리가 누군지 몰라서 묻는 거냐", "'위에서 다 알고 있다"면서 자신들

---

[77] 국가정보원, 『과거와 대화 미래의 성찰 언론·노동편(V)』, 317~319쪽, 2007.

은 섬유노조 조직국장 우종환과 조직행동대장 맹원구라고 밝혔다 한다. 뭐하고 있냐는 질문에 그들은 동일방직 노조 깨부수러 왔다고 말했다. 최종선은 이총각, 조화순과 잘 풀어갈 수 있는 상황인데 구태여 평지풍파를 일으킬 필요가 있느냐는 취지로 보고서를 작성, 본부에 전달했다. 그러나 중앙정보부 본부와 지부의 의견조정은 실패하고 경기지부는 손을 떼라는 연락을 받았다고 한다. 이후 똥물 투척 사건이 벌어진 것이다.

그러나 민주노조를 와해하겠다는 중앙정보부의 의도는 관철되지 않았다. 오히려 조합원들의 결속은 더 강해졌고 동일방직 사건은 사회적으로 더 확산되었다. 지도부 구속에 항의하며 명동성당과 인천 답동성당, 산선에서 단식농성이 이어지자 최종선에게 수습 역할이 주어졌고, 그는 단식농성장의 수돗물과 전기를 끊도록 지시했다. 그때까지도 중앙정보부 본부는 똥을 뿌린 남성 노동자를 보내서 명동성당까지 쑥대밭을 만들어야 한다고 했단다.

단식농성이 마무리된 후 사흘의 시간을 주고 복귀하도록 요구한 것도 최종선 자신이었는데 무슨 일인지 복귀자가 없어, 농성자 전원 해고하도록 조치했다고 증언했다. 더불어 블랙리스트는 본부에서 작성, 관리, 집행한 것으로 알고 있다고 했다.

이처럼 심증만 있던 중앙정보부의 개입 여부가 2001년 3월 19일 전 중앙정보부 경기지부 직원으로 인천 동일방직노조를 담당했던 최종선의 증언으로 24년 만에 드러나게 된다. 민주노조 파괴와 124명 해고를 중앙정보부가 기획하고 집행한 게 확인된 것이다.

하지만 당시 노동자들이 이런 사정을 간파할 수는 없었다. 신문에도 나지 않고 철저히 차단된 정보, 한국노총과 회사와 경찰을 수족으로 부리며 모습을 드러내지 않는 중앙정보부, 희망에 찬 1980년대를 부르짖는 박정희 정권이 함께 만든 일이었기 때문이다. 무엇보다 노동조합은 조합원의 요구를 대변하라고 요구한 게 청와대가 나서서 노조 파괴를 지시할만한 일이라고는 누구도 생각하지 못했을 것이다.

여성노동자, 국가에 맞서다

1970년대 지식인, 학생 외에 폭력적 국가기구와 '민족', '개발' 담론으로 무장한 박정희 독재 체제의 무한 질주를 막아선 이들이 있었으니, 다름 아닌 개발 담론에 갇혀 산업역군으로 일하던 여성노동자였다. 그들은 민주노조를 통해 노동 현장을 바꾸고 노동자의 자유를 확장했다. 이로써 국가의 노동 통제와 어용노조 시대에 균열을 가져오기 시작했다. 가히 여성노동자의 시대라 할 수 있다.

여성노동자들이 투쟁으로 정립한 민주노조는 유신체제에 안주한 한국노총과는 다른, 노동자의 이해를 민주적으로 수렴하는 자주적 조직이었다. 소모임과 교육, 일상적 만남을 통한 토론, 대의원 활동 등으로 자신의 역할에 충실한 이들과 이들을 믿는 조합원이 있어서 노동조합은 민주노조로 거듭났다. 노조는 전연 새로운 경험, 새로운 길을 선사했다.

동일방직노조 조합원들은 뭇매와 해고를 불사하며 자본과 정권의 탄압으로부터 민주노조를 지켰다. 그들의 헌신성은 민주노조에 대한 신뢰를 바탕으로 한다. 여기에는 사측의 노무관리가 통하지 않았다. 동일방직 사측은 노조 권력을 찬탈하기 위해 회유와 협박은 물론 노노갈등을 유발하고 구사대까지 동원했지만, 효과가 없었다.

민주노조를 사수하겠다는 그들의 투쟁은 정치성을 가질 수밖에 없었다. 한국노총 섬유노조가 유신을 옹호하는 조직이었다면 동일방직지부 노동자들의 투쟁은 반유신 성격을 가졌다. 1972년 10월 17일 박정희 대통령 특별담화로 시작된 유신체제는 1979년 10월 26일까지 7년간 지속되었다. 이 국민 총동원 체제는 국내외 정세가 어려워 비상 수단이 필요하다며 옹호하는 동조자들, 수동적 수용적 태도로 일관한 집단들에 의해 유지되었다.

박정희 정권의 노동 통제는 유신 이전부터 시작되었다. 박정희는 1963년 법을 개정해 관계기관의 승인을 전제로 회사와 협상할 수 있도록 했고, 단체교섭이 결렬되면 노조는 노동위원회의 중재를 받는 냉각기간을 가져야 하고 그 후에도 협상이 합의 안 되면 허가를 받아 파업을 하거나 중재를 수용해야 했다. 십중팔구 정부는 중재에 들어가 국가안보에 위험이 된다고 선언하고 합의를 강제했다. 1970년 「외국인투자기업의 노동조합 및 노동쟁의조정에 관한 임시특례법」 제정으로 대부분의 노조 활동이 불법이 됐다. 국가보위에 관한 특별조치법 제9조(1971.12.27. 제정)는 단체교섭 등의 규제를 규정했는데, ①비상사태하에서 근로자의 단체교섭권 또는 단체행동권의 행사는 미리 주무관청에 조정을 신청하여야 하며 그 조정 결정에 따라야 한다. ②대통령은 국가안보를 해하거나 국가동원에 지장을 주는 근로자(국가기관 또는 지방자치단체에 종사하는 근로자,

국영기업체에 종사하는 근로자, 공익사업에 종사하는 근로자, 국민경제에 중대한 영향을 미치는 사업에 종사하는 근로자)의 단체행동을 규제하기 위하여 특별한 조치를 할 수 있다고 했다. 섬유산업은 이중 국민경제에 중대한 영향을 미치는 사업에 속했다.

예로 1977년 섬유노조는 임금 48.6% 인상을 요구했고 여기에 정부는 12개 면방업체 임금을 25% 인상하라고 지시했다. 양성공은 730원에서 875원으로, 남자 본공은 1,500원에서 1,800원으로 여자 본공은 875원에서 1,050원으로 인상하라는 거다. 이를 따라야 하는 해당 업체는 대농(대구, 청주), 합동방직, 대한방직(대전, 수원), 풍한방직, 한일방직, 방림방적, 전남방직(광주, 부평), 경남방직, 일신방직, 동일방직(인천, 안양), 삼화방직, 충남방적 등이었다. 1978년에도 마찬가지였다.[78]

노동조합을 통제하는 데 중앙정보부가 큰 역할을 했다. 지역별로 담당관을 두었고 '문제 사업장'의 각종 동향을 상세히 보고받으며 직접 대책을 세워 실행하고 있었다. 중앙정보부는 한국노총을 품 안에 두면서 산업별 노조를 통제했다. 산별노조의 '조직행동대'는 결국 중앙정보부의 손발이었다. 경찰은 산업지역에 있는 모든 관할 서에 노동문제 담당 사무실을 두었고 관리자들은 의심 가는 노동자가 허가되지 않은 노조 활동을 하면 경찰에 신고했으며 경찰은 중앙정보부나 검찰의 비호 아래 수사했다. 이처럼 사법, 경영

---

[78] 매일경제 1977.3.21.; 경향신문 1978.3.21.

진, 합법 노조에 대한 독점적 통제권, 그리고 경찰, 중앙정보부, 구사대, 심지어 용역까지 노동을 통제하는 방식은 다양하고 그 층위가 깊었다.

박정희 정권은 개인의 가치를 하찮게 여겼다. 집단과 민족을 이야기했고 국정 기조는 거기 맞춰졌다. 그런 국가에서 근로기준법이 제대로 지켜지지 않고 노동자의 권리가 제한된다고 해도 문제가 아니었다. 노동자 집단이 자신의 요구를 내세워 국가의 장래가 걸린 수출에 영향을 미치거나 기업에 조금이라도 손해를 미치는 것을 용납할 수 없었을 것이다. 자신의 권력 연장에 흠집을 내는 일을 허하지 않았다. 동일방직 노동자를 비롯해 1970년대 여성노동자들의 투쟁은 그래서 '역린'이었다.

3장

블랙리스트, 자본과 정권의 합작

심상치 않은 경제

1978년 즈음 한국경제는 심상치 않게 돌아갔다. 물가는 1978년에 14%, 1979년에 18% 올랐다. 정부는 1979년 3월에 국내 석유제품 가격을 9.5% 인상한 데 이어 7월에 다시 59%나 올렸고 전력 요금도 35%나 인상했다.

노동청이 1979년 6월 20일 발표한 자료에 따르면 1979년 5월 말까지 임금체불액은 136억 300여만 원(296개 업체)으로 1978년 같은 기간의 임금체불액 19억 5,100여만 원(240개 업체)의 무려 7배에 이르렀다.

이렇게 물가가 요동치고 경제가 나락으로 떨어진 것은 국제경제 변화 탓이 컸다. 1979년 이슬람 혁명이 일어난 후 이란의 석유 생산량이 1/3로 줄었다. 이후 이란 문제가 소련과 아프가니스탄 전쟁으로, 이듬해 이란과 이라크 전쟁으로 이어지며 불과 몇 달 만에 유가는 천정부지로 치솟았다. 이후 이란을 비롯한 산유국들이 원유 생산량을 늘렸지만, 산유국들은 한번 올라간 원유 가격을 내리지 않았다. 세계적으로 물가는 상승하고 실업 문제가 심각해지며 인플레이션이 도래했다. 미국은 급작스럽게 불어난 달러를 회수하기 위해 금리를 21%까지 올렸다. 이러한 상황에 세계자본주의는 신자유주의를 빠르게 정착시켜 갔다.

미국의 차관을 기반으로 산업화를 진행하던 한국경제는 휘청거렸다. 중화학공업 육성 정책으로 제조업 연간 성장률이 20% 이상을 넘어서고 있던 때라 석유 의존도가 높았으니 더했다. 급기야 1980년 1분기에 한국전쟁 이후 최초의 역성장인 −1.6%를 기록했고 물가 상승률은 29%에 달했다.

건설 자본의 중동 진출, 중화학공업 활성화를 위한 국내 내수 확대 등으로 1차 오일쇼크를 가까스로 벗어난 자본과 정권은 다시 찾아온 이 시기의 위기를 타개할 방법을 모색하고 있었다.

유신체제 위협하며 요동치는 정치

요동치는 국제정세는 한국에도 영향을 미쳤다. 1960년대 말 조성된 동서 간의 긴장 완화, 즉 데탕트 분위기를 타고 미국으로부터 주한미군 철수 논의가 불거졌다. 이에 대응하며 박정희는 유신체제를 수립했지만, 철군 계획이 구체적으로 발표되며 정권의 위기는 더욱 강화됐다. 1977년 카터 미국 대통령은 당선과 동시에 국제정세를 반영해 철군하겠다는 의사를 내비치더니 1979년 들어 이 계획을 본격화하는 듯했다. "철군을 하겠다는 기본 결정 아래 철군 비율을 계속 평가하고 있으며 이미 일부가 돌아왔다." "한국의 자주 국방력을 강화하고 최근 국제정세의 변화를 평가하면서 한국으로부터의 철군 기본정책을 조심스럽게 실행해나가고 있다"면서 1979년부터 1982년에 이르기까지 철군 계획을 갖고 있었다.[79]

이런 가운데 1978년 12월 12일 총선은 1972년 유신체제 이후 처음 치러지는 선거로 박정희 정권의 기반인 공화당의 압승이 절실했다. 당시 선거는 관권선거로, 지역구 의원 154명이 국민 투표

---

[79] 동아일보 1979.2.12.

로 선출되고 77명은 간선제로 선출되었다. 이 77명은 유신정우회 (1973.3.10.~1979.10.26.) 소속이었다. 유신정우회가 '박정희에 의한 박정희를 위한' 교섭단체이다 보니 의회 권력 장악은 어렵지 않아 보였다. 하지만 선거 결과는 박정희 정권에 충격이었다. 신민당 32.8%, 민주공화당 31.7%, 민주통일당 7%, 무소속 28%. 그 힘으로 신민당 김영삼 총재는 "4.19와 같은 유혈의 비극이 다시는 없어야 한다, 이란의 비극이 우리의 비극이 되어서는 안 된다, 박정희 대통령이 평화적인 정권교체의 전통을 심는 대통령이 되기를 바란다"며 국회에서 대표 연설을 했다.[80]

국내외 상황이 박정희 독재 체제를 흔들고 있었다. 여기에 결정적 한 방을 날리는 사건이 있었으니 YH무역 노동자들의 투쟁이다.

---

80 동아일보 1979.7.23.

연대로 나아가는 민주노조운동

1970년대 후반 민주노조운동은 유신체제를 뚫고 꾸준히 성장하고 있었다.

1970년대 후반 들어 섬유산업에서 투쟁이 활발했는데, 인선사 노동자들의 유령노조 반대 투쟁(1977년), 청계피복 노동자들의 노동교실 사수 투쟁(1977년), 방림방적 노동자들의 체불임금 받기 운동(1977년), 섬유노조 국제방직 부당노동행위 저지 투쟁(1978년), 동광모방 조합원들의 폐업 반대 투쟁(1979년), YH무역 노동자들의 휴·폐업 반대 투쟁과 신민당사 농성(1979년) 등이 전개되었다. 특히 이 시기 투쟁의 특징은 연대투쟁이 많아지고 성격이 정치적으로 발전하기 시작했다는 점이다. 연대투쟁의 조짐이 보이자 정권과 자본의 경계는 더 커졌다.

<표> 연도별 노사분규 발생 현황

1970	1971	1972	1973	1974	1975	1976	1977	1978	1979
165	1,656	346	367	655	1,045	757	1,064	1,206	1,697

※ 1970~1974년은 한국노총, 각 연도 사업보고 ; 1975~1979년은 한국기독교사회문제연구원(1986)의 발표 자료로 『한국노총 50년사』, 514~515쪽에서 재인용.

연대투쟁의 대표적 사례는 민종진 사건 대응이었다. 1977년 7월 2일, 서울 영등포구 등촌동에 위치한 협신피혁 폐수처리장에서 작업하던 노동자 민종진은 회사 폐수가 흘러내리는 배수관 속에 들어갔다가 2분 만에 유황과 메탄가스에 질식해 숨졌다. 민종진 사건 대응 투쟁은 전태일 분신 후 7년이 지난 뒤 한 노동자의 억울한 죽음에 청계피복, 방림방적, 동일방직, 인선사, 반도상사, 남영나이론 등 여러 노동조합 조합원과 간부들이 모여 항의한 것으로, 민주노조 세력이 성장했다는 것을 잘 보여줬다.

특히 정권을 긴장시킨 결정적인 투쟁은 1979년 8월 9일 200여 YH무역 노동자들이 회사의 부당한 폐업에 항의해 신민당사를 점거하고 농성에 들어간 사건이었다. 이는 노동계뿐만 아니라 정치문제로까지 발전해 10.26 파국을 몰고왔다. YH사건이 일어나자 정부 관계기관에서는 TV, 신문 등을 동원해 사건의 책임을 도시산업선교회와 한국기독교교회협의회로 돌렸다.

이렇게 연대의 기운이 높아지는 가운데, 동일방직 해고노동자들은 산업선교회, 크리스천아카데미 교육 등을 통해서 다른 노조들과 접촉을 계속했고 투쟁의 현장에도 달려갔다.

1978년 6월 교육에 원풍모방 지부장 방용석을 연사로 초청하는 등 노동운동 전반으로 관심을 넓혀갔다. 7월 30일 본조 대의원대회 때는 반도, 원풍, YH 지부장 및 조합원과 함께 김영태의 위원장 재선 반대 투쟁을 전개하기도 했다. 1978년 12월부터 발간된 『동지회보』에서 다른 민주노조의 활동을 자세하게 소개해 해고노동자들의 연대의식을 일깨웠으며 1979년에 들어서도 해고노동자들과 민주노조들과의 접촉은 끊이지 않았다. 해고노동자들은 수시로 원풍모방, 반도상사, 청계피복 등의 지부를 방문하고 대의원대회를 참관했다. 1979년 8월 1일, 8월 6일 <활동 일지>는 이렇게 기록하고 있다.

> 8월 1일 : 정명자, 김영순, 김용자, 원풍노조 방문. 민사 소송(김영태를 상대로) 제기하게 된 동기 듣고 고소장 얻어옴. YH무역지부 방문, 지부장 없고 부지부장과 가발부 조합원 만나봄. 현장을 꼭 지키고 끝까지 잘 싸우길 빌면서 얘기하다 옴.
> 8월 6일 : 해태제과 아가씨들의 준법투쟁(8시간 외 작업 거부), 남자 조합원들에게 폭행 당했다는 얘길 듣고 가슴이 떨린다. 제2의 동일방직…. 격려의 얘기 해주었다.

연대투쟁에 함께하면서 동일방직 해고노동자들은 자신들의 문제도 사업장 밖에 알리고 정치 쟁점화하는 게 필요하다고 판단했다. 동일방직 해고노동자들이 주축이 되어 노동문제 보도를 요구한 기독교방송국 항의 진입 투쟁(1978), 부활절 예배 투쟁(1978), 이후 벌어지는 해고자 복직 투쟁이 그렇다.

정권은 빨갱이가 필요했다

김영태 섬유노조 위원장은 1979년 8월 14일 MBC 보도 특집 프로그램에서 "도시산업선교회의 활동은 순수한 선교 활동이 아니며 공산당이라고는 할 수 없으나 행동 자체는 공산당과 다를 바 없다"고 지적하며 뿌리 뽑아야 한다고 주장했다. "이들은 젖가슴에 면도칼을 넣고 다니며 반지를 이용, 필요할 때는 자해행위를 하여 근로자들을 흥분시키는 등 수법이 공산당과 똑같다"고 구체적으로 '악행'을 설명했다. "이들이 투쟁이라는 말을 자주 쓰며 기업주와의 평화적인 협상으로 많은 것을 얻어내는 것보다, 투쟁을 벌여 한 가지를 얻어내는 것을 성공으로 여기는 등 수법이 해방 직후 남로당의 앞잡이였던 전평의 그것과 다를 바 없다"고 산업선교회를 몰아붙였다.[81]

김영태는 앞장서서 노동운동을 '빨갱이 짓'으로 몰아가며 YH사건의 본질을 호도했다. 당시 신문 보도에 따르면 "선동에 사로잡힌

---

[81] 김영태는 박창규 노동청장과 함께 출연해 'YH사건'의 경위를 설명했다. 김영태의 말은 경향신문 1979.8.15. 기사에서 인용했다. 경향신문은 8월 18일 「조직과 수법을 벗긴다 : 도시산업선교회의 정체」 특집에서 공화당이 만든 도산 실체 문건을 싣기도 했다. 김영태는 그해 10월 한국노총 위원장으로 당선된다.

여공들이 이성을 잃은 채 '투신 자살조'를 편성, 연습까지 한 사실을 방관했다"며 유신정우회가 신민당에 공개 질문을 했는데,[82] 이것이 마치 사실인 양 떠들고 다닌 것이다.

정부는 <산업체 및 농촌사회에 대한 외부세력 침투 실태 조사보고서>를 발표, "조사과정에서 도시산업선교회가 용공 단체라는 증거를 발견하지 못했으나", "특별히 관심 갖고 예의주시하겠다"고 했다.[83]

"도산이 들어오면 회사는 도산"이라는 말이 현장에 빠르게 퍼졌다. 이런 분위기에서 동일방직노조 집행부는 인천산선과 연계가 있으므로 특별 관심, 예의주시 대상일 수밖에 없었다.

노사분규와 '불순세력'은 이렇게 연결되었다. 노사분규의 원인이 자본과 노동자의 대립, 노동 현장의 열악함과 법적 문제에 있는 것이 아니라 '불순세력'에 의한 것이라는 담론이 형성된 것이다.

YH에서 그친 게 아니다. 이러한 '불순세력' 담론은 1980년대까지 이어지는데, 제일물산, 대협, 유니온마그네틱, 반도상사, 남화, 한국마벨, 크라운전자, 대한광학, 금호전자, 신한전자 등과 원풍모방, 서통, 국정교과서, 대일화학, 해태제과, 롯데제과, 이천전기 등 투쟁하는 곳은 도시산업선교회 때문이라고 몰아갔다. 창원공단에

---

82   경향신문 1979.8.14.
83   동아일보 1979.9.14. 1977년 이래 임태평, 강희남, 고영근, 박형규, 문익환, 윤반웅, 조화순 등 종교계 인사들이 줄줄이 구속되었다. 이들은 설교하거나 설교자료집을 만들어 전파했는데, 그 내용이 허위사실 유포, 사실 왜곡, 국가원수 모독 등에 해당한다는 것이다. 조선일보 1979.3.30.

서는 "도산 추방 내 직장 지키자" 외치며 도시산업선교회의 업체 침투를 방지하기 위한 궐기대회가 열리기도 했고(동양기계, 기아기공), 구로공단에서는 대한광학 등 91개 업체 노동자 4만여 명이 도산 규탄 궐기대회를 업체별로 진행하기도 했다. 콘트롤데이터 400여 명은 구사대책위원회 구성하여 "도산 물러가라"며 농성을 하기도 했다.[84]

자본이 오일쇼크와 산업 구조조정 시기를 헤쳐나갈 수 있도록 국가 권력이 나서서 그들에게 '마녀'를 던져준 것이다. 자본과 정권에게는 동일방직 '빨갱이' 해고자들이 절박하게 필요했다.

---

[84] 매일경제 1982.8.20. ; 동아일보 1982.7.29. 경향신문은 1982년 4~5월 도시산업선교회 특집을 기획했다. 산업선교회에 대한 공격은 1983년 유화조치 이후에 조금 수그러들었다.

빨갱이 사냥에 앞장선 섬유노조

한국노총과 종교계는 1970년대 초까지 협조적 관계를 맺었다. 종교계가 노동자를 노조에 가입시켜 한국노총 산하 조직으로 편제하는 식의 활동을 한 것이다. 산업선교회의 주장에 따르면 1970~1974년 5년간 4만여 명을 노조에 가입시켰으며 1974년에 노총 산하로 새로 조직된 노동자 2만 명 가운데 산선이 직간접 관여한 조직 노동자가 1만6천 명이라고 했다.

이렇게 좋은 관계였지만 유신체제에 대한 입장이 달라 조금씩 균열이 생긴 관계가 1974년 초 한국모방(원풍모방) 지부장 구타 사건 이후 대립으로 돌아섰다. 한국모방 지부장이 사장에게 구타당하는 사건이 발생하자 영등포산선이 이에 결합해 여론화했고 결국 사장이 구속되는 일이 있었다. 이 사건에 대응하는 한국노총의 태도를 두고 산업선교회가 '어용'이라 비판하며 관계가 껄끄러워지기 시작했다.[85] 그러다가 산업선교회 실무자들이 박정희 대통령이 유신헌법에 근거해 발표한 긴급조치 1호(1974.1.8.) 위반으로 구속되는 사건이 발생하는데 이를 계기로 한국노총은 "한국도시산업선교

---

85   한국노총, 『한국노총 50년사』, 519~520쪽, 2002.

회를 비롯한 일부 종교인의 불순한 조직 침해를 배격"한다는 결의문을 채택했다. 이후 관계는 악화 일로를 걸었다. 여기에 홍지영의 『산업선교는 무엇을 노리나?』라는 책이 1977년 11월 발간되어 단체주문 등으로 대량 공급되었고,[86] 한국노총은 1978년부터 노동환경대책위원회와 산별노조단위의 조직행동대를 조직해 민주적 흐름에 대응하면서 돌이킬 수 없는 관계가 되었다.

이 시기 민주노조 사수 투쟁 정점에 있던, 그것도 산업선교회와 관계를 맺은 동일방직노조에 한국노총과 섬유노조가 협조적일 수 없었던 이유다. 그리고 동일방직 노동자들의 민주노조 사수 투쟁이 섬유노조 위원장의 말에 따라 '빨갱이' 짓으로 둔갑한 것도 이런 배경 때문이었다.[87]

이 역사적 관계의 껄끄러움 때문이었을까. 2002년 발간된 『한국노총 50년사』에 동일방직노조 투쟁은 '민주노조 사수 투쟁'이라는 단 한 줄로 기록되어 있다. 2011년 섬유·유통노련 대표자·실무자 교육 자료에도 동일방직노조 투쟁은 실리지 않았다. 연표에도 기록되어 있지 않다.[88]

---

[86] 이 책의 저자 홍지영은 해방신학 이론화에 반대하며 『정치신학의 논리와 행태』(1977.3.)를 저술하기도 했다. 그는 공산주의 비판에 앞장섰으며 1982년에는 기업인을 회원으로 하는 '산업사회문제연구소'를 열어 노사분규의 이론과 실제에 대해 자문했다. 경향신문 1982.6.28.
[87] 1978년 11월 7일 조화순 목사가 '긴급조치 9호' 위반으로 구속되었는데, 이는 그들에게 좋은 선동거리였다.
[88] 섬유·유통노련, 「한국 노동운동사 : 섬유·유통노련을 중심으로」, 2011. 섬유·유통노련 홈페이지 자료실.

블랙리스트로 해고, 또 해고…

하루 벌어 하루 살던 노동자에게 해고는 당장 경제적 어려움을 안겼다. 집안 사정이 괜찮은 이도 있었지만, 대부분은 가장 역할을 하고 있었다. 동생 학비를 대거나 아픈 식구가 있는 이도 있고, 홀어머니를 모시고 어린 동생들과 살림을 꾸리는 이도 있었다. 집마다 사정이 달랐고 어려움도 제각각의 모양을 하고 있었지만, 날이 지날수록 어려움은 가중될 수밖에 없었다. 이런 형국에 복직되기를 기다리며 손가락만 빨고 앉아 있을 수는 없었다. 투쟁은 투쟁대로 해야겠지만 그동안 벌이를 위해 나서야 했다.

동일방직에서 해고된 조합원들은 살길을 마련하고자 다른 회사에라도 취직하기 위해 동분서주했다. 이들은 함께 직장을 알아보기도 했으며 인천이 아닌 경기도나 서울 지역의 사업장까지 일할 수 있는 곳을 찾아다녔다. 그러나 이들은 동일방직 출신이라는 이유만으로 얼마 가지 않아 다시 해고되었다. 이른바 '블랙리스트'에 오른 것이다.

섬유노조는 해고 통보가 이루어진 지 열흘만인 4월 10일, 김영태의 이름으로 동일방직 해고자 124명의 명단을 첨부한 공문을 전 동일방직 해고자 124명 블랙리스트.

국 노조와 사업장에 배부했다. 여기에는 해고자들의 이름, 부서, 주민등록번호, 본적까지 기재되어 있었다. 이것이 전두환 정권 때까지도 기승을 부리는 '블랙리스트'의 시초다.

훗날 동일방직 해고자 블랙리스트를 중앙정보부가 직접 나서 작성했다는 사실이 밝혀진다. 중앙정보부는 한창 번지고 있는 민주노조 투쟁의 불씨를 끄는 데 동일방직 노동자들을 본보기로 삼은 것이다. 정부, 경찰도 이를 지원했다. 해고노동자들이 새롭게 생계를 꾸리고 재취업하는 동네와 회사마다 경찰들이 찾아와 "동일방직 출신 빨갱이들"이라고 지목하며 동일방직 해고노동자들의 생존권 자체를 완전히 박탈하고자 했다. '블랙리스트'는 국가권력과 자본이 합작한 노동 탄압의 절정이었다.

블랙리스트는 섬유산업 사업장뿐 아니라 다른 업종에도 뿌려져 해고노동자들을 옴짝달싹할 수 없게 만들었다.

이금옥은 인천기독병원 구내식당에 잡역부로 취업했는데 인천 경찰서 형사가 다녀간 뒤 8일 만에 해고되었다. 이향자는 미국인 투자 업체인 고미반도체에 원서를 내고 면접을 하는 중, 동일방직에서 일했다는 게 알려져 쫓겨났다. 박희옥, 구예금, 문현란, 홍기숙은 대한모방에 다니다가 해고되었으며 조미재, 구예금, 강경단은 원풍모방에 서류를 냈으나 바로 퇴짜를 맞았다. 정만례는 금성사에서, 강명자는 삼익통상에서 일하다가 서울치안본부 형사가 찾아와 연행하는 바람에 동일방직 다녔다는 게 밝혀져 해고되었다. 윤춘분, 권춘순, 이응님은 한독전자공업에 근무하다가 한달 반 만에 해고되었고 문현란은 한비산업에 근무하던 중 형사가 찾아와 이총각 지부장의 행방을 묻는 바람에 동일방직 근무 이력이 알려져 책임자가 "네가 사표를 내지 않으면 내가 나가야 하니 어쩌면 좋냐, 제발 나가달라"고 해 회사를 다닐 수 없었다. 조미재는 린나이코리아에서 입사 3일만에 해고되었고, 문현란과 손숙자는 한일방직에서 3개월만에 "동일방직 경력을 적지 않았으니 이력서 허위 기재"라는 이유로 쫓겨났다. 이건산업에서 일하던 박인숙은 "회사 규칙이 동일방직 해고 근로자들은 근무시킬 수 없다"는 이유로 해고되었다. 심지어 박인숙을 이건산업에 소개해준 이도 같이 해고되었다. 삼양통상에서 일하던 강동례는 관리자가 기숙사로 들이닥쳐 물건을 뒤지다 『동지회보』를 찾아내 "너 동일방직 출신이냐? 너는 사상이 불순하니 나가"라며 폭행을 했다. 이후 2~3일 출근을 시도했지만 경비실을 통과하지 못했고 결국 해고되었다. 문현란, 김용자, 김영순, 안순애, 박양순, 정명자, 최연봉은 대농방직에서 해고되었고 신상미, 이상금, 정춘례, 진성미는 대한모방에서 해고되었다.[89]

이처럼 해고노동자들은 먹고살기 위해 업종을 바꿔보기도 하고 신분을 확인 안 하는 곳에 다른 사람 이름으로 취업하기도 하고 인천을 벗어난 곳으로 일하러 가기도 했지만 소용없었다. 해고 직후뿐 아니라 2년 가까이 경찰의 감시는 계속되었다. 당시는 전산망이 만들어진 때가 아니었음에도 어디에 가서 일하든 찾아내 업주가 해

---

[89] 동일방직복직투쟁위원회, 『동일방직노동조합 운동사』, 돌베개, 129~131쪽, 1985.

고하도록 조치했다. 이렇게 촘촘하고 신속한 조치는 국가기관이 개입되지 않고서는 불가능한 일이었다.

제가 산업선교회 뒷골목에서 자취했거든요. 그래서 해고된 다음 산업선교회에 있을 때도 집에 가서 밥을 먹곤 했어요. 그럴 때도 경찰이 따라다녔어요. 경찰 2명이 자췻집 대문 앞에 교대로 앉아 있었어요. 그러다가 어떻게 떼어내고 인천기독병원에 취직했어요. 어느날 병원 식당 옆에 불이 난 일이 있었어요. 동일방직은 섬유산업 사업장이니까 화재에 대비하는 교육을 다 받잖아요. 그래서 제가 껐죠. 관리자가 '어디서 배웠냐'고 그래서 '그냥 안다'고만 했어요. 혹여 동일방직 다닌 게 알려지면 안 되니까. 그렇게 숨어 일하다시피 했어요. 그런데 경찰들이 내가 안 보이니까 언니 집 주소를 알아내서 찾아간 거야. 언니는 뭣도 모르고 내가 일하는 데를 알려준 거죠. 기독병원으로 찾아온 거야. 바로 해고됐어요. 한참 놀다가 인천 송도에 있는 수영장 식당에서 일하고 있는데 거기도 찾아와서 또 그만두고. 경찰들은 어떻게 해서든 알아내요. 또 우리 동일 사람들 셋하고 주물공장에서 수도꼭지 만드는 걸 했어요. 거기도 찾아와서 또 그만두고. 다 2주도 못 넘기고 그만뒀어요. 그 뒤로는 직장을 못 다녔어요.

_ 이금옥 구술

동일방직 나와서 세 군데를 갔어요. 처음에는 이건산업이라고 합판

공장이었어요. 내 이름으로 들어갔다가 바로 노동청 블랙리스트에 걸려서 친구까지 해고됐어요. 친구는 동일방직하고 아무런 상관도 없었는데도. 조금 있다가 또 신신산업이란 데를 갔는데 거기서도 얼마 못 가서 바로 해고됐고요. 그리고 버스회사 제물포여객이라고 들어갔어요. 그때는 남의 이름으로 들어갔거든요. 그러다가 몇 달 안 다녔을 때인데 아버지가 돌아가셨어요. 부고를 받았잖아요. 그래서 본명을 알게 된 거죠. 그랬더니 바로 해고하더라고요.

_ 박인숙 구술

블랙리스트로 인한 거듭되는 해고는 동일방직 해고노동자들에게 좌절감을 안기기에 충분했다. 그러나 동시에 해고노동자들의 투쟁 의지는 확고해져 갔다. 서울 양평동 대한모방에 취업했다가 해고된 5명, 박청근, 신상미, 이상금, 정춘례, 진성미는 1978년 9월 1일, <저희들은 노동운동 전과자가 되었습니다>라는 제목의 호소문을 냈다.[90]

새벽에 출근해 일하는 중 퇴근 시간인 2시가 못 되어 노무과에서 불러 갔더니 전에 어느 회사 다닌 일이 없느냐, 또 어느 종교단체에 가입되어 있지 않았느냐고 물어 드디어 올 것이 왔구나 하고 아무 말도 하지 않았습니다. 계속 추궁하기에 다 알면서 뭘 그러시느냐, 더

---

[90] 동일방직복직투쟁위원회, 『동일방직노동조합 운동사』, 돌베개, 132쪽, 1985.

이상 묻지 말고 어떻게 하라는 것이냐고 했더니 오늘로 정리를 하라는 것입니다. 여태껏 있다가 이제와서 왜 그러시냐고 하니까 노동청에서 지시가 내려와서 할 수 없다며 다른 회사도 그러니까 취직할 생각은 아예 말고 시골 가서 새마을운동이나 하라고 하는 것입니다. 저희들은 울면서 억울하게 똥물을 먹은 일을 얘기하며 우리가 뭘 잘못했느냐고 따졌더니 상부의 지시라 자기들도 어쩔 수 없다고 했습니다.

먹고 살기 위해 취직을 한 저희들에게 이러한 악랄한 처사는 결국 굶겨 죽이려는 것이 아니고 무엇입니까? 국민의, 가난한 근로자들의 생존권마저 빼앗아버리는 이 나라를 그래도 민주주의라고 해야 합니까?

저희들은 본조 위원장 김영태만 미워했는데 이제 보니 노동청의 권한이니 노동청은 어디의 지시를 받는 것인지 짐작을 하겠습니다.

지칠 대로 지쳤던 저희들은 다시 일어서 살아야겠다는 욕구가 더 강해졌습니다. 죽기 살기로 동일방직 회사에 복직이 될 때까지 가만히 있을 수 없는 분노가 다시 무섭게 일어나 끝맺음을 볼 것입니다.

어쩌면 그게 언제건 "죽기 살기로 동일방직 회사에 복직이 될 때까지" 투쟁하겠다, 동지들과 함께 "분노로 다시 무섭게 일어나 끝맺음을 볼 것"이라는 결의가 이미 이때 마음에 생겼을지도 모른다.

동일방직 사건 긴급대책위원회 구성

동일방직의 민주노조운동은 민주화운동 진영의 열띤 지원과 관심을 받고 있었다. 특히 '똥물사건'과 '노동절 사건 및 명동성당 단식투쟁'은 종교계뿐 아니라 학생, 지식인, 언론계 등 민주화운동의 집중적인 연대를 끌어낸 계기가 되었다.

그리고 이러한 흐름은 동일방직 해고노동자들을 지원하기 위한 민주화운동, 종교계, 재야인사 등의 결집으로 이어졌다. 1978년 3월 21일, 종로5가 기독교회관 강당에서 한국교회사회선교협의회, 인권운동협의회, 방림방적 체불임금 대책위원회, 평화시장 근로자 인권문제협의회, 삼고사(구 인선사) 확대대책회의 등이 공동모임을 갖고 '동일방직 사건 긴급대책위원회'를 구성한 것이다. 이 대책위원회에는 신·구교를 비롯해 사회 각계각층 인사 134명이 참여했다. 그리고 3월 24일 해직교수협의회와 기독자교수협의회는 공동성명서를 발표해 3월 20일 노동자들의 기독교방송국 점거 사건에 대해 언론계의 각성을 촉구했다. 그중에서도 교계 지도자들이 정부 당국과 타협해 2.21 이전으로의 원상 복귀 약속을 얻어낸 것은 민주노조운동과 민주화투쟁 세력의 연대 가능성을 보여준 사례였다.

또한 이 약속을 회사 측이 이행치 않고 관계기관이 이를 인정함으로써 대량해고 사태가 발생하게 되자 동일방직 사건 긴급대책위원회는 성명서[91]를 발표, 사태 해결을 촉구했다. 대책위원회는 이와 동시에 해고노동자들을 돕기 위한 모금 활동을 전개했으며 '노동자를 돕기 위한 격려문'도 모집했다. 윤보선, 문익환, 이희호, 박경서, 황인성, 이우정, 인명진, 박형규 등 개인은 물론 한국교회여성연합회, 새문안교회 대학생회, 향린교회 여신도회 등도 격려문을 보내왔다.

민주화운동 세력의 지원은 이후에도 끊이지 않았고 해고노동자들은 복직 투쟁을 이어갔다. 동일방직의 투쟁을 둘러싼 정치적 양상은 더욱 격렬해졌고, 동일방직 해고노동자들의 의지 또한 굳세졌다. 기나긴 복직 투쟁의 시간이 열리고 있었다.

---

[91] 동일방직복직투쟁위원회, 『동일방직노동조합 운동사』, 돌베개, 136~137쪽, 1985.

'한 많은 화도고개' 넘으며 복직 투쟁

 노동조합도 잃고 일자리도 잃었다. 인근에 친척 집이라도 있으면 거기 의탁했지만 이도 저도 없는 이들이 갈 곳은 인천도시산업선교회뿐이었다. 조화순 목사는 해고노동자들을 받아주었다. 한 달, 두 달, 석 달, 해고 생활이 길어졌고 해고노동자들은 집단으로 기숙하면서 단체 생활을 했다.

 산선에서 다 같이 생활하면서 밥을 해 먹고 울고 웃는 나날이 이어졌다. 속옷을 빨아 널어놓으면 필요한 사람이 입고 다시 빨아 널었다. 칫솔도 서너 개를 꽂아놓고 내것 네것 없이 함께 썼다. 누가 압력을 넣은 것인지 수도나 전기가 끊긴 적도 많았다. 쌀이 있나 반찬이 있나 어찌 살아냈는지 모른다. 형사들이 밀착 감시를 하니 감옥에 갇힌 것과 다를 바 없었다. 동네 사람들은 "저것들, 빨갱이 년들이 몰려다닌다"면서 대놓고 욕을 했.

 그 와중에도 낮에는 투쟁하거나 생계를 이어가기 위해 일자리를 구하러 다녔다. 조를 짜서 유인물을 숨겨 들고 전철로 공단으로 흩어졌다 저녁에 모이곤 했다. 산선 2층에선 석정남이 글을 쓰고 친구들이 등사기로 미는 밤이 계속되었다. 절박하게 외쳐댔지만, 동일방직 해고노동자들의 요구가 뭔지는 신문에 한 줄도 나지 않았기에 손수 유인물을 만들어 발로 뛰며 알리러 다니는 수밖에 없었다.

해고에 항의하고 복직을 요구하러 한국노총, 동일방직 본사, 섬유노조에 주로 많이 갔다. 그리고 노동부를 찾아가 "우리를 복직시켜 달라" 투쟁했는데 그때마다 제발로 걸어 나온 적이 없었다. 욕을 바가지로 먹고 머리채를 잡혀 질질 끌려 나오거나 경찰에 연행되기 일쑤였다. 많이 맞는 날은 4~5일 끙끙 앓았다. 허탈한 마음에 터덜터덜 산업선교회로 가는 화도고개를 넘을 때의 마음을 어찌 말로 할 수 있을까. '한 많은 화도고개'를 넘어 산선에 들어와 대충 씻고 이불 뒤집어쓰고 우는 날이 하루 이틀이 아니었다. 집 생각이 절로 났고 앞으로 어떻게 살아야 할지 캄캄했다. 몸도 마음도 아팠다. 그러나 또 다음날이 되면 유인물을 품에 숨기고 산업선교회를 나섰다. 친구들 얼굴을 보면서 시퍼런 멍이 든 채로 웃는다. 이렇게 함께하는 기간, 배려가 넘쳐흘렀고 때론 정겨웠으며 때론 힘겨웠다.

한편 해고노동자들은 복직 투쟁 1년, 결의를 다지는 마음으로 은반지를 하나씩 만들어 나눴다. 횃불 모양을 새기고 '동일방직 해고자 일동'이라는 글귀를 적었다. 이 우정의 반지는 김영태 섬유노조 위원장에 의해 빨갱이들이 끼고 다니며 위해를 가하는 '칼반지' 혹은 '독침'으로 둔갑했다.

현장 진입 투쟁으로 연행·구속

동일방직 조합원 124명의 해고 이후, 수습 책임위원 우종환과 조직행동대장 맹원구 등은 남성 조합원들과 함께 지부 사무실을 점거하고 사측과 결탁하여 조합원들에게 강제 교육을 하는 한편, 섬유노조의 지시대로 대의원 선거를 강행했다. 현장의 조합원들은 해고노동자들이 현장으로 돌아오기만을 바라는 분위기였다. 하지만 사측과 어용세력은 대의원 선거를 통해 어용체제를 공고히 하는 데 주력했다. 관리자들은 만약 대의원 선거 결과가 마음에 안 들면 "조합원들을 더 해고하면 된다"며 현장 조합원들을 협박했다.

해고노동자들은 1978년 4월, <무릎을 꿇고 사느니보다는 서서 죽기를 원한다는 동일방직의 조합원 여러분>이라는 유인물을 배포했다. 거짓과 욕설이 난무하는 현장에서 고통받는 조합원들에게 현장으로 돌아갈 것을 약속하는 해고노동자의 의지를 담았다.

강제 교육을 담당한 우종환과 어용 간부로 낙인찍혀 조합원에게 쫓겨난 반역자 한순임이 조직행동대라는 깡패들의 보호를 받으며 거짓말과 욕설로 여러분들을 기만하여 여러분의 정의로운 판단력을 흐리게 하고 있습니다.

그러나 조합원 여러분들의 올바른 정신은 그들의 감언이설에 흔들리지 않고 정의는 고통을 당하다가 결국은 승리한다는 진리를 믿으리라 생각합니다. 우리 노동조합은 여러분 조합원들의 것입니다. 이 노동조합은 어떠한 사기꾼에게도, 폭력배에게도 넘겨줄 수 없습니다.

우리 전 조합원은 끝까지 싸워 잃어버린 직장과 부서진 조합, 그리고 가장 고귀한 우리의 인권을 찾아야 하겠습니다.

우리는 어떠한 고통도 두려워하지 않고 여러분과 함께 일할 현장에 돌아갈 것입니다.

1978. 4.

해고 통보를 받은 인천 동일방직 조합원 일동

해고노동자들은 현장 조합원들의 호응을 이끌면서 동시에 섬유노조 본조, 회사, 관계기관의 합작으로 이루어지고 있는 대의원 선거를 저지하기 위한 행동이 필요하다고 판단하고 '현장 진입 투쟁'을 결의했다.

1978년 4월 26일 새벽, 현장으로 진입한 해고노동자들은 정방 중앙 복도에 자리를 잡고 앉았다. 5분도 채 지나지 않아 인천 동부경찰서 마 계장이 달려와 현장을 파악하고 갔다. 회사 측에서는 최○○ 과장, 이○○ 공장장 등 간부들이 나와 해고노동자들을 에워쌌다. 최 과장은 "끌려 나가지 말고 말로 할 때 나가라"고 야유를 해

서 해고노동자들과 옥신각신하기도 했다. 중앙 복도 농성은 몇 시간째 이어졌다.[92]

다음에는 기동경찰이 몰려왔다. 이총각 지부장과 김인숙 총무부장이 연행, 구속되었고 7명이 불구속 입건되었다. 해고노동자들이 감행한 사상 유례없는 작업 현장에서의 농성 사건은 이렇게 끝났다.

현장에 남아 있던 조합원들로부터 약간의 호응은 있었으나 기대했던 만큼은 아니었다. 회사와 본조 등의 감시를 피해 해고 조합원들을 위한 모금 운동을 하던 조합원들도 적극적인 동조의 대열에는 참여할 수 없었다. 사측과 섬유노조 그리고 공권력마저 3중으로 결탁한 탄압 앞에 조합원들도 용기를 내기는 쉽지 않았다.

1978년 4월 27일은 섬유노조가 밀어붙인 대의원 선거일이었다. 후보는 7명 이상의 추천을 받아야 했기에 후보 대부분은 반장, 조장급일 수밖에 없었다. 이렇게 해서 많은 조합원이 기권하거나 무효표를 던졌지만 사전에 짜인 각본에 따라 대의원들이 선출되었다. 얼마 후 열린 대의원대회에서는 어용노조의 지부장으로 회사의 충성스러운 하수인 박복례를, 부지부장으로 김인태를, 사무장으로 지철기를 각각 선출했다. '체육관 선거'나 다름없는 일이었다. 해고노동자들은 노조와도 회사와도 아무런 관계가 없는 사람들로 처리되었다.

---

[92] 동일방직복직투쟁위원회, 『동일방직노동조합 운동사』, 돌베개, 148쪽, 1985.

임시노조 결성하고 부산에서 김영태 낙선 투쟁

회사에는 어용노조 집행부가 들어섰고 해고노동자 중 간부들이 구속된 상황에서 계속 투쟁을 이어가려면 전열을 정비할 필요가 있었다. 결국 1978년 5월 16일, 해고노동자들은 인천산선 건물 2층 한 켠을 빌려 '임시 전국섬유노동조합 동일방직지부'를 만들었다. 이들이 '임시' 노조를 만든 것은 일제 강점기 상해에 수립된 임시정부를 본뜬 것이었다. '해방'이 되면 '임시'자가 떨어질 것이었다.

- 지부장 직무대리 : 추송례
- 부지부장 : 석정남
- 총무부 : 최연봉, 조효순
- 조직부 : 김옥섭, 변현순
- 교육선전부 : 안순애, 김용자
- 조사통계부 : 문형순, 박현자

해고노동자들은 '동일방직지부' 설립을 알리는 유인물을 배포하고 임시 사무실을 설치했다. 이들의 첫 사업은 부산에서 통일주체국민회의 대의원(통대의원)으로 출마한 섬유노조 본조 위원장 김영태의 당선을 저지하는 것이었다.

1972년 박정희 독재 정권의 유신헌법에 따라 설치된 통일주체국민회의는 "조국의 평화적 통일을 추진한다"는 명목 아래 설치된 기관이었다. 통일주체국민회의는 2천 명 이상 5천 명 이하의 대의원으로 구성되었는데, 대통령을 선출할 권한과 함께 국회의원 정수의 3분의 1에 해당하는 의원을 선출할 권한을 갖고 있었다.

임시노조의 해고노동자 15명은 5월 18일, 통대의원 선거일을 앞두고 지리도 어둡고 낯선 부산으로 내려갔다. 어떻게 해서든 김영태의 당선을 막아야겠다는 일념이었다. 해고노동자들은 부산역과 각자 맡은 지역의 가정집마다 유인물을 배포했다.

호소문 제목은 <인권을 유린당한 노동자들의 호소>였다. 이 호소문에는 동일방직 노동자들이 탄압받아온 그간의 과정을 담아내고 이런 악마 같은 김영태가 국민의 대변자를 선출하는 통일주체국민회의 대의원이 된다는 것은 있을 수 없는 일이라고 적었다. 그러나 유인물을 배포하다 발각된 해고노동자들은 하나둘 파출소로 연행되었다.

여관으로 가는 도중, 마침 소식을 듣고 순찰을 돌던 김영태의 선거위원이라는 놈을 만났어요. 그놈과 통장이 쑥덕거리는 사이 우리는 기회는 요때다 싶어, 후다닥 뛰지도 못하고 걷는 걸음으로 죽어라고 걷고 있는데 "아가씨들 거기 좀 있어" 하면서 달려오더니 나의 팔을 꽉 붙잡는 거예요. 이젠 틀렸구나, 하고 눈을 감았죠.

그 길로 파출소에 끌려가니 우리 가방을 들여다본 소장인지 뭔지 하는 놈이 뺨을 다짜고짜 올려붙이는데, 우리는 죄도 없이 고개를 숙일 수밖에요. 조금 있으니까 지오쎄에 있는 언니들이 끌려오고 송례, 인숙이, 양순이는 다음날 잡혀 왔어요. 누구보다 송례가 매도 많이 맞았고 고생도 많이 했어요. 송례는 머리가 길었는데 그 머리채를 휘휘 돌려 감아 사정없이 팼어요. 그러나 송례는 눈 하나 깜짝 안 하고 한 마디도 지지 않고 우리 행위의 정당성을 주장했는데 거기서도 혀를 내두르더군요.

조사는 무조건 뭐든지 산업선교에서 했다고 말하라는 거예요. 유인물 작성을 송례가 했다고 해도 안 믿고 몇 번씩이나 실제로 작문 연습을 시켜 보더니 그제서야 믿으면서 저년은 골수 중에서도 악질 골수분자라고 또 때렸어요. 송례는 모든 책임을 자신이 지고 감옥도 살 테니 우리 모두를 내보내 달라는 말도 했어요. 그러나 거기서 그런 게 통하나요, 뭐.

_ 김옥섭의 회고 [93]

이때 참으로 기막힌 일이 벌어집니다. 믿었던 언니가 경찰에 연락해서 다 붙잡히는 사건이 벌어진 것입니다. 지금도 그게 마음의 상처로 남아 있습니다. 그 언니를 용서할 수는 있지만, 도무지 이해는

---

[93] 동일방직복직투쟁위원회, 『동일방직노동조합 운동사』, 돌베개, 161~162쪽, 1985.

하지 못하겠더군요.[94] 그 언니를 만나기로 한 다방에서 형사들에게 끌려 부산 남부경찰서로 갔는데, 아이고 서울이나 인천 경찰서는 신사였습니다. 다른 사람에게 피해를 주지 않으려고 모든 것을 우리가 준비했고 유인물도 제가 직접 썼는데 조화순이 시키지 않았냐, 조화순이 배후 아니냐는 것이었습니다. 공순이가 뭘 했겠느냐는 것이었죠. 얼마나 맞았는지 온몸이 붓고 얼굴도 피멍이 들어 눈도 떠지지 않았습니다. 나중에 부산교도소로 넘어갔을 때 저는 고문 없는 그곳이 천국만 같았습니다.

_ 추송례의 증언 [95]

이렇게 해서 똥물을 먹고 쫓겨난 이들의 억울함에 또다시 선거

---

[94] 정인숙에 대한 신뢰와 믿음이 컸던 동일방직 해고노동자들은 부산에서 조합원들 연행 과정에 정인숙의 역할에 대해 실망과 충격이 컸기 때문에 여러 차례 문제를 제기하며 사과를 요구했으나 답을 듣지 못했다. 오랜 시간이 지난 뒤 2001년 2월 24일, 동일방직복직추진위는 민주노총 여성위원장이자 1970년대 민주노조 출신들 모임 '70민노회' 회원인 정인숙에 대해 민주노총과 70민노회에 공문을 보내 공개 질의를 했고, 4월 28일 정인숙과 동일방직 해고노동자들의 만남이 이루어졌다. 이날 정인숙은 수녀원에 전화해서 공인숙, 박양순을 넘겨주고 다방으로 추송례를 불러내 연행당하게 된 사실을 인정하며, 이는 모두 자신의 실수였고 그동안 양심의 가책을 느껴 오랫동안 고민해 왔다며 사과했다. 이에 동일방직 해고노동자들은 맡고 있던 직에서 사퇴할 것을 요구했고 이후 정인숙은 민주노총 여성위원장에서 사퇴했다. 동일방직해고자복직추진위원회 발송 공문, 「정인숙 민주노총 여성위원장에 관한 문제」, 2001년 6월 8일 ; 박민나, 『길을 찾아서 : 이총각-우리들의 대장 총각 언니 60 "'노동자 탄압' 김영태 비판 유인물 배포 사건"』, 한겨레신문 2013.8.7.

[95] 박승옥, 「새로운 삶이 거기 있었지요 - 동일방직 추송례 씨를 찾아서」, 『기억과 전망』 창간호, 민주화운동기념사업회, 120쪽, 2002. 증언 중에 부산 '점포동'을 '전포동'으로 바로잡는다.

법 위반이라는 죄명이 더해졌다. 동료들과 멀리 떨어진 부산교도소 철창 안에서 몇 명은 또 기한 없는 날들을 보내게 되었다. 그러나 후회하는 사람은 없었다.

한편 동일방직 해고노동자들이 부산까지 내려와 집마다 유인물을 돌렸다는 소식을 들은 김영태는 쇼크로 3일간 문화호텔에서 문을 걸어 잠근 채 아무도 만나지 않았다. 그는 자신의 조직인 각 공장에서 5명씩 선정해 250명의 조직행동대를 풀어 유인물을 회수하도록 명령했다.

인천에서 기다리던 동료들은 처음에는 이들이 연행된 사실조차 몰랐다. 친구들이 돌아오지 않으니 우울한 기분으로 발만 동동 굴렀지만, 행방을 알 길이 없었다. 통일주체국민회의 대의원 선거 당일인 5월 18일, 남은 이들은 기독교 청년들과 야유회를 따라나섰다가 무거운 기분으로 있던 중 라디오 뉴스를 통해 동료 5명의 연행 소식을 들었다. 다행스럽게도 부산 사건은 5명 구속 이후 사건이 더 확대되지는 않았고, 남은 이들은 인천으로 돌아왔다.

돌아보니 해고 이후부터 투쟁 과정에서 구속된 사람들이 여럿 발생한 상황이었다. 이총각 지부장과 김인숙 총무는 인천 학익동 교도소에 수감되어 있었고 정명자는 서울 고척동 구치소, 이번 사건의 연행자들은 부산 주례 구치소에 수감되어 있었다. 남은 이들은 열과 성을 모아 감옥에 간 동지들의 옥바라지에 최선을 다했다.

1978년 10월 19일 1심 선고 공판에서 추송례 징역 단기 8개월 장기 1년, 김옥섭과 권분란 징역 8개월, 공인숙과 박양순 징역 단기 6개월 장기 8개월, 정인숙과 장춘애는 집행유예가 각각 선고됐다. 동일방직의 추송례, 김옥섭, 권분란, 박양순, 공인숙 등은 9개월이 지난 1979년 2월 7일 각각 징역 1년에 집행유예 2년을 받고 출감했다.

방문·재판 투쟁, 그 끝은 폭행과 유치장

투쟁은 어느새 장기화하고 있었다. 새로운 결의를 다진 해고노동자들은 다시금 '방문 투쟁'을 결의했다. 방문 대상은 동일방직 서울본사, 회사 사장·공장장·과장, 노동조합 간부뿐 아니라 노동청, 노동청 지방사무소, 노동청장, 중앙노동위원회, 경기도지방노동위원회, 섬유노조 본조, 본조 위원장·간부들, 치안본부 민원봉사실, 인천시청, 각 정당 당사, 신문사 등등 관계기관 단체 전부였다. 해고노동자들은 때로는 계획을 세워 때로는 발길 닿는 대로 방문했다. 욕설을 퍼붓고 방문을 거절하고 강제로 끌어내도 굴하지 않고 방문했다.

방문 투쟁과 함께 해고노동자들은 동일방직 사건에 관심 있는 사람들에게 편지를 띄웠다. 동일방직 해고노동자들이 블랙리스트 때문에 새로 구한 일자리를 번번이 잃고 있다는 것, 이어지는 투쟁 끝에 동료 8명을 감옥에 보내야 했다는 것, 하지만 불법으로 만들어진 어용노조를 인정할 수 없고 '임시' 노조를 만들어 힘껏 운영해 나가고 있으니 이 편지를 받은 분들이 노동관계자, 한국노총, 섬유노조 본조, 노동청 등에 해고자 복직을 촉구하는 서신이나 전화를 해

달라고 호소했다.

1978년 7월 18일 오후 2시, 현장 진입 투쟁 때 폭행죄로 고발되어 두 달 동안 학익동 교도소에서 복역 중인 이총각 지부장, 김인숙 총무부장의 3회차 재판이 인천지방법원 101호 법정에서 열렸다. 회사 측에서 내세운 증인신문이 있었다. 검사는 이총각, 김인숙에게 징역 1년 6개월, 불구속자 7명(석정남, 최연봉, 정의숙, 임재옥, 최명희, 김연심, 김민심)에게 집행유예 1년을 구형했다. 이후 이총각과 김인숙은 6개월 실형을 살았다.

이날 많은 동일방직 해고노동자들과 각계 인사들이 참석해 법정 안은 자리가 부족할 지경이었다. 2시가 넘어서 재판이 시작되었고 고발한 회사 측에서 증인으로 내세운 최○○ 과장과 우종환 섬유노조 조직국장이 나와 변호사의 질문에 답변했다. 그러나 두 증인은 사실과는 다른 엉뚱한 거짓말을 횡설수설 늘어놓았고 말의 앞뒤가 맞지 않아 쩔쩔맸으며 질문하는 변호사에게 "나는 저 사람이 누군지도 모른다"고 얼버무렸다.

방청석에 앉아 거짓 증언을 듣고 있던 해고노동자들은 답답한 가슴을 치며 분통을 억누르고 참고 있기가 괴로웠다. 묻는 말에 대답은 안 하고 다른 말만 주워섬기는 증인들에게 참다 못한 판사가 "정확하게 '그렇다', '아니다'라는 말만 하지 왜 자꾸 말을 빙빙 돌리느냐"고 추궁하기도 했다.

엉터리 증인신문을 마친 우 국장과 최 과장은 증인석 뒷문으로 먼저 나갔다. 재판 과정에서 너무 거짓말을 꾸며댄 데 화가 난 해고

노동자들이 뒤따라 나왔으나 최 과장은 벌써 택시를 타고 가버렸다. 우 국장은 지부장 박복례와 함께 본조 승용차를 타고 떠나려 하고 있었다.

그 순간 안순옥이 달리는 승용차 밑으로 뛰어들어 배를 깔고 누워버렸더니 차가 급정거를 했다. 계속 김용자, 구예금이 차 밑에 누워 못 가게 저지했다. 해고노동자들은 "왜 거짓 증언을 했느냐, 나오라"고 문을 두드리며 소리쳤으나 두 사람은 창문과 문을 안으로 잠그고 오히려 뻔뻔하게 얼굴 가득히 비웃는 표정을 짓고 약을 올리면서 유리창을 조금 열고 침을 뱉으며 해고노동자들을 희롱했다.

분통이 터져 울음을 터뜨린 40여 해고노동자들이 차를 두드리고 잠긴 문을 열려고 하자 이들을 말리던 형사들과도 싸움이 벌어졌다. 그러는 중에 경찰 기동대 버스가 오고 기동경찰 30여 명이 해고노동자들을 끌어올려 버스 안으로 던져버렸다. 억울하게 연행당한 12명의 해고노동자들이 경찰들과 부딪쳐 유리창이 깨지고, 휘두르는 발길질과 몽둥이질에 얻어맞고 머리채를 채이며 팔이 비틀리는 등 버스 안에서 난장판이 벌어졌다. 이 소동으로 유리에 다친 김용자의 찢어진 팔에서는 피가 흘러 흥건히 옷을 적셨고 동료들의 옷도 덩달아 피투성이로 엉망이 되어 버렸다.[96]

---

[96] 동일방직복직투쟁위원회, 『동일방직노동조합 운동사』, 돌베개, 181~182쪽, 1985.

보호실에 옮겨지고 보니 분홍 스커트와 하얀 블라우스를 입었던 용자는 온통 피투성이라 차마 눈뜨고 볼 수가 없다. 아직도 손에서는 피가 그치지 않고 있었다. 예금이는 그저 울기만 한다. "야 새끼들아, 잡아 오면 곱게 잡아오지 왜 가슴 속에 손을 집어넣고 지랄이야. 이 죽일 놈들아!" 우리의 무기라고는 입밖에 없었다.

유치장은 들어서자마자 위협조다. 이런 곳은 죄인이 들어오는 곳인 줄 알았는데 우리 같은 사람이 들어오다니, 부당한 것에 대항해 싸우는 것이 죄라면 올바르게 살려는 사람은 죄를 지을 수밖에 없을 것이다. 그럼 이 사회에서 죄를 짓지 않고 사는 사람들은 내 기준에서 생각한다면 모두 죄인이란 말인가. 가난하긴 하지만 적어도 범법행위는 하지 않고 싶은데. 내가 잘못해서 여기 와 있는 것일까? 통 머리가 복잡하다. 누가 정말 죄인인지 밝혀볼 수 있는 길은 없을까? 좀 따져봤으면 좋겠다. 그러나 우리에게 힘은 없고 스스로를 위로하며 마음을 달랠 수밖에.

애들이 면회 와서 영순이네 아버지가 돌아가셨다는 전보가 왔다고 전한다. 영순이는 한쪽 구석에 틀어박혀 울기만 한다. 하필이면 요때 돌아가실 게 뭐람. 마음이 미치게 안타깝다. 그러나 같이 울어주는 수밖에 별 도리가 없다.

"아저씨 영순이 좀 내보내 줘요. 영순이 대신 우리가 며칠씩 더 살면 되잖아요."

"사정은 딱하지만 글쎄 안 돼."

"그럼 집에 가서 장례 끝나면 다시 와서 살면 되잖아요."

되는 소리 안 되는 소리로 사정을 해보지만 '안 돼'라는 소리뿐.

_ 안순애의 회고 [97]

    이 사건으로 연행된 해고노동자들은 구류를 살았다. 경찰은 속옷만 입힌 채 몸수색을 했다. 해고노동자들은 두려움에 말도 못 하고 서로 눈빛만 교환하다가 눈물을 흘렸다. 그 상황에서도 아픈 친구를 대신해 "내가 대신 벌 받겠다"며 나서는 이가 있었다. 이렇게 동일방직 해고노동자들은 한몸이 되어 갔다.

---

[97] 동일방직복직투쟁위원회, 『동일방직노동조합 운동사』, 돌베개, 183쪽, 1985.

김영태 재선…깡소주로 울분을 달래고

1978년 7월 30일, 부산에서는 섬유노조 대의원대회가 개최되어 새로운 위원장을 선출할 예정이었다. 동일방직 해고노동자들은 7월 29일 오후 11시 50분 막차를 타고 부산으로 내려갔다. 최연봉, 안순애, 석정남, 김용자, 문형순 등 해고노동자 11명은 새벽 6시 40분 부산역에 도착, 그간의 상황을 알아보았다. 그리고 10시에 대회장인 부전예식장 앞으로 갔다.

이날은 임시 대의원대회였는데 다시 위원장에 출마한 김영태의 재선 여부에 관심이 쏠려 있었다. 위원장 선거는 김영태 세력과 그로부터 갈라져 나와 출마한 한일합섬 지부장 이유복 세력이 맞붙었다. 이유복 세력은 김영태에 반대하는 민주노조들을 자신의 세력으로 끌어들이기 위해 노력했고 결국 대회 이틀 전 열린 본조 집행위원회에서 원풍모방, 반도상사, YH무역, 이 3개 노조의 대의원 자격을 인정한다는 결론을 끌어냈다.

그러나 김영태는 온갖 수단과 방법을 다 동원해 민주노조의 참석을 저지하려 했다. 이는 혼자 벌인 일이 아니라 중앙정보부, 경찰, 노동청 등 관계기관과의 협의가 있었을 것이 불 보듯 뻔했다. 대회장 입구에는 정복 경찰들과 신원을 알 수 없는 불량배 수백 명이 진을 치고서 이 3개 노조의 지부장, 대의원들의 입장을 저지했다.

해고노동자들은 경찰 병력에 밀리고, 끌려가면서도 입장하는 대의원들에게 공문서를 흔들어 보이며 억울함을 호소했다. 대의원 중에는 박복례, 김인태, 정봉용 등 똥물 사건 때 앞장섰던 자들의 모습도 보여 모두를 분노하게 했다. 해고노동자들은 그들을 향해 소리치며 달려들었지만 이내 저지당했다.

그러나 그렇게 대의원들에게 호소하고 외쳤음에도 아무 보람도 없이 김영태가 다시 위원장에 당선됐다. 참석 대의원 152명 가운데 80표를 얻어 재선에 성공했다. 경찰 병력 못 빌리면 대회도 못 치르는 자가 다시 위원장이 된 것이다.

대의원 자격을 얻지 못한 반도상사 장현자 지부장, 원풍모방 방용석 지부장, YH무역의 박태연 사무국장, 그리고 3사의 대의원들과 동일방직 해고노동자들은 참담한 결과를 눈앞에 마주하고 지오쎄 부산연합회 사무실로 향했다. 그날 밤 해고노동자들은 민주노조 운동의 동지들과 함께 밤새도록 깡소주를 마시며 울분과 설움을 달래야 했다.

투쟁 이야기 연극으로…공연 후 무차별 폭행·연행

1978년 7월로 접어들면서 동일방직 임시노조는 동일방직 사건을 연극으로 만들어 널리 알리기로 했다. 연극 제목은 <동일방직 문제를 해결하라>였다. 연극은 5막 16장으로 구성됐는데, 16개 장 중 대표적인 사건은 노동절 시위, 나체시위, 똥물 사건이라 할 수 있다. 이 세 사건은 시간순으로 가장 나중에 이루어진 노동절 시위가 1막에 배치되어 있고 3막에 나체시위 사건을, 5막에 똥물 사건을 배치했다. 이렇게 거꾸로 시간 구성을 함으로써 관객들로부터 강한 공감대를 형성하게 한다. 지배층의 인물군은 창작한 탈을 쓰고 등장했고 노동자 배역은 탈을 쓰지 않았다.

노동자들의 경험을 모은 대본[98]이 완성되고 8월부터 맹연습에 들어갔다. 무대에 오르기로 한 10여 명의 출연진이 서로 호흡을 맞추면서 우애와 단결도 두텁게 할 수 있었다. 해고노동자들은 배역

---

[98] 장충체육관에서 열린 노동절 행사 시위, 동일방직에서 고두영의 패악질, 똥물 사건 등의 연극 대본 일부는 다음 책에 실려 있다. 동일방직복직투쟁위원회, 『동일방직노동조합 운동사』, 돌베개, 187~193쪽, 1985. 전체 대본은 다음 자료에 실려 있다. 민족극 연구회 편집부 엮음, 「동일방직 문제를 해결하라」, 『민족극과 예술운동』, 민족극연구회, 1992.

을 나누어 맡았다. 안동순은 생산과장, 안순애는 새마을부장, 전창순은 노무차장, 변현순은 부사장, 조효순은 김영태 섬유노조 위원장, 김영순과 최연봉은 조합원, 김용자는 반조직파 고두영, 석정남은 해설자 역할을 맡았다. 뒤에 변현순, 정명자도 출연진에 합류했다. 똥물을 끼얹는 역할은 연출에 참여한 김봉준이 맡았다.

연극은 9월 22일 서울 종로5가 기독교회관 2층 대강당에서 열리는 '고난받는 동일방직 해고근로자를 위한 기도회'에 초청 공연 형식으로 상연[99]하기로 했다.

9월 22일 오후 6시, 마침내 예정됐던 시각이 되자 기독교회관은 열기로 가득 찼다. 출입문 바깥까지 사람들로 빈틈없었다. 해고노동자 100여 명과 관객 400여 명이 모여들었다. 1부 예배에서는 기도와 설교 등이 진행되었고 문동환 목사가 앞에 나와 마이크를 잡았다. 부활절 예배 사건으로 구속됐다가 풀려나온 정명자 등 6명과 이총각, 김인숙이 소개되어 박수를 받기도 했다. 2부 순서가 시작되자 이총각은 '동일방직 민주노동운동 수호 투쟁동지회' 선언문을 낭독했다.

오후 7시 30분부터 공연이 시작됐다. 연극은 뒤로 갈수록 절정

---

[99] 연극은 처음에는 1978년 8월, 인천 가톨릭회관에서 하려다가 경찰의 원천 봉쇄로 무산되어 부득이 9월 22일로 미뤄졌다는 기록이 있지만, 이는 사실이 아니다. 활동 일지나 다른 어떤 자료나 구술에서도 그런 내용을 발견할 수는 없었다. 아마 이듬해인 1979년 2월 25일 인천 가톨릭회관에서 열릴 예정이었던 2.21 1주년 기념집회에서의 후속 연극이 경찰의 원천 봉쇄로 행사가 무산된 사건과 뒤섞이면서 혼동이 있었던 듯하다. 임지희, 「<동일방직 문제를 해결하라> 연구」, 『한국극예술연구』 제32집, 한국극예술학회, 384~385쪽, 2010.

으로 치달았고 똥물 사건 이야기로 나아갔다. 해고노동자들의 감정이 격앙되기 시작했고 처절했던 상황이 다시금 되살아났다. 객석에서 통곡이 터져 나왔다. 무대 위에서도 울음이 울려 퍼졌다. 관객도 울고 해고노동자들도 울었고 강당 안은 10여 분 동안 눈물바다가 된 채 시간을 흘려보냈다. 그렇지만 노동자들의 분노는 풀리지 않았다.

공연이 열리기 며칠 전 해고노동자들은 연극이 끝난 뒤에 펼침막을 들고 기독교회관 밖으로 진출할 것인지를 두고 이야기를 나눴는데 의견이 엇갈렸다. 다시 해고노동자들이 앞장서고, 또 잡혀가서 구속되는 것에 반대한다는 의견이 만만치 않았다. 하지만 공연 당일 똥물 사건을 재연하면서 자연스럽게 해고노동자들은 감정적으로 고조되고 있었다.

밤 9시경 뼈에 사무치는 분노가 폭발한 해고노동자들은 드디어 강단 앞에 붙여 두었던 플래카드를 떼어 들고, "노동삼권 보장하라!", "똥을 먹고 살 수 없다!"는 구호를 외치며 강당을 뛰쳐나갔다. 걷잡을 수 없는 격정으로 2층 강당 밖으로 달려 나갔던 것이다.

하지만 1층 현관까지도 내려갈 수 없었다. 이미 기독교회관 건물 안팎에 유○○ 동대문경찰서장의 진두지휘 아래 400~500명의 사복형사와 기동대가 대기하고 있었다. 1층 현관에 대기하고 있던 경찰이 구호를 외치며 앞장섰던 해고노동자들, 주로 출연자들을 삽시간에 연행했다. 그러자 다른 노동자들과 기도회 참석자들은 일단 주춤한 상태에서 2층 계단과 강당 앞에 선 채로 구호를 외쳤다. 어느샌가 노동자들은 강당 북쪽의 베란다와 회관 정문 쪽의 베란다에도 몰려가 거리를 향해 구호를 외치기 시작했다. 이 무렵부터는 구호도 점차 격렬해져 "독재 정권 물러가라"는 외침이 터져 나오기도 했다.

밤 9시 30분 노동자들과 기도회 참석자들은 일단 사태를 정리하고 대책을 강구하기 위해 강당 안으로 들어가 <노총가>, <오! 자유>, <동지가 남긴 한마디> 등을 합창하며 연좌 농성을 시작했다. 강당 밖에선 경찰이 이들을 해산시키기 위해 강당 안으로 난입할 기회만 노리고 있었다. 이를 눈치챈 노동자들은 9시 50분경 다시 회관 정문 쪽 베란다로 몰려가 구호를 외치기 시작했다.

바로 그때 사복형사 100여 명이 2층 강당으로 난입했다. 경찰들은 닥치는 대로 폭행을 가하면서 기도회 참석자들을 밖으로 내몰았다. 경찰의 무자비한 폭력에 여기저기서 비명이 쏟아져 나오고, 회관 안은 수라장으로 바뀌어 버렸다. 그 와중에 집행유예 중인 이를 끌어다 화장실에 숨겨주는 동지도 있었다. 회관에서 뛰어내리는 이도 있었다.

사복형사들은 2층 계단을 올라오면서 제일 앞에 서 있던 박형규 목사 부인 조정하 여사의 머리채를 잡아끌고 마구 구타했다. 형사들은 끌려가지 않으려고 몸부림치는 조 여사의 배를 발길로 차기도 하고 머리를 내려치기도 했으며 심지어는 사지를 들고 계단을 끌고 내려가면서 가슴을 풀어헤치고 모욕적인 행동을 저지르기도 했다. 형사들은 형사가 아니라 무자비한 깡패 집단이었으며, 유○○ 경찰서장은 그 깡패 집단의 지휘자였다.

이들 폭력 경찰은 눈에 보이는 것 없는 듯 닥치는 대로 기도회 참석자들을 구둣발로 차고 목덜미를 쳐 쓰러뜨렸으며 하나씩 하나씩 밖으로 끌어냈다. 특히 이들은 여성에게 말로 표현할 수 없는 모욕적인 행동을 자행했다. 젖가슴을 억센 주먹으로 내려치는가 하면 주물러대기도 했다. 그뿐 아니라 이들은 나이 지긋한 목사들까지도 마구 구타, 윤반웅 목사와 문익환 목사 등에게 심한 타박상을 입히기도 했다. 이렇게 기도회 참석자들은 남녀노소를 가리지 않고 모두 폭행을 당하며 회관 밖으로 끌려 나갔다.

이날 경찰은 기도회 참석자를 거의 실신 상태에 이르도록 구타한 뒤 경찰차에 실어 동대문서로 연행했다. 그리고 그들은 조서를 받으면서도 또 폭력을 휘둘렀다. 연행자들은 모두 심한 부상으로 2~3일 동안 움직일 수 없었다. 경찰은 그들의 무자비한 폭행 사실이 드러날 것이 두려워 그런지 연행자들의 면회조차 금지했다.

9월 22일 당일 밤에 31명, 9월 28일부터 10월 2일까지 12명 등 모두 43명이 경찰에 연행되었다. 이 가운데 조화순 목사 등 4명은 2주 넘게 조사를 받았으며, 20명은 각각 15~29일씩 구류 처분을 받았다. 조화순, 이총각, 이창식, 권운상은 치안본부에서 특별취조를 당했다. 석정남, 김용자, 최연봉, 임선임, 안동순, 안순애, 조효순, 전창순, 이향자, 김영순 등은 성동경찰서로 끌려가 15~20일씩 구류 처분을 받았다. 송재덕, 유재남, 정강자, 황영환, 장현성, 전순옥, 김봉준, 정승남, 박성인 등은 동대문경찰서에서 15~29일 구류를 살았다. 이소선, 조정하, 박종관, 박용서, 안광수, 진석환 외 1명은 2~3일 뒤 훈방됐다. 정명자, 김명자, 김인숙, 안순옥, 김종국, 문형순, 구덕순, 손혜영, 김현숙, 신혜자, 정만례, 강경단 등은 그날 현장에서는 빠져나왔으나 며칠 뒤 모두 연행됐다.

동일방직 연극 사건은 이후 1970년대 민주노조운동이 학생, 종교계, 재야의 민주화운동과 연대하는 계기가 되었다. 물론 그 이전에도 학생, 종교계 인사들과 연계를 한 적이 있었지만 이날 경찰의 폭력 만행과 대량 연행을 함께 겪으면서 훨씬 강한 일체감을 형성하게 되었다.

서로의 마음 어루만져주는 『동지회보』 발간

9월 22일의 기독교회관 연극 사건으로 호된 시련을 겪은 해고노동자들은 11월 1일 정기모임에서 투쟁 방법의 전환을 모색했다. 당분간 복직의 전망이 보이지 않고 복직 투쟁이 민주화 투쟁으로 확대된 시점에서 해고노동자들은 앞으로 어떻게 투쟁할 것인가 하는 문제를 심각하게 토론했다. 생활의 문제도 해결해야 했다.

20여 명이 참석한 모임에서 해고노동자들은 최연봉, 석정남 2명을 전임자로 지명하여 최소의 생계비를 지급하기로 하고 나머지는 모두 취직하기로 했다. 동시에 그룹을 만들어 팀장을 두고, 팀장과 상근자는 연락을 수시로 가져 앞으로의 활동에 전체 의사가 최대한 반영되도록 책임을 맡겼다. 그리고 공동체 의식을 형성할 수 있는 『동지회보』를 발간하기로 결정했다.

전임자로 임명된 최연봉, 석정남은 조직 강화의 일환으로 소식이 끊어졌거나 모임에 잘 참석하지 못하는 해고노동자들을 직접 찾아다니며 소식을 전달하고 확인하는 한편 회보 발간을 위해 바쁘게 움직였다. 그렇게 해서 12월 3일 정기모임에서 30명의 참석자에게 첫 회보를 나누어줄 수 있었다. 참석하지 못한 해고 동지들에게는

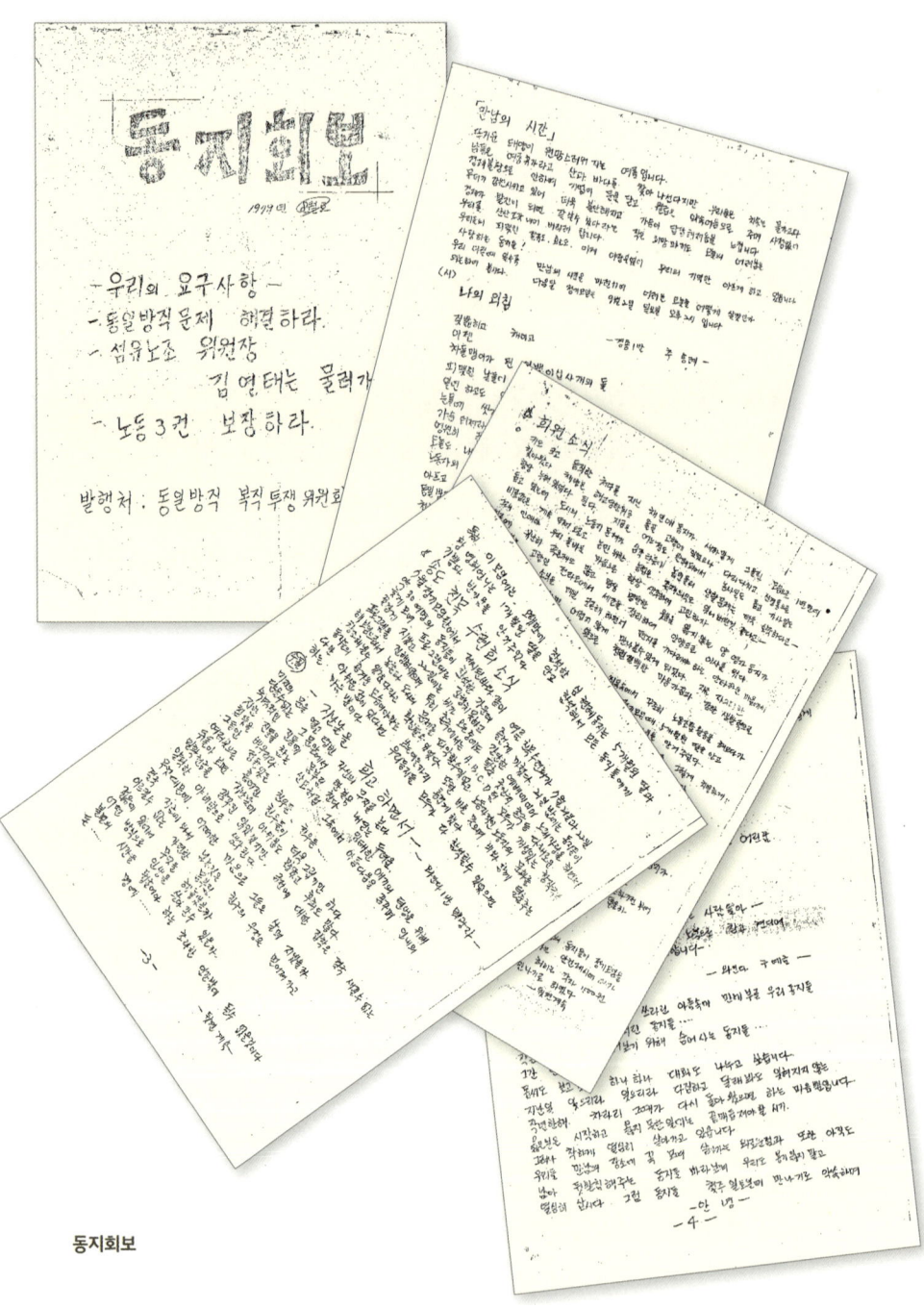

동지회보

우편으로 회보를 보냈다.

『동지회보』는 박정희가 사망하는 10.26 이전까지는 1978년 12월호, 1979년 1월호, 7월호, 8월호, 11월호가 발행되었고 1980년대로 넘어와서는 1980년 1월호, 1981년 4월호, 7월호가 발간되었다. 1979년 2월호 원고는 인쇄소에서 압수당했다.[100] 이처럼 방해를 받자 7월호부터 정명자, 김영순, 안순애, 김용자 등이 직접 철필로 긁고 등사를 해서 찍어냈다.

『동지회보』에는 임시노조가 해고노동자들에게 전달하고자 하는 내용과 섬유노조 상황이나 YH노조, 청계피복노조 등 민주노조의 활동 상황 등 최근 정세와 관련한 내용이 실렸다. 그리고 감옥에 간 동료들 소식, 블랙리스트로 인한 해고 또는 결혼이나 집안 소식 등 해고노동자들의 근황도 실었다. 특히 해고노동자들이 각자 자유롭게 글을 써서 소식을 알리고 결의를 다짐으로써 서로의 마음을 어루만졌다.

어려운 가운데서도 고생스럽게 낸 만큼, 개인 연락 수단이 마땅치 않았던 당시의 통신 상황에서 생계를 위해 뿔뿔이 흩어져 있는 해고노동자들을 최소한이라도 연결하는 데 『동지회보』는 크게 기

---

100 『동지회보』는 인쇄소에서 압수당한 1979년 2월호를 제외하고는 모두 남아 있다. 우선 『동일방직노동조합 운동사』(1985)에 전문이 실려 있는 호수는 이렇다. 창간호(1978년 12월호)는 198~204쪽, 1979년 7월호는 314~328쪽, 1979년 11월호는 328~337쪽, 1980년 1월호는 233~245쪽, 1981년 4월호는 337~356쪽, 1981년 7월호는 356~382쪽에 실려 있다. 그리고 이 책에 실려 있지 않은 1979년 1월호와 1979년 8월호는 민주화운동기념사업회 오픈 아카이브에서 열람할 수 있다(2023.12.10. 현재).

여했다. 그리고 긴 시간이 지난 지금에 와서는 당시 임시노조, 그리고 동지회의 상황을 이해하고 해고노동자들의 형편이 어땠는지를 짐작하는 데 귀중한 역할을 하고 있다.

언론이 제 역할을 하지 않고 독재 정권의 나팔수가 된 상황에서 『동지회보』는 노동자들이 스스로 창안한 '독립 언론'이자 '대안 언론' 그리고 스스로 역사를 써나가는 '민중 언론'의 귀중한 지면이었다.

해고 1주년 기념행사는 경찰 방해로 끝내 무산

1979년 1월 7일 해고노동자들은 31명이 모인 가운데 정기모임을 갖고 1978년 11월 1일 정기모임에서 결정됐던 전임자 2명, 즉 최연봉, 석정남에 더해 3명을 추가하기로 했다. 그 3명은 정명자, 전창순, 이총각이었다. 다른 회사에 취직한 동료들과 연락이 어렵고 관계를 이어가기 어려우니 인원을 보강한 것이다. 또한 황영환과 이경심 세실리아를 자문위원으로 결정하고 매주 모임에 함께해 기독교·가톨릭계와 관계를 원활히 유지하기로 했다.

다음날 전임자 5명과 자문위원 2명이 모여 다음 사항을 토의 결정했다. ① 전임자 및 자문위원은 매주 목요일 모임을 갖는다. ② '동일방직 민주노동운동 수호 투쟁 동지회'라는 지나치게 길고 거창한 이름을 '동지회'라 바꾸자. ③ 2.21 1주년 기념행사를 한다. ④ 1주일에 현장이나 해고 동료를 최소 3명 정기적으로 만난다. ⑤ 해고노동자들 다섯 명씩 팀을 나누어 조직을 구성한다.

이날의 결의에 따라 2.21 1주년 기념행사 준비에 들어갔다. 기념행사는 2월 25일 오후 6시, 인천 답동 가톨릭회관에서 열기로 했다. 해고노동자들의 소질을 모두 살리기 위해 강연·탈춤·연극·시·

수필·웅변·노래 등 다양한 프로그램을 마련하기로 했다. 강연은 고려대학교 이문영 선생을 연사로 모시기로 했다. 2월 2일에는 웅변 주제를 '노동자의 임금', '어용노조여 각성하라'로 정했고 합창곡은 <세상아 너는 아는가>, <선구자>로 결정했다. 2월 8일에는 연극 대본[101]이 마련되었다. 이 연극은 1978년 9월 22일 기독교회관에서 공연된 <동일방직 문제를 해결하라>의 후편인 셈인데 총 4막 5장으로 구성되어 있다. 그 내용은 동일방직 해고노동자들이 사라진 공장에서 회사가 노동자들을 상대로 어떤 전횡을 부리는지, 해고노동자들을 위한 모금 운동에 어떻게 대응하려 했는지, 조합원들과 어우러지는 해고노동자들의 모습으로 마무리된다. 연극뿐만 아니라 봉산·양주 탈춤 연습에도 땀을 흘린 해고노동자들은 행사 준비가 어느 정도 마무리되자 각계에 초청장을 보냈다.

전년 9월 22일 연극 공연으로 문화투쟁의 위력을 체험한 해고노동자들은 이 행사를 민주노동운동의 한 부분으로 삼으려 했다. 민주노동운동의 발전은 노동문화 활동을 통해서도 상당 부분 이루어질 수 있다고 인식한 것이다. 또 당시에는 동일방직뿐만 아니라 반도상사노조 등 여러 노조, 그리고 농민회 행사 같은 데서 연극, 문화공연, 합창, 탈춤, 시 낭송 등의 프로그램을 자체적으로 준비해 발표하는 행사가 다반사이기도 했다. 특히 1978년 9월 22일 동일방직 연극 공연은 연극이 실제 투쟁으로 자연스럽게 바뀌어 간 사

---

[101] 이 대본은 동일방직복직투쟁위원회, 『동일방직노동조합 운동사』, 돌베개, 205~211쪽, 1985에 실려 있다.

례였다.

동일방직 해고노동자들은 해고 1주년을 맞이하면서 이 행사를 통해 그동안 물심양면으로 도움을 줬던 이들에게 감사를 표하고 싶었던 마음이 컸다. 실제 당시 상황 일지를 보면 동일방직 해고노동자들은 큰 도움을 줬던 분들에게 연말 감사장 60통을 보냈다. 동일방직 관련 사건으로 구속되어 감옥 생활을 하던 조화순 목사, 김주호, 김병곤 씨에게 매달 5천 원씩 영치금을 넣어줬다는 내용도 있다. 동일방직의 싸움은 비단 동일방직만의 싸움이 아니었고 다른 민주노조의 동료들 그리고 학생, 종교계 등 민주화운동 활동가들이나 목회자들도 함께한 싸움이었다는 사실을 동일 해고노동자들은 잊지 않았다. 그렇기에 동일방직의 싸움이 1주년이 되었다는 것, 그리고 굴복하거나 무릎 꿇지 않고 아직 싸우고 있다는 사실을 다른 노동자들에게 널리 알리는 일은 민주노조의 정당성을 확인하고 서로의 힘을 북돋는 계기이기도 했다.

그러나 어려운 고통 속에서도 한번도 꺾이지 않고 강건하게 1주년을 맞이하게 된 것은 우리에게 힘과 올바른 역사의 주인이 될 수 있도록 격려해 주시고 열정을 다해 힘이 되어 주신 여기 오신 여러분들을 비롯 지금 이 시간에도 작업 현장에서 일하는 정의로운 노동자 동지들과 오로지 관심이 정의에 있는 분들의 지원이라고 믿습니다. 지금까지 외적, 내적, 물심양면으로 힘써 주시고 동일방직 노동자들의 억울함을 만천하에 알려주시고 지원을 해주신 모든 분께 진심으로 감사를 드립니다. 국내는 물론 국외에서까지 모금을 해주시고 격려 편지들을 보내주신 데 대해 보답하는 길은 진정으로 우리가 바라고 갈망하는 것을 향해 굳세게 전진해야 하는 것이라고 생각합니다.

_ 2.21 해고 1주년 행사 인사말 중에서 [102]

그러나 1주년 기념행사는 경찰의 방해로 열리지 못했다. 2월 25일 오후 5시부터 기동경찰이 동원되어 행사장인 가톨릭회관 입구를 봉쇄했다. 그러자 수백 명의 초청 관람객들이 행사장 앞에서 침묵시위를 벌였다. 7시 반쯤 해고노동자 정만례가 앞장서 구호를 외치고 노래하면서 가두를 행진했다. 행사는 노동절 다음날인 3월 11일로 연기되었다. 그러나 연기된 대회도 경찰의 방해로 끝내 무산되고 말았다.

---

[102] 동일방직복직투쟁위원회, 『동일방직노동조합 운동사』, 돌베개, 213쪽, 1985.

국제섬유노련마저 회유당해

1978년 2월 21일 똥물 만행 사건은 국제적으로도 널리 알려졌다. 미국 노동총연맹산업별조합회의(AFL-CIO)는 3월 2일 아시아 아메리카 자유노동기구(AAFLI) 지역 담당 차장 로버트 홀리를 파견했는데, 홀리는 한국노총과 섬유노조 본조 간부들로부터 사건을 듣고 돌아갔다고 한다. 또한 3월 10일 노동절 사건은 일본의 각 신문에 사진과 함께 보도되기도 했다.

동일방직 사건이 이처럼 국제노동계의 주목 대상이 되자 섬유노조 본부가 가입해 있는 국제 섬유·의류·피혁노련(International Textile, Garments & Leather Worker's Federation; ITGLWF)에서 조사단이 파견되기에 이르렀다. 조사단 파견에 독일 섬유노조와 스웨덴 섬유노조의 요구가 크게 작용했다. 특히 스웨덴 섬유노조 대표단은 1979년 2월 한국을 방문했을 때 각계 인사들을 만나 동일방직 사건에 관심을 표명했고, 진상을 국제적으로 규명하도록 노력하겠다고 약속했다.

국제 섬유노조계의 여론에 따라 국제 섬유·의류·피혁노련 아시아지역 조직 의장인 일본의 우사미는 한국의 섬유노조에 전문을 보내, 4월 6일 이탈리아에서 열리는 의장단 회의에서 동일방직 문제가 거론될 것이니 대책을 세우라고 요청했다. 이에 대해 김영태는 의장단 회의 이전에 열린 특별회의에 직접 참석, 동일방직 사건에 관한 한국 종교계의 관련 자료는 사실과 다르며 의문이 있으면 와서 확인해도 좋다고 진술했다. 국제 섬유·의류·피혁노련은 5월 31일부터 6월 2일까지 의장단을 파견해 조사 활동을 벌이기로 결정했다.

그러나 3명으로 구성된 조사단은 내한해 한국노총, 섬유노조 본조와 동일방직회사의 간부들 및 박복례 등과 접촉하고 해고노동자들과 만날 계획은 없는 듯했다. 그중 영국인 깁슨은 동일방직 근로조건이 훌륭하며 2월 21일의 사진도 조작된 것 같다고 주장했다 한다. 한편 경찰은 조사단이 해고노동자들과 대화를 갖지 못하도록 감시를 게을리하지 않았다. 조사단이 동일방직 회사를 방문하던 5월 31일 해고노동자들이 몰려나올 것을 대비해 회사 주위에 많은 경찰이 배치되었으며 이총각 등 간부들은 감금 상태였다.

그들은 해고노동자들의 관점에서 조사 활동을 하지 않았다. 오히려 한국의 섬유노조를 두둔하려 애썼다. 그들은 사건의 책임을 해고노동자들에게 돌렸으며, 아시아지역에서 동일방직 정도면 근로조건이 좋다는 결론을 일방적으로 내리고는 가버렸다. 이들은 조사 활동을 마치고 6월 26일 스페인에서 열린 집행위원회에 조사 결과를 보고했다. 국제 섬유·의류·피혁노련의 조사단 활동은 해고노동자들에게 실망을 안겼다.

박정희의 죽음에 다시 '복직' 희망을 품다

1979년 10월 26일 저녁 7시 40분, 독재자 박정희가 그의 심복이자 육군사관학교 동기생이었던 중앙정보부장 김재규의 총탄을 맞고 사망했다. 1961년 5.16 군사쿠데타로 정권을 찬탈해 19년 동안 제왕처럼 군림했고 특히 1972년 10월 17일 유신체제를 선포하면서 민주주의를 압살했던 독재자가 궁정동 '안전 가옥'에서 죽음을 맞이했다. 노동운동과 민주화운동을 탄압하고 무수한 사람들을 죽이거나 고문하고 감옥에 가뒀던 권력의 정점이 사라졌다.

독재자 박정희가 죽자 1979년 12월 8일 긴급조치가 해제됐다. 그러자 동일방직과 관련해 구속되어 감옥에 갇혔던 사람들이 풀려나왔다. 우선 1978년 11월 7일 부산에서 구속됐던 조화순 목사, 1978년 3월 24일 서울에서 연행됐던 김병곤, 1978년 9월 22일 기독교회관에서 연행돼 대구교도소에 수감됐던 김주호 등이 풀려나온 것이다. 또한 그동안 감금·감시·미행을 당해왔던 이총각 지부장과 해고노동자들도 관계기관의 감시로부터 자유로워질 수 있었다.

동일방직 해고노동자들에게 박정희의 죽음은 복직에 대한 희망이었다. 서로 전화해서 그 기쁨을 나누고 우리가 승리했다며 환호

했다. 몇몇은 모여 앉아 술을 마시며 자축하기도 했고 몇몇은 강원도로 여행을 떠나기도 했다.

박정희의 죽음 이후 복직 희망을 현실화하기 위해 동일방직 해고노동자들은 더 바삐 움직여야 했다. 1979년 12월 22일, 서울 합정동 섬유노조 본조에서 전국중앙위원 42명 중 36명이 참석한 가운데 중앙위원회가 열렸다. 이날 중앙위원회는 그동안 사고지부로 규정돼 말썽이 됐던 부산 국제방직 사건, 마찬가지로 사고지부로 규정돼 김영태 섬유노조 위원장을 고발한 이풍우 지부장과 갈등이 있는 풍한방직 사건, 그외 경기지부 분할 건 등 여러 문제에 관한 회의이기도 했다.

이 중앙위원회에 이총각, 석정남, 안순애, 최연봉, 문현란, 김영순, 김용자, 박양순, 정명자 등이 참석했다. 섬유노조 그 누구도 이들을 제지하지 못했다. 해고노동자들은 똥을 퍼 나르던 박복례와 마주 앉아 회의에 임했다.

그뿐 아니라 의무금 문제로 본조를 상대로 투쟁하던 원풍모방, 반도상사 등의 조합 간부들도 이날 회의에 참석했다. 여기에서 민주노조 간부들과 해고노동자들은 ① YH 무역지부가 불순세력에 의해 장악되었다는 본조의 유인물에 대해 공개 사과할 것 ② 동일방직 문제를 1978년 2월 21일 사건 이전으로 환원하고 해고자 전원을 복직시킬 것 ③ 원풍모방과 반도상사 지부의 1977년 9월부터 1978년 4월까지의 조합비를 환불하고, 그 이후의 것은 본부와 지부의 관계가 정상화될 때까지 결손 처분해줄 것 ④ 노총 위원장 선거 시 사용된 자금의 출처와 금액을 밝힐 것 등에 대해 다음 달인 1980년 1월 15일까지 답변 해달라고 요구했다. 또 방용석 원풍모방 지부장은 신상 발언을 통해 동일방직 사건에 대해서도 언급하면서 정기국회에서 3명의 국회의원이 했던 발언 내용을 인용해 그간의 섬유노조 작태를 되짚었다. 회의장 분위기는 고요하고 숙연해졌다. 불참한 김영태 대신 사회를 보던 이유복 부위원장은 "솔직히 말해 지금에 와서 감히 동일방직 사태에 대해 자신 있게 말할 수 있는 사람이 한 사람이라도 있겠느냐"며 공동의 노력으로 문제를 해결하자는 취지로 답변했다. 민주노조를 탄압하던 중앙위원들은 "앞으로 올바른 노동운동을 위해 섬유노조가 체질 개선을 해야 한다"는 등 갑자기 투사로 변신하는 기회주의적 모습을 보이기도 했다.

그런데 며칠 뒤 12월 27일 일간신문에 김영태의 1,500만 원 분실사건이 보도되어 본조를 더욱 궁지에 몰아넣었다. 보도에 따르면 김영태는 1979년 10월 노총 위원장 선거자금 1,500만 원을 서울 경북여관 308호실에서 도난당했으나 신고하지 않았는데, 범인이 잡혀 이 사실을 털어놓았다는 것이다.[103]

분실된 금액 중에는 당시 회사의 노조파괴 책동으로 말썽을 빚었던 국제방직그룹의 1백만 원짜리 수표 2장이 들어 있었다. 국제

---

[103] 박민나, 「길을 찾아서 : 이총각-우리들의 대장, 총각 언니 78 "박정희의 죽음, 복직 기대감에 부풀다"」, 한겨레신문 2013.9.2. ; 한편 김영태의 현금 분실 장소에 대해 엇갈리는 기사들이 있다. 조선일보 1980.1.22. ; 경향신문 1980.2.12. ; 조선일보 1980.2.15. 에서는 현금 1,500만 원을 분실한 장소가 의정부 모 여관이라고 밝히고 있다. 하지만 조선일보 1979.12.22 첫 기사에서는 경북여관(서울 남대문로5가 14-1)을 정확하게 가리키고 있다.

방직에서는 어용노조를 몰아내기 위해 결사 투쟁을 벌였고 이 때문에 섬유노조 본부 간부들이 구속되기까지 했다. 그런데 그 사용주 양정모의 돈을 받은 것이었다. 김영태는 그 돈이 처음에는 친지의 돈이라고 했다가 나중에는 말을 바꿔 자기 돈이라고 하는 등 횡설수설했다. 1,500만 원 분실사건은 '어용노조', '노동귀족'의 실상을 알리는 계기가 되었으며, 민주노조운동의 필요성을 재인식시키는 결과를 가져왔다.

한편 동일방직 해고노동자들은 1979년 12월 29일부터 1980년 1월 15일까지 다섯 차례에 걸쳐 블랙리스트의 철회와 소위 '협찬금' 문제의 해명을 요구할 목적으로 위원장 김영태를 만나기 위해 한국노총을 방문했지만[104] 김영태는 번번이 자리를 피했다. 또 12월 22일 중앙집행위원회의 석상에서 요구한 사항에 대한 답변을 듣기 위해 본조를 방문한 해고노동자에게 간부들은 성의 없는 답변으로 일관했다.

전국적으로 민주화의 요구가 높아지고 있었지만, 섬유노조의 태도에 변화가 없자 해고노동자들은 앞으로의 계획에 대해 논의를 거듭하면서 이제까지 해고노동자로서 겪은 체험과 본조의 움직임 등을 모아 1980년 1월 『동지회보』를 발간했다. 해고노동자들은 회보에 한국노총, 섬유노조 내의 변화 소식을 실었고 해고노동자들의

---

[104] 1979년 10월 20일 한국노총 대의원대회에서 김영태가 위원장으로 당선되었다. 그는 어김없이 공장새마을운동의 주도, 외부세력의 조직침투 분쇄 등을 천명했다. 한국노총, 『한국노총 50년사』, 554쪽, 2002.

글도 함께 실었다. 그리고 제일 앞에는 1980년대를 맞이하는 새해의 결의를 실음으로써 변화된 정세 가운데 반드시 복직하겠다는 의지를 다졌다.

(생략)…이제 80년대의 문이 열렸다. 우리는 70년대의 진통과 시행착오를 거울삼아 80년대에는 기필코 우리가 바라던 소망의 진주를 탄생시켜야겠다. 일자리에서 쫓겨난 노동자들은 일자리로 돌아가고 노동삼권은 부활되어야겠다. 혹사와 착취는 영원히 이 땅에서 사라지고 성장의 열매를 골고루 분배받을 수 있는 기틀을 확고히 마련해야겠다. 이제 우리는 억압과 착취와 비굴에서 벗어나 역사의 주인이라는 자각과 함께 민주시민으로서의 역량과 자질을 키워나가야겠다. 그러기 위해서 우리는 지금까지의 일들을 철저히 반성하고 운동을 보다 철저히 심화시키고 넓게 확산시켜 나가자. 70년대에 당해 왔던 아픔들을 더욱 진하게 아파하면서 80년대의 문을 우리 손으로 열어 보자. 우리의 진주를 탄생시키기 위해서 말이다.[105]

---

[105] 동일방직복직투쟁위원회, 『동일방직노동조합 운동사』, 돌베개, 233~234쪽, 1985.

끝까지 사과·반성 거부한 김영태의 최후

독재자 박정희의 죽음은 단순히 자연인 한 사람의 죽음이 아니었다. 권력의 정점이 무너지자 그 아래 거대하게 구축되어 있던 피라미드가 허물어지기 시작했다. 그 피라미드의 한 켠을 받치고 있던 어용 노동조합의 축 역시 급격하게 무너지기 시작했다. 그 시작은 섬유노조와 한국노총 위원장을 겸임하고 있던 '김영태'의 몰락이었다. 그를 떠받들던 자들까지 모두 그에게서 등을 돌리기 시작했다.

1980년 1월 14일, 의장단과 산별 위원장으로 구성된 한국노총 중앙위원회가 열렸다. 이 자리에서는 "노총에 대한 대내외의 불신을 씻기 위해서는 김 위원장에 대한 문제를 짚고 넘어가야 한다"는 의견이 나왔고 이에 위원장들과 집행부 간에 격론이 벌어졌다. 이후 다시 1월 23일 중앙위원회를 소집해 논의를 이어가기로 하고 회의는 마무리되었다.

그러자 김영태 위원장은 1월 21일, 서울 시내 남산 D음식점에서 산별 위원장들을 초청해 간담회 형식의 모임을 가졌는데 이 자리에서 "지금 심경은 뭐라고 말할 수 없으나 중앙위원회 소집을 당분간 연기해 달라. 나에 대한 관심이 의외로 커 현 상태로는 곤란하다"는 말을 했다. 이 자리에 참석한 한 노조 위원장은 "노총이 당면한 어려운 문제가 많다. 이 문제들을 하루 빨리 해결하려면 김 위원장 등 현 집행부의 거취 문제가 선결되어야만 한다. 110만 조직 근로자들이 생각하는 방향을 직시, 노총이 새로운 자세로 임할 수 있도록 김 위원장의 결심이 필요하다"고 말했다. 사퇴를 압박한 것이다.

1980년 1월 19일 경기도 안양 노총회관에서 열린 섬유노조 중앙집행위원회에서는 위원장 및 상근 임원의 사퇴 권고안이 발의되었다. 이날 회의에 참석한 22명 중 반대 7, 찬성 13, 기권 2로 사퇴 권고안이 채택되었다.

김영태에 반대하는 이들이 모였다. 섬유노조 산하 일부 지부장들은 1월 29일, '전국섬유노동조합 정상화 추진위원회'(위원장 오석철) 발기 및 결성 총회를 갖고 결의문, 성명서를 통해 김영태의 퇴진을 관철하고 섬유노조의 민주화를 추진하기로 결의했다. 섬유노조 정상화 추진위원회는 발기 취지문에 김영태가 퇴진해야 하는 이유를 다음과 같이 정리해 적시했다.

> 김영태 위원장이 재직했던 지난 4~5년간 섬유노조 내에서는 사회적으로 지탄 받을 많은 일이 있었습니다. 그 예로 ①동일방직에서 조합원 124명이 해고되는 사건이 발생하였을 때 김영태 위원장은 그들의 취업을 금하는 공문을 사용자들에게 배포해 근로자의 생존권을 박탈하였으며 ②YH 조합원들의 직장 수호 투쟁을 지원하기는커녕 오히려 이들을 외부 불순세력으로 몰아 정치적·사회적으로

커다란 물의를 일으켰고 ③국제방직에서 어용노조를 몰아내기 위해 조합 간부들이 구속까지 되면서 투쟁을 계속하고 있던 중에도 오히려 부산협의회 의장 자격으로 국제방직 사용자(양정모)에게 3월 10일 노동절 행사를 기해 감사패를 주었는가 하면 ④작년 노총 위원장 선거 직후에는 1,500만 원을 분실해 신문 지상에 보도되었으며 그 1,500만 원 속에 국제방직 사용자로부터 노총 위원장 선거 자금으로 받은 금액이 포함되어 있다는 사실 등은 섬유노조와 섬유노조 간부에 대한 신뢰와 공신력을 하루아침에 땅에 떨어뜨리고 말았으며 실로 우리들로 하여금 경악과 탄식을 금할 길이 없게 하고 있습니다.[106]

동일방직 해고노동자들도 이에 발맞추어 1980년 1월 16일 모임을 갖고 김영태를 명예훼손 등으로 고소하기로 결정했다. 2월 14일, 최연봉, 정명자, 김인숙, 석정남, 이총각을 고소인으로 하고 '명예훼손' 및 '출판물에 의한 명예훼손'과 '업무 방해'에 관한 혐의로 고소장을 작성해 서울지검에 제출했다.

2월 19일, 섬유노조 정상화 추진위원회는 섬유노조 재적 대의원 162명 중 61명의 서명을 받아 임시 전국대의원대회 소집을 요구했다. 김영태는 이를 받아들이지 않았다. 이에 섬유노조 정상화 추진위원회는 3월 6일 노동조합법에 의거, 83명의 서명을 받아 임시 전

---

[106] 동일방직복직투쟁위원회, 『동일방직노동조합 운동사』, 돌베개, 245~246쪽, 1985.

국대의원대회 소집권자 지명요구서를 노동청에 제출했다.

한편 2월 8일 오후 노총회관에서 열린 한국노총 의장단 회의에서 김영태 위원장은 신병을 이유로 상임부위원장이던 정한주 항만노조 위원장을 위원장 직무대리로 위촉했다. 그는 "일부에서 말하는 비행은 모함이며 병으로 몸이 괴롭고 말썽이 많아 당분간 쉬려는 것일 뿐 완전 사퇴는 아니다"라고 말하고 "건강이 회복되는 대로 위원장 직무를 계속하겠다"고 말했다.[107] 사태를 얼버무리려 하는 수작이었다. 그러자 화학, 금융, 운수, 철도, 체신 등 8개 산별노조는 김영태의 이러한 행위를 눈 가리고 아웅 하는 식의 기만 술책에 불과하다며 즉각 완전히 사퇴할 것을 촉구하면서 '한국노총 정상화 추진위원회'를 결성했다.[108] 3월 6일, 한국노총 중앙위원회에서는 김영태 위원장의 사퇴를 결의했다. 그리고 7일 한국노총 집행부는 성명을 내고 위원장 직무를 위임 중인 김영태 위원장이 사실상 사퇴했다면서 10월 정기대의원대회에서 김 위원장의 사퇴 절차를 밟아 새 집행부를 구성하겠다고 밝혔다.[109]

이렇게 김영태는 한국노총 위원장직을 사퇴했다고는 하지만 공식적인 직을 유지하고 있었고 더구나 섬유노조 위원장직을 유지했다. 조금 더 뒤 일이기는 하지만 결국 어용 노동귀족의 대명사인 그

---

[107] 조선일보 1980.2.10.
[108] 원풍모방노동운동사발간위원회·김남일, 『원풍모방노동운동사』, 삶이보이는창, 417~418쪽, 2010.
[109] 조선일보 1980.3.8.

의 뿌리를 뽑은 것은 신군부의 정화조치였다. 1979년 12.12쿠데타를 통해 본격적으로 등장하고 있던 신군부가 정화조치를 내리면서 그를 '노동계'에서 '제거'한 것이다.

    그 후 김영태는 1985년 복직 등의 이야기가 돌았으나 무산되고, 1987년에는 김종필이 창당한 신민주공화당에 참여했다. 1988년 노태우의 대통령 특별담화 후속 조치로 1980년 강제 해직된 산별 위원장급 노조 간부 12명 전원에게 보상과 명예 회복이 진행되었다. 여기에 김영태도 포함되었다.[110] 참으로 기가 막힌 일이다. 노동자를 탄압하는 데 앞장섰던 어용노조 위원장을 대통령이 나서 명예 회복시켜주고, 똥물을 뒤집어쓰고 투쟁하다가 해고된 노동자들은 회사 바깥을 떠돌았다. 그것도 1987년 노동자 대투쟁으로 민주노조가 대세로 떠오른 시절에 말이다. 김영태는 2006년 1월, 부산에서 지병으로 세상을 떠났다. 그 순간까지도 그는 자신 때문에 해고되고 블랙리스트로 인해 고통받았던 동일방직을 비롯한 해고노동자들에게 빈말이라도 사과 한마디 하지 않았다. 그럼에도 한국노총은 섬유노조, 한국노총 위원장을 역임했다고 부고를 올리고 명복을 빌었음은 물론이다.

---

110 한겨레신문 1988.11.29.

서울의 봄, 노동자는 아직 겨울

동일방직 해고노동자들은 복직 투쟁을 본격적으로 추진해 나가면서 우선 동일방직 본사와 본조를 방문해 복직을 촉구하기로 했다. 1980년 2월 8일 본사를 방문했으나 외국 체류라는 구실로 사장과의 면담을 거부당하자 2월 11일 김용자, 박양순, 석정남, 안순애, 정명자, 최연봉이 섬유노조 본조를 방문, 복직 문제 해결을 요구하면서 철야농성을 진행했다.

회사와 섬유노조 본조를 통해서는 문제 해결이 어렵다고 판단한 해고노동자들은 노총과 직접 상대해 해결을 촉구하기로 했다. 이날 섬유노조를 나온 해고노동자들은 한국노총에서 노총 위원장 직무대리 정한주를 만나 동일방직 사건 해결방안을 요구했다. 그러나 정한주는 "최선을 다하겠다", "바쁘니 다음 기회에 만나자"며 자리를 피했다.

3월에 접어들어 해고노동자들은 자체 조직을 정비하는 한편 동일방직 사건 긴급대책위원회의 활성화를 추구해 여론 조성을 꾀하면서 복직 투쟁을 적극적으로 전개하기로 의견을 모았다. 그리해 해고노동자들은 3월 정기모임에서 복직 투쟁을 계속할 것과 이 사실을 각종 행사나 모임에서 알리기로 하고 '동일방직복직투쟁위원회'라는 이름으로 결의문을 만들어 각계에 보냈다.

이 결의문에는 동일방직 해고노동자들의 정세 판단과 요구가 담겼는데, 진정한 민주화는 정치인의 교체로 이루어지는 것이 아니라 노동의 민주화가 이뤄질 때 실현된다고 했다. 따라서 한국노총의 반성이 필요하고 자본의 편에 섰던 노동귀족을 추방해야 하며 노동자의 최저생활급을 보장해야 한다고 했다. 이같은 요구가 반영되지 않는 민주화란 과거와 같은 속임수이며 모순이라고 강력히 주장했다.[111]

> 10.26사태 이후 모든 국민의 열망에 따라 민주화 작업이 벌어지고 있음을 우리는 그 누구보다도 관심과 기대에 찬 눈으로 지켜보아 왔다. 정치인은 물론이며 모든 사람들이 과거의 불합리를 합리적으로 해결해야 한다는 주장에 따라 복권, 복직, 복학조치가 취해져 정말 무언가 제대로 되어가고 있는 듯한 환상에 우리들까지도 빠져들 지경으로 근래의 분위기는 설레고 있다.
>
> 그러나 국민적 합의에 의한 민주화란 몇몇 정치인들의 자리바꿈은 아닐 것이다. 경제는 물론 노동계 역시도 민주화되어야 하고 따라서 근로자들의 처참한 현실을 외면한 채 사리사욕에 치우쳐 동료를 울리고 배신했던 한국노총을 비롯해 노동조합 간부들에게 과거의

---

[111] 결의문 전문은 동일방직복직투쟁위원회, 『동일방직노동조합 운동사』, 돌베개, 252~253쪽, 1985.

책임을 추궁하지 않을 수 없다. 기업주의 편에 섰던 노동귀족은 역사의 심판에 따라 냉정히 추방하고 저임금에 시달리는 근로자에게 최저생활급을 보장해 주며 생존권을 빼앗긴 근로자에게 일자리를 돌려주는 것만이 참다운 민주화 작업의 모습이다. 이같이 절박한 다수 근로자들의 요구가 반영되지 않는 민주화란 과거와 같은 속임수이며 모순이다.

우리 124명 해고자는 지금이야말로 뼈아픈 투쟁의 결실을 볼 때라 판단하고 다시 한번 마음을 가다듬어 복직을 위해 자체적으로는 물론 이 땅의 민주세력과 규합해 최선의 노력을 다할 것을 3월달 정기모임을 통해 결의하고 다음과 같은 요구를 밝히는 바이다.

1. 동일방직 해고자 124명을 즉각 복직시켜라.
2. 노동귀족 회개하라.

해고노동자들은 이 결의문을 1980년 3월 10일 노동절 행사가 열리는 국립극장에서 돌리기로 하고 행사에 참여했다. 그러나 20여 명의 해고노동자들이 행사장에 참석해 결의문을 돌리고 플래카드를 목에 걸치자마자 형사들이 폭력으로 이를 제지하며 연행했다. 석정남, 손숙자, 안순애, 이총각, 정명자, 최연봉 등 연행당한 이들은 이날 간단한 조사를 받고 저녁 7시 훈방되어 나왔다. 하지만 신문에 이들의 시위는 한 줄도 보도되지 않았다.

한편 해고노동자들의 요청에 따라 3월 13일 동일방직 사건 긴급대책위원회가 영등포산업선교회관에서 열렸다. 이날 참석자는 강경단, 강동례, 공인숙, 김명자, 김용자, 김인숙, 문현란, 박양순, 박청근, 박현자, 석정남, 손숙자, 송금순, 안동순, 안순애, 양영자, 이총각, 이향자, 정만례, 정명자, 정의숙, 최송임, 최연봉 등이었다. 이들은 "①전국적으로 서명운동을 받는다. ②노동청이나 노총에 복직 문제를 해결하도록 요구한다. ③행정소송재판에 인원을 총동원한다. ④각 교단에서는 성명서를 내서 복직을 촉구한다. ⑤복직추진위원회를 구성해 구체적 행동에 옮긴다"고 결의했다.

이날로 '동일방직 사건 긴급대책위원회'는 '동일방직 해고근로자 복직추진위원회'로 바뀌었고 50여 명의 각계 인사로 실행위원회를 구성했다. 위원장으로는 문익환 목사, 부위원장에 공덕귀 여사, 김말룡 선생, 김지길 목사 등을 선출했다. 고문으로는 윤보선 전 대통령, 함석헌 선생, 김수환 추기경, 김관석 목사를 선임했다.

해고근로자 복직추진위는 1980년 민주화의 봄 정세 가운데서 노동문제 해결 없는 민주화는 허위라 지적하고 동일방직 문제 해결이 우선되어야 한다는 점을 분명히 했다.

해고근로자 복직추진위원회가 결성되자 해고노동자들은 이와 보조를 맞추기로 하고 성명서, 결의문 등을 각지에서 배포하는 동시에 각 관계기관을 방문해 반응을 타진키로 했다. 또 해고자 복직에 협조할 것을 요청하는 공문을 관계기관에 전달했다. 아울러 해고노동자의 모임인 동일방직복직투쟁위원회는 "△인천 동일방직에서 부당해고된 전원(124명)은 1978년 2월 21일 이전 상태로 원상 복귀 △인천 동일방직 회사는 해고 이후의 임금을 전액 지급" 등을 요구했다.

해고노동자들의 발길이 바빠졌다. 계엄사령부, 노총, 노동청, 신민당, 공화당, 보건사회부, 본조, 동일방직 본사를 방문해 결의문과 성명서를 전달했다. 각 신문사, 방송국뿐만 아니라 공장 지대와 각 노동조합에도, 거리에서도 결의문과 성명서를 배포했다. 또한 각지에서 동일방직 해고노동자 복직을 위한 서명운동이 추진되었다.

또한 3월 25일 오후 2시 재판이 있었는데 300여 명의 노동자 학생이 참여했고 휴정 시간에는 <우리 복직하리라>, <노총가>, <사노라면> 등의 노래를 불렀다. 재판 방청객을 많이 동원하겠다던 계획이 실현된 것이다.

그러나 이처럼 방문운동, 유인물 배포운동, 서명운동, 재판방청운동이 적극 추진되었지만, 해고노동자들의 복직은 요원한 형편이었다. 4월 2일 정기모임에서 해고노동자들은 종전의 투쟁 방법만으로는 복직을 실현할 수 없다고 판단, 4월 13일 저녁부터 명동성당에서 단식농성을 하기로 했다. 이 결정은 결국 보류되었지만, 해고노동자들의 투쟁은 점차 뜨거워져 갔고 더 격렬해져 갔다.

4월 초에는 <동일방직 부당해고 근로자는 즉각 복직되어야 한다>는 제목의 새로운 유인물을 만들어 해고노동자들은 각 지역을 분담해 배포했다. 그런데 4월 12일 광화문에서 이 유인물을 뿌리던 복직추진위원회 실행위원이었던 한국교회사회선교협의회 서경석 총무와 여의도 부활절 사건으로 옥고를 치른 동일방직 해고노동자 정명자가 연행되어 4월 19일 포고령 위반으로 구속되는 사건이 벌어졌다.

　　민주화의 봄, 서울의 봄 실상은 이러했다. 독재자 박정희가 사라졌을 뿐 노동자에게 달라진 게 없었다. 유인물 한 장 뿌리는 것도 마음대로 할 수 없는 봄, 아니 아직 찬 바람 매섭게 부는 꽁꽁 얼어붙은 겨울이었던 것이다.

다시 투쟁으로, 한국노총 점거 농성

이제까지 투쟁했지만 해결의 기미가 보이지 않자 해고노동자들은 종전의 미온적인 투쟁방식을 탈피하기로 마음먹었다. 보다 과감하고 적극적인 투쟁이 필요한 때였다. 그리해 이들은 4월 25일 오후 2시, 한국노총 위원장실을 점거해 다음의 다섯 가지 요구 사항을 내걸고 무기한 단식농성에 들어갔다.

① 동일방직 해고자 124명을 원상 복귀시켜라.
② 구속된 정명자 동지를 즉각 석방시켜라.
③ 동일방직 복직을 추진하다 구속된 서경석 총무를 즉각 석방시켜라.
④ 노동3권 보장하라.
⑤ 김영태는 물러가라.

1978년 4월 27일 밤, 단식은 풀었지만, 농성은 계속되었다. 결혼한 해고노동자들이 여럿 있었고 그들 중에 자녀를 낳은 경우도 여럿 있었다. 육아도 해야 하고 농성도 해야 하니 어쩔 수 없이 해고노동자들은 아기를 들쳐업고 농성장으로 달려왔다. 의숙, 옥섭, 예순, 명희. 이들에게 아이는 싸움을 주저하게 만들기도 하지만 또 싸움을 포기하지 말아야 할 이유이기도 했다. 두세 살 아이들이 원직 복직, 노동3권 보장 머리띠를 묶고 엄마와 함께하는 모습은 동일방직 해고노동자들뿐 아니라 한국노총 점거 농성에 참여한 모든 이들에게 잊히지 않는 장면이었다.

> 노동절 행사장인 국립극장 앞에서 플래카드를 목에 걸며 복직을 요구했고 노총회관에서의 장기적인 단식농성에도 참여했다. 노총회관에서 농성할 때 보니까 애기를 데리고 온 사람은 나뿐만이 아니었다. 옥섭이, 예순이 등 그새 우리 앞을 칭얼대며 기어 다니고 뒤뚱대며 걷는 새 생명은 서너 명이나 되었다. 엄마를 그렇게도 많이 방황하게 만들고 울게 만들었던 우리 치용이 못지않게 엄마들의 마음을 휘젓고 태어났던 그들을 보니 남의 일 같지 않았다. 그날의 모든 것을 우리 아이들에게 정신적인 유산으로 남겨주고 싶다.
>
> _ 정의숙의 글 [112]

농성이 지속되고 사태 해결을 촉구하는 여론이 높아지자 분위기가 서서히 바뀌기 시작했다. 드디어 대화의 자리가 마련됐다. 5월

---

[112] 동일방직복직투쟁위원회, 『동일방직노동조합 운동사』, 돌베개, 153~154쪽, 1985. ; 정의숙의 글에는 두 사람의 이름만 있지만 최명희도 아기를 데리고 왔다고 증언한다.

2일, 관계자들이 한자리에 모여 복직 문제를 놓고 구체적인 의견[113]을 교환했다. 이 자리에는 이총각, 김인숙 등 해고노동자 대표와 조승혁 목사, 김승훈 신부, 조화순 목사 등 해고근로자 복직추진위원회 대표, 노동청의 청장, 차장, 노정국장, 한국노총의 부녀국장, 회사 측의 윤 전무, 해고 사태 이후 지부장이 된 박복례가 참석했다.

이총각은 "우리의 요구는 78년 2월 21일 이전으로의 원상 복귀, 부당해고 이후의 임금 지불, 기타 문제에 대해 노총·노동청·회사와 협의 등이다"라고 단호히 말했다. 그러자 윤 전무는 "부당해고가 아니라 취업규칙 위반으로 정당한 해고 사유가 있었다"고 주장했고, 이에 조승혁이 "노동자들이 124명이나 해고당한 것은 개인회사 문제가 아니라 사회문제다. 그러니까 노동청장이 나온 것 아닌가? 사회적인 차원에서 해결되어야 한다"고 반론을 제기했다. 그리고 김승훈이 "3월 23일 명동성당 단식농성 해산 뒤 사장이 약속을 안 지켰다"고 주장하자 윤 전무는 "아니다. 조 목사가 들어가지 말라고 해서 회사에 안 들어간 거다"라고 부인했다. 어이없는 주장에 발끈한 김인숙이 "우리가 누가 들어가지 말라 하면 안 들어가고, 들어가라 하면 들어가는 사람들인 줄 아느냐?"고 항의했고, 박복례는 이야기의 방향을 돌려 "전 집행부는 조합원의 처우 개선보다는 조직 강화에 더 힘을 썼다. 그리고 현재 조합원들은 해고자들이 다시 회사

---

[113] 대체적인 대화 내용은 동일방직복직투쟁위원회, 『동일방직노동조합 운동사』, 돌베개, 267~269쪽, 1985.에 실렸다.

1980년 5월 한국노총 점거 농성.

1980년 5월 한국노총 점거 농성.(사진 _ 노동자역사 한내)

로 들어오는 것에 우려를 나타내고 있다"고 회사 쪽을 대변했다. 대화는 계속 겉돌았고 노동청장은 다음 기회에 대화하자고 했다. 아무것도 해결되지는 않았지만 그래도 대화가 이루어졌다는 것은 큰 진전이기도 했다. 한국노총 위원장 직무대행도 좀 더 인내로써 기다려 달라고 당부했다.

한편 한국노총의 어용성을 비판하는 노동조합들이 모여 투쟁을 시작했다. 5월 3일 금속노조 9개 분회가 한국노총 남서울지부 사무실을 점거해 농성을 벌였고, 금속노조 위원장의 사퇴를 요구했다. 이에 떠밀려 한국노총은 5월 13일 여의도 노총 강당에서 '노동기본권 확보 전국 궐기대회'를 소집했고 여기에 2천여 명의 노동자가 함께했다. 이 자리에서 노조 민주화를 요구하는 활동가들이 연단을 점거해 △3김(김영삼, 김대중, 김종필)이 이 자리로 와 노동3권 완전 보장과 해고자 원상회복을 약속할 것 △섬유노조 위원장 김영태와 금속노조 위원장 김병용을 제명할 것 △보수정당에 노동3권 완전 보장을 받아낼 것 등을 요구로 발표했다. 그리고 농성을 시작해 3일간 이어가다 15일 해산했다.

그동안 한국노총은 노동자들이 민주노조로의 지향을 밝히면 바로 탄압으로 되갚는 반노동자적인 행태를 자행했다. 이러한 한국노총의 행보에 문제를 느낀 조직이 비단 동일방직노조만은 아니었기에 박정희의 죽음으로 정세가 변하자 민주노조들이 모여 노동자의 요구를 제출한 것이다.

1970년대 민주노조 세력은 당시 정세를 돌파할 투쟁 목표를 제시하지 못한 채 점거 투쟁의 목표를 한국노총 민주화에 두고 지도부 퇴진을 주장한 데 그쳤다. 한계는 있었지만, 한국노총 점거 투쟁은 한국노총이 아닌 민주노조의 조직적 집결이 필요하다는 점을 노동자들에게 인식시키는 계기가 되었다. 지도부를 바꾼다고 민주노조를 이룰 수 있는 게 아니라 조직이 지향하는 바를 바꿔야 이룰 수 있음을 알게 한 것이다.

농성 노동자들은 해산했지만, 동일방직 해고노동자들은 5월 17일 비상계엄이 전국으로 확대되는 날까지 농성을 지속했다.

신군부의 군홧발에 짓밟힌 민주주의

1980년의 정세는 심상치 않았다. 탄광촌 강원도 정선 사북에서 4월 16일부터 전개된 광산노동자들의 투쟁은 경찰과 물리적 충돌로 이어졌다. 4월 21일부터는 노동자들이 사북을 장악하고 지역민들이 합세하며 투쟁이 확장되었다. 뒤이어 동원탄좌 덕대 탄광의 파업을 불러일으켰고 5월 초에는 정선, 황지, 문경 등지의 탄광으로 파업이 옮겨붙었다. 이 투쟁은 전두환의 지휘에 따른 협상으로 마무리되지만 이후 약속은 깨지고 주요 지도부는 탄압 대상이 된다.

4월 28일 부산 용호동에 있는 동국제강 노동자 300여 명은 임금 40% 인상, 상여금 400% 지급 등을 요구하며 농성 투쟁에 돌입했다. 이튿날 농성 노동자들은 회사에 불을 지르고 거리로 나섰다가 최루탄을 쏘는 경찰들과 충돌했다. 노동자들은 돌멩이, 쇠파이프, 각목으로 맞서기도 했다.

동일방직 해고노동자들도 23일이라는 길고 처절한 농성을 끝내야 할 때가 다가오고 있었다. 5월 17일 새벽, 동일방직 해고노동자들은 농성을 해산하고 노총회관을 나섰고 여의도를 벗어났다. 그리고 이후 다시 투쟁에 나서기까지 오랜 시간을 기다려야 했다. 그때는 그 시간이 그토록 오래될 거라는 것을 미처 알지 못했다. 이렇게 캄캄하고도 기나긴 1980년대가 시작되고 있었다.

한편 5월 15일 서울역에 모였던 학생 시민 10만여 명이 해산을 결정하자 전두환의 행보는 바빠졌다. 10.26 이후 5.17까지 동광강업, 해태제과, 롯데제과, 삼성제약, 청계피복, 호남전기, 사북탄광, 동국제강, 인천제철 등에서 생존권 투쟁이 전개되는 등 노동쟁의가 897건 발생, 20여만 명이 투쟁에 나서며 봄을 열었으나 그 봄은 오래가지 못했다.

전두환과 신군부는 5월 17일 계엄 확대 조치를 하는 한편 민주인사들과 학생운동 지도부 등에 대한 예비검속을 단행했다. 김대중은 체포되었고 김영삼은 가택연금되었으며 김종필은 보안사에 감금되었다. 18일 계엄 포고령 10호에 따라 모든 정치활동과 옥내외 집회 시위가 금지되었다. 그 속에서 광주는 군홧발에 짓밟혔다.

5월 18일 아침, 광주 전남대학교 앞에서 벌어진 계엄군의 유혈폭력 만행은 급기야 광주시민들의 봉기로 이어지고 광주는 시민들의 해방공동체가 되면서 계엄군은 퇴각했다. 그러나 5월 27일 새벽, 헬기와 장갑차를 앞세운 계엄군은 전남도청에서 마지막 항쟁을 벌이는 시민군을 진압하고 민주주의를 압살해 버리고 만다.

광주항쟁을 진압한 신군부는 곧바로 국회의 기능을 대신하는 초법적 국가보위비상대책위원회를 만들고 국정을 장악했다. 이후 법적 근거를 마련해 국가보위입법회의로 개편한 후 정치활동 규제법을 비롯해 노동법과 언론기본법 개악안, 집회 및 시위에 관한 법률 개악안 등을 통과시켰다. 유신체제 노동법의 악법 조항을 그대로 유지한 채 설립신고를 어렵게 하거나 유니언숍을 폐지하고 제3자개입금지 조항을 신설했다.

이런 탄압이 이어지면서 전국의 수많은 민주노조가 어용화되거나 파괴됐다. 신군부가 민주노동운동의 뿌리를 뽑겠다며 대상으로 삼은 노조는 청계피복, 반도상사, 콘트롤데이타, 서통, 원풍모방, 남화전자, 무궁화메리야스, 태창메리야스 등이었다. 청계피복노조는 서울시장 명의로 1981년 1월 해산 명령을 받았고, 반도상사 부평공장 노조는 1981년 3월 13일 해체되고 말았다. 콘트롤데이터노조도 1982년 7월 20일 공장 철수가 결정되면서 역사를 마감했다. 1970년대 가장 강력한 조직력을 자랑했던 원풍모방노조도 1982년 9월, 폭력배들의 침탈로 파괴되고 말았다. 민주노조 세력은 삼청교육대로 끌려가 순화교육을 받았고 노조활동을 금지당했다.

민주노조 사업장 노동자들이 무력하게 항복하거나 주저앉았던 것은 아니다. 피나는 투쟁으로 몸부림치며 저항했고 점거 농성, 시위 등 할 수 있는 모든 투쟁을 했다. 하지만 경찰, 정보기관, 노동청 그리고 폭력배를 앞세운 조직적 물리적 탄압과 기업의 횡포에 짓눌려 두들겨 맞고 해고되고 끌려 나오고 삼청교육대에 보내지고 정화 대상자로 지목되고 급기야 구속되기까지 했다. 그런 탄압의 결과 1970년대 민주노조운동의 전열은 급속도로 무너져 갔다.

부당해고 재판까지 패소

1980년 5월 17일, 여의도 한국노총 농성장을 빠져나온 동일방직 해고노동자들은 어떻게 해서든 활동을 이어가기 위해 분투했지만, 신군부 치하의 한국 사회 현실은 암담하기만 했다. 얼토당토않은 일은 이어졌다. 9월 6일에는 동일방직복직투쟁위원회 정기모임을 알리는 공문을 띄웠다는 이유로 김인숙 총무가 부평경찰서에 연행되어 조사를 받는 일도 일어났다.

한국노총 농성 이후 수배됐던 이총각은 서울 합정동 메리놀수녀원, 전북 익산 창인동 성당, 전주 효자동성당 수녀원, 전북 임실 등지로 옮겨 다니며 잠행을 이어갔다. 그러는 사이 해가 바뀌고 어느새 수배 생활이 10개월에 접어들었다. 이총각은 1981년 3월 13일 수배 생활을 끝내겠다고 결심하고 동부경찰서에 자진 출두했고 서울 종로경찰서에서 수사를 받다가 3월 19일 석방되었다.

1981년 4월 5일, 석방된 이총각을 비롯해서 이제는 강원도, 충청도 등지로까지 흩어진 해고노동자 40여 명이 해고 3주년 기념행사를 위해 인천산선에 모였다. 삶의 모습이 달라지긴 했지만 오랜만에 함께 얼굴을 마주하니 뿌듯하고 반갑고 기쁘기도 했다. 해고노동자들은 매월 첫주 일요일 오후 2시 정기모임을 열기로 결의하기도 했다. 또 5월에는 김포 장릉으로 야외 모임을 가기도 했다. 하지만 앞으로의 복직투쟁위원회 활동을 어떻게 이어갈 것인지 여전히 고민될 수밖에 없었다.

한편 동일방직 해고노동자들이 제기했던 소송 중 하나인 '해고예고 예외 인정 신청에 관한 소송'이 1980년 9월 30일 서울고등법원에서 개정되었다. 오랫동안 기다려온 재판이었다. 10월 1일로 공판 기일이 잡혔다가 다시 연기되었는데 결국 10월 26일 이 소송은 기각당했다. 해고노동자들의 실망이 이만저만이 아니었지만, 아직 '부당해고 및 부당노동행위에 관한 행정소송'이 남아 있었다. 그런데 이 두 번째 행정소송도 12월 16일 무기한 연기되었다. 이듬해인 1981년 3월 17일 재판이 다시 열렸는데 이날 고등법원은 똥물 테러 당시 조합원들에게 똥을 뿌린 박복례 외 여러 명의 직원이 회사 측의 사주를 받고 노조를 어용화하려고 계획적으로 똥을 뿌렸는지를 조사해 보기로 했다. 그러나 1981년 6월 11일 오전 10시, 서울고등법원 208호 법정에서 열린 '부당해고 및 부당노동행위에 관한 행정소송' 선고 공판에서 재판부는 동일방직 해고노동자들의 청구를 기각했다. 재판부는 회사 측의 해고조치는 취업규칙과 노동위원회의 판결에 의한 해고였으므로 노동조합법 제37조의 부당노동행위에 해당한다고 할 수 없고 원고들의 재심 신청을 기각한 중앙노동위원회의 판결이 정당하니 원고들의 행정소송을 기각한다고 밝혔다.

복직투쟁위원회는 『동지회보』 1981년 7월호에서 고등법원 기각 결정에 대해 다음과 같이 입장을 밝히고 대법원 상고 결정의 배경을 밝히고 있다.

> …서울고법 208호 법정에서 개정된 선고 공판에서 재판부는 원고인 우리의 청구를 기각시킴으로써 동일방직에 복직하려는 우리의 염원은 또 다시 꺾어져 버린 셈이다.
> 처음부터 재판부가 우리 일의 부당함을 밝혀주리라 기대하지는 않았지만 재판 과정에서 나타나고 밝혀진 진실과 허위가 있었기 때문에 우리는 재판에 관심이 있었다. 어차피 모든 면에서 철저히 매장당해온 우리 사건의 진상은 누구에 의해 바르게 알려지리란 기대는 않고 우리 스스로 살아갈 끈기 있는 모습에 의해서 우리가 밝혀야 한다는 각오를 이번 재판을 통해 다시금 각오하고 이 더러운 시궁창 같은 세상에서 썩어져 가는 찌꺼기가 아니고 더러운 썩어진 것들을 밑거름 삼아 싹 틀 수 있는 풀 한 포기가 되기 위해 우리는 또 다시 대법원에 상고하기로 했다.[114]

곧장 대법원에 상고했지만 1982년 말께 결론이 난 상고심 역시 기각되었다. 이 기각 결정은 해고 이후 4년여 동안 치열하게 싸워왔던 동일방직 해고노동자들의 기운을 쭉 빼놓는 일이었다. 도대체

---

[114] 동일방직복직투쟁위원회, 『동지회보』 1981년 7월호, 8쪽.

왜 부당노동행위로 인정이 안 되는 건지 이해할 수 없었다. 그로 인한 좌절감으로 해고노동자들은 마음이 무척 힘들 수밖에 없었다.

노동운동의 밀알이 되자

1982년 법원 패소 결정을 기점으로 동일방직 해고노동자들은 복직 싸움을 정리했다. 법원 판결을 뒤집을 수 있을 만한 계기를 마련하는 게 어려운 상황에서 각자의 사정 또한 경제적 어려움이나 심적 부담이 컸다.

그 사이 해고노동자들의 삶은 많이 달라져 있었다. 1981년 4월 기준으로 해고노동자의 절반에 이르는 61명이 결혼을 했고 상당수가 출산도 했다. 다른 조합원들의 결혼과 출산 소식도 계속 들렸다. 결혼과 함께 삶의 터전을 다른 지역으로 옮긴 해고노동자도 여럿이었다. 또 블랙리스트를 뚫고 어떻게든 취업에 성공해 직장을 다니는 사람들도 있었다. 정기모임조차 쉽지 않았고 이제 어떤 방식으로 모이고 조직하고 싸워나갈지도 막연하기만 했다. 보다 느슨한 연계망이 필요했다. 무엇보다 더 오래 더 멀리 보고 싸워나가기 위한 방책이 필요한 시기였다.

삶은 계속되는 것이기에 이어가야 했고 싸움을 정리하는 게 잘못된 결정인 것만은 아니었다. 하지만 싸움을 접었을 뿐 복직에 대한 열망, 우리가 옳다는 확신까지 완전히 접은 것은 아니었다. 각자의 마음에 '동일방직'은 언제고 다시 돌아가야 할 곳이었고, 끝까지 간직하고 갈 응어리이기도 했다.

비록 동일방직 해고노동자들이 복직 투쟁을 '접었다'고 하더라도, 그리고 생계를 위해 직장을 구하고 이런저런 회사를 다녔다 하더라도 그것이 모든 활동을 그만뒀다는 의미는 아니었다. 여러 사업장에 취직한 그들은 삶의 현장에서 할 수 있는 활동을 이어가기 위해 노력했다.

동일방직 해고노동자들이 노동 현장의 밀알이 되자고 결심할 수 있었던 것은 해고되고 4년간 투쟁하면서 학습과 토론으로 노동자 계급의식을 높여온 결과였다. 무엇보다 자신의 문제를 해결하기 위해 몸으로 실천한 것이 큰 변화를 가져왔다. 사실 동일방직 노동자로서 민주노조를 사수하다가 해고된 이들의 요구는 소박했다. 해고될 만큼 노동운동에 대한 신념이 대단하거나 투철한 것도 아니었다. 특히 해고노동자 중 양성들은 노조 활동을 적극적으로 해보지도 못한 상태였다. 오히려 노동자들은 동일방직에서 해고되고 다른 공장에서 또 해고되고 복직을 요구하며 투쟁하는 과정에서 '노동자'로 거듭났다. 노동자는 자본과 정권과 하나가 될 수 없음을 몸으로 부딪쳐가며 알았고, 노동자가 단결해서 투쟁하지 않으면 그 무엇도 저절로 주어지지 않는다는 것도 알았다.

여기에 산업선교회의 교육프로그램이 더해졌다. 산선 실무자인 김근태, 김은혜, 김지선, 인재근, 최영희 등은 해고노동자를 몇 개 반으로 나눠 교육팀을 만들었다. 적극적으로 결합할 수 있는 해고

노동자 팀, 사정상 전적으로 활동할 수 없는 해고노동자들 팀으로 나눠 운영했다. 교육 내용은 '노동의 역사', '노동자의 철학' 같은 것들이었다. 이 교육은 복직 투쟁을 하는 데 정당성을 가질 수 있게 기여했음은 물론이고 앞으로 노동자로 살아갈 기반을 만드는 자양분이었다. 산업선교회는 노동자복지협의회 등 노동단체들이 생겨나기까지 동일방직 해고노동자의 투쟁과 삶을 함께 만들어가는 역할을 다했다.

곧 다시 돌아갈 줄 알았던 공장으로 돌아가지는 못했지만, 동일방직 해고노동자들의 복직 투쟁은 의미가 컸다. 우선 해고를 순순히 받아들이지 않고 투쟁함으로써 권력과 자본이 어떻게 노동자를 탄압하는지 폭로하고 사회 전반에 노동문제를 새롭게 인식시키는 계기를 만들었다. 한국노총 점거 투쟁은 노동자들의 의식을 변화시키는 계기가 되기도 했다. 또한 복직 투쟁 경험은 해고노동자 자신이 삶을 헤쳐가는 데 강한 무기가 되었다. 자본에 둘러싸인 세상을 노동자의 눈으로 볼 줄 알게 된 것이다. 동지와 연대의 소중함도 알게 되었다.

한계도 분명 있었다. 노동3권을 제한하는 법을 바꾸거나 어용 한국노총을 전복하기 위한 투쟁을 생각하지는 못했다. 당시 노동운동 진영은 제대로 된 조직을 갖지 못하고 종교단체, 학생조직의 측면 지원에 의존한 바가 큰데, 그 지원 속에 노동자의 법적 권리를 인식하고 자본과 노동의 관계에 관한 기초적 내용을 중심으로 교육, 실천이 이뤄지던 때였다. 이에 노동운동 진영의 인식이 '인도적' '민

동일방직 해고노동자들은 복직 투쟁, 연대투쟁을 통해 '노동자'로 단련되었다.

주적' 인식을 벗어나기는 어려웠다. 동일방직 해고노동자들도 그랬다. 산업선교회를 통해 연대를 넓혔지만, 복직 너머를 고민하지는 못했으며 법·제도 변화를 위한 투쟁과 정치활동으로 확장하지는 못했다. 당시는 그럴 수밖에 없었다. 이 점이 광주항쟁 이후 형성되는 변혁적 노동운동과의 차이기도 하다.

이러한 한계가 있었지만, 동일방직 해고노동자들은 자신들이 노동 현장으로 들어가 활동해야 한다는 생각을 내려놓지 않았다. 그래서 노동 현장에 밀알로 퍼지기로 한 것이다. 그들의 활동은 1970년대를 넘어 1980년대 변혁적 노동운동으로 가는 한 장의 디딤돌이었다.

파괴된 삶이지만 어떻게든 살아냈다

한편 해고된 후 다른 데 취업했다가 동일방직에 다녔다는 게 탄로 나 쫓겨난 이들 중 일부 해고노동자는 고향으로 내려갈 수밖에 없었다. "빨갱이 딸년 간수 잘하라"는 협박을 받은 부모 손에 끌려갔다고 해야 맞는 표현이다. 해고된 124명 중 1978년 당시 24세가 넘는 이들이 40%로 결혼 적령기를 꽉 채운 상태였으니 부모의 바라는 바는 결혼 하나였을지 모른다. 이런 상황에서 꿈을 박탈당한 노동자들의 선택지는 그리 많지 않았다.

"네가 시집을 가야 다리를 뻗고 잘 수 있다", "다 내 잘못이다, 공부를 못 시키고 공장에 보낸 이 어미 잘못이다", "경찰들이 찾아와서 창피해 못 살겠다."

가족 모두 블랙리스트에 갇혀 지내야 했다. 동네 어귀에 경찰이 서 있거나, 동생 결혼식장에서 하객 신분증 검사를 하거나, 약혼자 시골집까지 경찰이 들이닥치는 경우도 있었다. 결혼하면 끝날 줄 알았는데 웬걸, 통반장이 감시하고 경찰에 보고하니 '빨갱이 새댁'이라는 소문이 났다. 소문을 피해 큰 도시로 이사하면 관할 경찰서 간 인수인계까지 해가며 감시망을 이었다. 이렇게 경찰의 주된 임무는 '동일방직 빨갱이들'의 일거수일투족을 감시하는 일이었다.

한국전쟁을 거치며 탄생한 '빨갱이'는 무제한의 폭력이 허용되는 유일한 존재로 자리했다. 빨갱이가 아니어야 국민이 될 수 있는 때였다. 생사여탈권을 쥔 정권에 낙인찍히지 않기 위해 숨죽여야 했던 시간을 살아낸 이들에게 '빨갱이' 여성노동자가 출현했다는 선동은 공포 자체였을지도 모른다. 공공기관은 물론 작은 공장 사장과 노동자들도, 시골 동네 이장도, 옆집 사람도 그들을 경계했다. 사방에 '동일방직 빨갱이 잡는 눈'이 번뜩이고 있었다.

> 그때 저는 인천 송림동에 살았는데 그 동네에 조그만 공장이 있었어요. 거기서 어떻게 해서 일을 했어요. 그러다가 시어머니 될 분이 자기 아들을 소개해서 결혼하게 되고, 강원도 화천으로 가서 살았어요. 그런데 거기까지도 경찰들이 찾아와서 당신 부인 빨갱이라고 그랬다는 거예요. 전국 방방곡곡에 감시의 눈이 있었어요.
>
> _ 이태순 구술

집에 내려가 있어도 결혼을 했어도 해고노동자들의 마음은 복직 투쟁하는 동지들 옆에 있었다. '지금쯤 옷을 주워입고 있겠구나, 누구는 신발이 없어서 슬리퍼 신고 나갔겠구나.'

이들이 동일방직 '민주 노동자'로 산 기간은 1972년부터 1978년까지로 길다면 길고 짧다면 짧을 것이다. 이후 어떤 이는 그 기간을 잊고 싶어 아예 입을 닫고 살기도 하고, 더러는 얘기할 곳이 없어 마음에 묻고 살기도 했다. 또 '그래도 내가 동일방직 노동자'라는 자부심을 갖고 삶을 살아낸 이들도 있었다. 동네 이장으로, 생활협동조합 일원으로, 학교 운영위원으로, 동네에서 민원을 담당하는 해결사로, 불의를 보면 참지 못하는 성격의 소유자로 변해 있었다. 어떤 형태로든 어디에서든 모세혈관처럼 퍼진 사회의 부조리에 저항하는 그들의 삶도 계속되었다.

유화 국면 노동자 투쟁

1983년 사회 분위기가 조금 달라지기 시작했다. 전두환 정권은 2월부터 '국민화합조치'라면서 구속자 석방, 사면, 복권을 하더니 12월 5일 1980년 계엄 기간 중 해직된 교수 86명에 대한 타 대학 복직 허용, 12월 21일 학생운동을 하다 제적된 1,367명의 복교 허용 등이 이어졌다.

'유화 국면'이라 불리는 이 변화는 전두환 정권이 1986년 아시안 게임과 1988년 올림픽을 앞두고 우호적 여론을 형성하고 1985년 총선거를 대비하는 과정이었다. 한편으로는 전두환 정권이 안정적으로 유지될 수 있다는 자신감의 표현이기도 했다.

이 시기 정권의 탄압으로 숨죽이던 노동자들도 투쟁을 시작했다. 임금동결 정책에 불만을 터트리고 노동조합 활동의 보장을 요구했다. 1970년대 민주노조 활동가들이 블랙리스트 철폐 투쟁, 청계피복노조 합법성 쟁취 투쟁, 한국노동자복지협의회 창립과 노동법 개정 촉구 등을 전개하며 새로운 지평을 열었다. 이 힘들은 조직적 투쟁을 준비할 동력이 되었고 1985년 대우자동차 노동자 투쟁, 구로동맹파업으로 이어지며 1987년 노동자 대투쟁을 잉태했다.

1983년 6월 10일, 어용노조 퇴진을 요구하며 농성 중이던 성남의 고려피혁 노동자들은 노무관리 담당자의 책상에서 블랙리스트를 대량 발견했다. 다섯 묶음으로 된 서류철에는 총 763명의 이름과 생년월일, 해고 일자, 사진 등이 44장의 필사본으로 정리되어 있었다. 같은 해 6월 28일, 인천 세창물산에서 발견된 블랙리스트에는 '노사분규 관련 노총회관 점거 농성자 명단'이라는 제목으로 98명의 명단이 적혀 있었다.[115]

이렇게 해서 블랙리스트가 크게 문제되자 해고노동자들이 적극적으로 투쟁에 나서기 시작했다. 이들의 투쟁은 그간의 탄압으로 웅크리고 있던 노동운동에 돌파구가 되어 주었다. 해고노동자들은 길은 저절로 열리는 것이 아니라 투쟁을 통해서 주체적으로 만들어 가야 한다는 것을 다시금 실천적으로 증명했다.

앞에서 말했듯이 1982년 동일방직 법원 판결 이후 해고노동자들은 복직 싸움을 정리하고 생계를 위해 취직을 시도했다. 동일방직 해고노동자들끼리 모이면 우스갯소리처럼 얘기하듯 당시 블랙리스트로 괴롭히지 않고 무난하게 취직하도록 가만히 뒀으면 어쩌면 해고노동자들은 활동 같은 것을 이어가지 않고 그냥저냥 살았을지도 모른다. 하지만 당시의 안기부, 경찰, 노동부 등 관계기관이나 기업은 이들을 가만히 두지 않았다. 블랙리스트 때문에 또 다시 해고되면서 생계조차 위협받는 상황에 직면한 것이다. 그 같은 상황

---

[115] 전국민주노동조합총연맹, 『1970~2000 민주노조 투쟁과 탄압의 역사』, 현장에서 미래를, 105~106쪽 ; 511~560쪽, 2001.

은 다르게 말하자면 어쩌면 시대가 이들을 계속 '투사'의 삶을 살도록 이끌었다고도 할 수 있다.

해고노동자들이 블랙리스트 때문에 '현장을 계속 전전'할 수밖에 없었지만, 그렇다고 해고될 때마다 찍소리도 안 하고 다른 직장을 알아보러 다녔던 것은 아니다. 그냥 그렇게 순종적이고 유순하게 무릎 꿇을 일이 아니었다. 노동자가 가만히 있으면 더 노동자를 만만하게 보는 게 기업들의 속성이었다.

동일방직 해고자 김용자, 김옥섭, 안순애와 1980년대 해고자 신정희, 서기화, 김지선 등은 새로 입사한 회사에서 블랙리스트로 인한 압박을 받다가 결국 해고를 당했다. 김용자는 대농그룹 산하 태평특수섬유(주)에 1983년 1월 입사해 3월에는 조장, 5월에는 반장으로까지 승진했는데 7월부터 해고 압박을 받다가 10월 17일 흔히 있는 실이 섞였다는 이유로 해고되었다. 신정희는 신도실업에서 해고되었고 김지선은 삼원섬유에서 해고되었다. 한일스텐레스 해고자인 서기화도 삼익가구에 1983년 3월 입사 후 성실히 근무하던 중 10월 24일 이유도 없이 사직을 요구받고 이에 불응하자 대전으로 강제 전출당했다. 이에 불응하자 명령 불복종이라며 해고 처리됐다. 김옥섭도 동일방직 해고 이후 블랙리스트로 인해 여러 차례 해고되었다.

"애초 잘못된 거구나. 그걸 바로잡지 않는 한 밥 먹고 살기 어렵겠구나, 내 인생은 풀리지 않겠구나."

이들은 1983년 12월 15일, 노동부 인천지방사무소 소장실에서

7시간 동안 '복직과 블랙리스트 철폐'를 요구했다. 12월 16일부터는 근로감독관실에서 단식과 철야농성을 벌였다. 공권력은 이들을 가만히 두지 않았다. 12월 17일 새벽 2시경, 경찰 50여 명이 진입해 농성을 강제 해산하면서 해고노동자 4명을 포함, 총 10명을 연행해 인천경찰서에 구금했다. 연행 과정에서 경찰은 경찰차 안에서도 무차별적인 구타를 가했다. 하지만 이에 굴할 해고노동자들이 아니었다. 이들은 19일 오전 10시에 다시 노동부에 찾아가 항의했고 그 과정에서 직원과 근로감독관, 사복경찰 등 20여 명과 몸싸움이 벌어졌다. 이들은 해고노동자들의 멱살을 잡고 목을 누르며 무자비한 행동을 했다. 이 과정에서 서기화가 유리 파편에 오른쪽 다리 힘줄과 혈관을 다쳐 전치 3주의 부상을 입고 기독병원 응급실로 실려 갔다.[116] 이처럼 블랙리스트로 인한 억울함을 호소하다가 경찰의 폭력에 다치기까지 했는데도 오히려 이들 6명은 12월 20일 오후 폭력 혐의로 구속영장이 발부되었고 21일 오전에 검찰로 송치, 저녁에는 인천 학익동에 있던 인천소년교도소에 수감되었다. 어처구니없는 일이었다. 교도소에서는 면회도 직계 가족에게만 허용하고 중환자인 서기화를 병사도 아닌 일반사에 수감했다.[117]

노동자들이 블랙리스트로 해고되어 노동부에서 농성하면서 요구했던 것은 각자가 가장 최근에 해고됐던 사업장, 김용자에게는

---

[116] 민주화운동청년연합, 『민주화의 길』 창간호, 1984.3.25.
[117] 서기화 외 5인, 「인천지역 해고노동자 구속 사건 경위서」, 1984년 1월, 민주화운동기념사업회 오픈아카이브, 등록번호 00840495.

태평특수섬유, 서기화에게는 삼익가구에 복직시켜 달라는 것이 아니었다. 블랙리스트에 오르게 된 첫 해고, 즉 김용자는 동일방직에 복직시켜달라고 요구했다. 해고노동자에게 원직 복직은 줄지은 해고의 '첫 원인'이 됐던 사업장으로의 복귀를 의미했다. 첫 해고 자체가 노동운동 탄압이었고 부당해고였다는 것을 확인받자는 것이었다. 그런 의미에서 '블랙리스트 철폐'는 해고노동자들에게 '원직 복직'과 다른 의미가 아니었다.

이들은 김용자, 서기화의 이름으로 1983년 12월 24일에 세계 인권선언 기념일(12월 10일)을 맞아 해고노동자 투쟁의 의미와 정당성을 담은 <해고노동자 인권선언>을 발표했다.

> 부당하게 해고된 노동자들의 복직과 폭력적인 노동자 생존권을 말살하려는 해고, 불순 근로자 명단(블랙리스트) 작성 경위와 관계자들이 밝혀지고 '블랙리스트'가 없어지도록 사회 각계 각층 모든 사람들의 관심이 요청됩니다. 한국노총은 본연의 자세로 돌아가고 노동부는 공정한 입장에 서고 근로 감독을 철저히 하기 바랍니다. 국회는 블랙리스트와 최저임금제 등 노동자들의 당면한 문제를 철저히 다루어야 합니다. 언론은 블랙리스트들을 기사화해야 합니다. 노동계에 민주화 없이 우리나라에 정치 발전과 민주 발전은 이루어지지 않습니다.[118]

---

[118] 김용자·서기화, 「해고노동자 인권선언」, 민주화운동기념사업회 오픈아카이브, 등록번호 00028941.

확산하는 블랙리스트 철폐 투쟁

해고노동자들의 투쟁이 가열차게 벌어지자 민주화운동청년연합 주도로 1983년 12월 20일 공동 대책회의가 열렸고 이 논의를 바탕으로 12월 26일, 13개 단체 연합으로 성명을 발표한다.[119] 그리고 그 논의를 이어받아 이듬해인 1984년 1월 10일, '민주노동자 블랙리스트 문제 대책위원회'(위원장 문익환)가 결성되면서 함께 조직적인 대응에 나섰다.

이에 대해 한국노총 위원장 대리 출신인 정한주 노동부 장관은 노사분규를 주도한 노동자가 다른 사업장에 개입하는 것을 기업주들이 기피하는 데서 오는 오해라며 마치 블랙리스트가 존재하지도 않는 것처럼 발뺌했다. 그러나 블랙리스트는 기업, 노동부, 정보기관 등 3자가 중심이 되어 만든 다음, 실제로 각 사업장, 노동부 근로감독관실, 정보기관(안기부, 경찰 등)에 비치하는 것으로 알려졌다.[120] 물론 어용노조도 이를 작성하는 데 한몫을 한다.

---

119 민청련동지회, 「블랙리스트 때문에 6번 해고… 민청련이 나섰다」, 『오마이뉴스』, 2017.10.12. ; 권형택·김성환·임경석 지음, 민청련사편찬위원회 기획, 『청년들, 1980년대에 맞서다』, 푸른역사, 2019.

블랙리스트 투쟁은 그해 하반기에 전북 이리(현 익산시)로 이어졌다. 1982년 해고됐던 태창메리야스 노동자 김덕순이 이리공단 아세아스와니에서 또 해고되자 1983년 11월 25일 부당해고 관련 진정을 하기 위해 노동부 이리지방사무소에 찾아갔다. 그런데 근로감독관 책상 위에 버젓이 지오쎄 회원들에 대한 블랙리스트가 비치되어있는 것을 발견했다. 그러자 한국가톨릭노동청년회 전국평의회는 탄압대책위를 결성하고 1983년 12월 15일부터 정의평화위원회 사무실에서 각 교구 대표들이 모여 무기한 단식에 들어가기도 했다.

1984년으로 넘어오면서 6월 20일 성문밖교회에서 블랙리스트에 의한 해고노동자 복직 촉구대회가 '블랙리스트 문제 대책위' 주최로 열리는 등 투쟁이 이어졌다. 당시 블랙리스트 철폐 투쟁은 민주노조운동이 위축되어 있던 시기에 그나마 노동운동의 힘을 결집해 갈 수 있는 계기가 되었다.

노동운동이 성장한 이후에도 블랙리스트는 사라지지 않았다. 1987년 8월 20일 경동산업에서도 블랙리스트 실물이 발견되었는데, 동일방직과 원풍모방 조합원들을 포함해 총 925명의 명단이 컴퓨터로 처리되어 있었다. 주요 사업장은 원풍, 동일, 남영나이론, 태

---

120 한국기독교사회문제연구원, 『한국사회의 노동통제』, 민중사, 51~53쪽, 1987. 그리고 1988년 10월 14일자 동아일보 보도에 따르면, 국회에서 최○○ 성남경찰서장이 답변을 통해 안기부, 보안부대, 노동부 출장소, 시청 복지계, 경기도경 등과 함께 블랙리스트를 작성해온 사실을 시인하기도 했다.

평섬유, 원미섬유, 이천전기, 신일산업, 한국오디오전자, 경신공업, 콘트롤데이타, 해태제과 등이었다. 리스트에는 회사별 코드가 붙어 있었다. 이 블랙리스트 서류는 위장취업자들의 명단도 별도로 정리된, 그때까지 발견된 블랙리스트 자료 중에서 가장 방대하고 정밀한 내용을 담고 있었다.[121] 또 1988년 7월 코리아 하이답프에서도 블랙리스트가 발견되었다.[122]

한편 1983년 12월 19일 블랙리스트 철폐 투쟁에 나섰다가 구속된 6명의 해고노동자 김용자, 김옥섭, 김지선, 서기화, 신정희, 안순애는 이듬해인 1984년 2월 1일 구속집행정지로 모두 석방되었다. 그러나 당국은 "계속 복직을 요구하면 재구속하겠다"고 조건을 달았다. 하지만 이들은 투쟁을 집요하게 이어나갔다. 2월 28일, <노동자에게 드리는 호소문>을 구로공단, 부평, 인천공단, 성남공단 등지에 뿌리고 또 <현 정권의 노동자 탄압에 대한 우리의 결의>라는 결의문을 각 노동조합, 교회단체, 언론기관, 정당, 사회단체 등에 우편 발송하고 각종 대중집회에서도 배포했다. 그리고 3월 6일에는 여의도 국회의원 사무실마다 결의문과 성명서를 배포했는데 소식을 듣고 출동한 국회 경비원에게 김용자, 김지선, 신정희가 잡혀 파출소로 넘겨져 조사를 받고 훈방되는 일도 있었다.

한편 국회의원 사무실에 배포된 결의문과 성명서를 읽은 국회

---

[121] 전국민주노동조합총연맹, 『1970~2000 민주노조 투쟁과 탄압의 역사』, 현장에서 미래를, 105~106쪽, 511~560쪽, 2001.
[122] 인천민주화운동사편찬위원회 편, 『인천민주화운동사』, 선인, 285쪽, 2019.

의원이 대정부 질의에서 블랙리스트 문제를 묻자 정한주 노동부 장관은 "블랙리스트가 없다"는 허위 답변을 하기도 했다. 김용자 등 해고노동자 6명은 노동부 장관의 국회 답변이 허위임을 폭로, 고발하는 긴급 성명서를 작성해 노동절 기념대회 등 각종 행사에서 배포했다.

노동부, 경찰, 안기부 등은 유인물 발송이나 배포를 더 이상 하지 말 것, 복직 투쟁을 그만두고 재취업을 하겠다면 좋은 직장을 알선하겠다는 등 협박, 회유, 경고했다. 하지만 해고노동자들은 이에 굴하지 않았다. 김옥섭, 김용자는 노동부 본부에 부당해고 철회를 요구하는 재진정을 내기도 했고 태평특수섬유를 상대로는 해고무효확인 소송을 제기하기도 했다.[123] 구속집행정지로 1985년 1월 12일 인천지방법원에서 재판이 열렸고 징역 10월, 집행유예 2년을 선고받고 마무리되었다.

---

[123] 한국노동자복지협의회, 『민주노동』 창간호 1984.4.25.

한국노협 출범, 조직적 투쟁의 시작

1983년 말 정치적으로 유화국면이 도래하면서 사회운동과 노동운동이 전반적으로 활성화됐다. 노조 결성이 늘어나고 노동쟁의가 급증했고 또 한편으로 노동단체들을 중심으로 하는 제도권 밖의 노동운동이 활성화되었다. 그리고 학생운동 출신들이 노동 현장에 대거 투신하는 양상이 벌어졌는데 그 숫자는 서울과 수도권을 중심으로 1만여 명으로 추산되었다. 이들은 현장에서 노동야학, 소그룹활동을 벌이면서 노조 결성, 노동쟁의 등에 참가하기도 했다.

이렇게 활동공간이 넓어지자 1970년대 민주노동운동의 경험을 토대로 노동운동을 지도하고 지원할 조직체를 만들어야 한다는 필요성이 대두됐다. 이 당시 민주노조 핵심 간부들은 중화요리집이나 관악산 등지에서 '고자 모임'으로 명명한 해고자 모임을 지속적으로 가져왔다. 이 모임에서 노동단체 결성 논의를 이어오다가 마침내 한국노동자복지협의회[124] (한국노협)가 출범하게 됐다. 한국노협에는 동일방직을 비롯해 원풍모방, 반도상사, YH무역, 콘트롤데이타,

---

[124] 한국노동자복지협의회는 한국노협, 노협, 한복협 등 다양한 약칭으로 불렸다. 여기서는 한국노협으로 쓴다.

한일공업, 고려피혁, 서통, 동남전기, 청계피복 출신 노동자들이 대거 참여했다. 한국노협은 창립선언문에서 운동의 목표를 이렇게 밝혔다.

> 이제 우리들은 노동자의 생존 자체를 압살하는 오늘의 현실을 더 이상 보고만 있을 수 없어 새로운 형태의 노동운동을 전개함으로써 이 땅의 8백만 노동자를 옹호 대변하기 위해 '한국노동자복지협의회'의 결성을 엄숙히 선언한다. 우리들은 유신 독재의 어두운 시대에 민주노동조합을 지키려고 몸부림치다 권력의 잔인한 탄압에 의해 희생된 당사자로서, 비조직적이고 고립 분산적인 한계를 극복하고 노동운동의 주체성, 통일성, 연대성을 드높이고자 한다.
> 우리들의 앞날은 멀고도 험난할 것이지만, 생존의 권리를 위해 투쟁하다 사라진 이름 없는 숱한 선열들의 무한한 헌신성과 강철같은 신념을 본받아 지칠 줄 모르는 투쟁을 계속할 것이다.
> 8백만 노동자여! 민생! 민주! 민족통일의 빛나는 승리를 향해 이 땅의 모든 양심 세력과 굳게 뭉쳐 끝까지 나아가자![125]

한국노협 결성식은 1984년 3월 10일, 홍제동성당에서 열렸다. 홍제동성당이 장소로 선택된 이유는 당시 천주교정의구현전국사제단을 주도했던 김승훈 신부가 주임 신부로 있었던 곳이었기 때

---

[125] 김용기·박승옥, 『한국노동운동논쟁사』, 현장문학사, 124~125쪽, 1989.

문인데 1980년대 당시 이곳은 여러 사회운동 집회 장소로 자주 이용되곤 했다. 그래서 홍제동성당은 항상 형사들의 감시가 삼엄했지만, 이날의 성당 분위기는 사뭇 달랐다. 공개적인 운동 조직인 한국노협 창립대회에는 1천여 명이 넘는 노동자, 시민, 종교계 인사 등이 대거 참석했다.

한국노협 출범 당시 동일방직에서는 이총각이 부위원장으로 선임되어 활동했다. 출범 당시 한국노협의 임원과 조직은 다음과 같았다.

- 이사장 : 지학순(천주교 원주교구 주교)
- 부이사장 : 박형규(제일교회 목사)
- 이사 : 조지송, 안병무, 김승훈, 함세웅, 최기식, 김용백, 이효재, 이우정, 이완영
- 사무국장 : 이창복
- 위원장 : 방용석(원풍모방)
- 부위원장 : 남상헌(고려피혁), 박순희(원풍모방), 이총각(동일방직), 김문수(한일도루코)
- 운영위원 : 유동우(삼원섬유), 양승조(청계피복), 최순영(YH무역), 민종덕(청계피복), 조경수(동남전기), 조금분(반도상사), 정선순(원풍모방), 배옥병(서통)
- 간사 : 이영순(콘트롤데이타)

한국노협 창립대회에서 외친 블랙리스트 철폐 요구.

이날 결성식 및 노동절 행사가 끝난 후 참가자들은 '블랙리스트 철폐'를 요구하며 횃불시위를 벌였다. 매번 촛불만 들던 노동자들이 횃불을 들며 투쟁의 의지를 드러낸 것이다. 그러자 경찰이 막아서며 연행하려 했다. 연행을 피하려는 와중에 횃불이 경찰 옷에 옮겨붙어 버렸다. 김옥섭, 김용자, 서기화가 경찰에 붙들렸다. 이들은 경찰기동대, 일명 백골단에 연행돼 경찰 버스에 갇힌 채 실신할 정도로 심하게 구타당했다. 그 후 서대문경찰서에 강제 연행된 후 2일간 조사를 받고 훈방조치 되었다.

한국노협은 과거 기업별 노조 중심의 고립 분산된 운동을 극복하고 노동자를 주체로 한 전국적 통일적 구심점을 형성한다는 목표를 표방했다. 그래서 1985년 인천노협, 1987년 동부노련, 1987년 남부노련 등 필요에 따라 지역지부를 건설하기도 했다.

한국노협은 독자적 사무실을 갖기로 했는데, 원래 원풍모방노조가 강제 해산된 뒤 남아 있던 조합비로 마련한 서울 신길동 삼호연립 101호 '원풍의 집'[126]에 사무실을 두고 활동을 전개했다. 또 기관지 『민주노동』을 발간해 선전 활동을 활발하게 벌였으며, 연간 100여 회의 노조간부 교육과 부당해고, 체불임금, 퇴직금, 산업재해 등 노동문제 상담과 법정투쟁을 지원했다. 그리고 민주통일민중운동연합(민통련), 민주화운동청년연합(민청련) 등 재야운동 단체들과도 활발하게 연대했다.

하지만 한국노협이 당시 노동운동을 주도하던 시간은 그리 길지 않았다. 학생 출신 노동운동 활동가들이 늘어나면서 노동운동의 분위기와 모습은 그 이전과 사뭇 달라져 가고 있었다. 예를 들어 일명 '노방'으로 불리던, <한국노동운동의 방향 정립을 위해>[127] 라는 제목의 비합법 배포 문건이 1983년부터 나돌았는데 이 문건은 1970년대 노동운동을 '경제투쟁에 머문 실패한 운동'으로 규정하고 격렬하게 비판했다. 이 문건은 큰 반향을 일으켰다. 이런 관점은 1984년 출범한 한국노협을 바라보는 주된 관점으로 널리 퍼졌다.

---

[126] 신길동 삼호연립 101호의 연원에 대해서는 김기선, 「87년 노동자 대투쟁의 씨를 뿌린 아름다운 연대 한국노동자복지협의회」, 『희망세상』 2008.7. 민주화운동기념사업회.

[127] 이 문건은 다음 책에 전문이 수록되어 있다. 김용기·박승옥 엮음, 『한국노동운동논쟁사』, 현장문학사, 84~112쪽, 1989.

논쟁이 거듭되는 가운데 1985년 6월 구로동맹파업을 거쳐 그해 8월 서울노동운동연합(서노련)이 결성되었고 이듬해인 1986년 인천지역노동자연맹(인노련)이 출범했다. 그러자 한국노협 내부에도 균열의 징후가 나타났다.

특히 1985년 8월 서노련이 결성된 이후 한국노협에서 활동하던 많은 이들이 대거 이탈했다.[128] 청계피복노조가 빠져나갔고 김문수 등도 빠졌다. 유동우는 1985년 2월 한국기독노동자총연맹(기노련)이 창립되면서 활동 중심을 옮겼다. 이영순, 최순영 등은 한국여성노동자회 준비모임에 합류했다. 초대 위원장이던 방용석도 민주통일민중운동연합(민통련) 노동위원장 및 노동상담소장으로 자리를 옮겼다. 한국노협의 역할과 위상이 흔들리던 때였다.

그런 가운데 1987년 1월, 이총각은 한국노협 2대 위원장을 맡아 2년여 시간을 보냈다.[129] 그 시기 활동이 정지 상태였던 인천노협이 재건되었다. 그리고 한국노협은 기관지 『노동자의 소리』를 다시 발간했다. 한국노협은 여전히 조합주의, 경제주의적 노선의 전형적 단체로 비판의 표적이 되었지만, 노동조합 결성을 지원하고 상담 활동과 교육 활동을 이어나갔다.

한편, 전두환 군사독재 정권은 서울대학교 학생 박종철을 연행

---

128 민종덕, 『노동자의 어머니』, 돌베개, 493~515, 2016; 안재성, 『청계, 내 청춘-청계피복노조의 빛나는 기억』, 돌베개, 521~574쪽, 2007.
129 박민나, 「길을 찾아서 : 이총각-우리들의 대장, 총각 언니 94 "한국노협 위원장으로 87년 노동자 대투쟁"」, 한겨레신문 2013.9.25.

해 고문을 가하다 끝내 죽음에 이르게 만들었다. 이에 노동자들은 가장 앞서 투쟁을 시작했다. 1987년 1월 25일 한국노협과 기노련 등 9개 단체가 '고 박종철 동지 추모식 및 노동자대회'를 열었고 기노련 인천지역연맹 등의 추모 예배와 시위(1.25), 기노련 서울지역연맹의 노동자함성제(2.15), 인천지역 노동자 1천여 명의 부천역 시위(3.1) 등이 이어졌다. 그 후 5월에 결성된 '민주헌법쟁취 국민운동본부'에 1970년대 민주노동운동의 간부들도 발기인으로 참가했고 그 후 뜨겁게 전개된 1987년 6월 민주항쟁의 대열에 노동자들도 적극적으로 가담했다.

6월항쟁이 마무리된 후, 정치권과 재야·학생운동이 12월 대통령선거 국면으로 급속히 매몰되고 있는 시점, 7·8·9월 노동자 대투쟁이 벌어졌다. 울산을 시작으로 번져나간 노동자들의 자발적인 노조 결성과 파업의 물결은 스스로 인간임을 선언하며 사회의 주체로 등장한 역사적 사건으로, 전국을 휩쓸었다. 노동자 대투쟁은 한국에서 노동자계급이 추진한 최대 규모의 저항활동이었다. 6월 29일부터 10월 31일까지 발생한 노동쟁의는 총 3,311건이었고, 참가인원은 약 122만 5,830명에 이르렀다. 노동자 대투쟁의 결과 한국의 노동조합과 조합원 수는 급격하게 증가했다. 예컨대 1986년 한 해에 신규노조는 100여 개, 신규 조합원은 3만여 명가량 불어났지만, 1987년 7~12월 동안에 신규노조는 1,344개, 신규 조합원은 21만 7,000여 명이 증가했다. 1988년에도 신규노조는 2,000여 개, 신규 조합원은 44만여 명 늘어났고, 1989년에도 신규노조 1,700여 개,

신규 조합원 23만여 명이 증가할 정도였다.[130]

1970년대 민주노동운동 활동가들 모두가 자기가 처한 현장에서 노동자 대투쟁 국면을 맞아 제 역할을 해내고자 노력했다. 한국노협은 이후에도 노동자들을 지원하는 활동을 이어가다가 1987년 노동자 대투쟁 이후 신규 민주노조가 대거 만들어지게 되자 자기 역할을 바꾸게 된다. 즉 "진보적인 노동운동의 한 부분으로서 겸허하게 복무할 것을 결의"한 후 1989년 1월 15일 '한국민주노동자연합'(한노련)으로 이름을 바꿨고,[131] 1997년 3월에 당시 민주노총이 건설된 조건 가운데 조직의 역사적 소임이 다했다고 보고 해소했다.

---

130 양규헌, 『1987 노동자 대투쟁』, 한내, 2017.
131 이원보, 『한국노동운동사 5권 : 경제개발기의 노동운동, 1961~1987』, 지식마당, 693~694쪽, 2004.

1985년 『동일방직노동조합 운동사』 발간

1980년 광주항쟁 이후의 암흑기를 지나 노동자들의 대중투쟁이 활발하게 전개되기 시작하면서 과거의 노동자 투쟁사에 대한 관심이 고조되고 있었다. 1980년대 출판계를 주도했던 신생 인문사회과학 출판사들이 이러한 기대에 적극적으로 부응했다. 그 출판사들에는 학생운동이나 노동운동에 참여했던 지식인이나 노동자 출신들이 대거 포진하고 있었다. 또 당대 독자층 가운데 학생이나 지식인들 역시 노동자, 민중의 구체적 삶과 현실을 알고자 하는 요구가 강했다.

당시 쏟아져 출간됐던 책들을 간략하게나마 추려본다면 그 즈음의 분위기를 미루어 짐작해볼 수 있을 것이다. 1983년에는 '돌베개' 출판사에서 『어느 청년 노동자의 삶과 죽음』이라는 이름으로 전태일 평전 초판이 발간되었다. 1984년이 되면 책들이 본격적으로 쏟아져 나오기 시작한다. 동아일보 해직기자 출신인 이태호는 『불꽃이여 이 어둠을 밝혀라』라는 책을 썼는데 이 책에는 1970년대 여성노동자들의 주요한 투쟁이 망라되어 있었다. 해태제과 여성노동자들의 투쟁을 담은 『8시간 노동을 위해』는 '풀빛' 출판사에서 발간

『동일방직노동조합 운동사』
출판기념회.

되었고, 동일방직 석정남의 수기 『공장의 불빛』이 '일월서각'에서, 원풍모방 장남수의 수기 『빼앗긴 일터』가 '창작과비평사'에서 발간되었다. 또 『YH노동조합사』가 '형성사'에서 발간되었다. 그 외에도 많은 노동자의 투쟁 사례를 다룬 책들이 쏟아져 나왔다.

동일방직노조의 투쟁사 역시 모아서 출간할 필요가 있었다. 이는 그간의 동일방직노조 투쟁의 역사와 자료가 사라지는 것을 막기 위해서이기도 했고, 언제일지는 모르겠지만 나중에라도 다시 투쟁할 때의 근거를 마련해 놓는 중요한 작업이기도 했다. 동일방직 기존의 자료들을 모두 모았고 설명을 붙이고 순서를 편집해 노동조합사가 만들어졌다. 그리고 웬만하면 유인물이나 성명서, 선언문, 심지어 회의록이나 회의 메모까지도 모두 버리지 않고 순서를 찾아 실어놓았다. 책으로 묶을 때 제대로 해놓지 않으면 나중에 사실관계가 다 틀어질 수 있기 때문이었다. 그래서 지금 다시 뵈도 분량이 방대하다. 글자가 작고 한 쪽에 들어가는 줄 수가 많은 걸 차치하고서도 431쪽에 달했다. 마침내 『동일방직노동조합 운동사』가 돌베개 출판사에서 1985년 6월에 출판되었다.

동일방직 노동자들은 해고 이후에도 『동지회보』를 꾸준히 발간했다. 해고노동자들은 한 호씩 낼 때마다 갖은 수고를 아끼지 않았고 등사지에 철필로 글씨를 한 자씩 새기는 이른바 '가리방 인쇄' 방식으로 찍어냈다. 또 원고에는 활동 내용이나 감정을 꼼꼼하게 적었다. 이 모든 것이 고스란히 다 책 속에 담김으로써 해고노동자들의 역사는 지금까지 남을 수 있었다.

1978년 창업한 돌베개 출판사는 광주항쟁을 겪은 이후에 직원으로 일하던 임승남이 넘겨받아 사업을 이어나갔다.[132]

---

[132] 돌베개 출판사의 당시 상황은 임승남, 『이토록 평범한 이름이라도』, 다산책방, 2023.에 실렸다.

1980년대 당시에는 노동조합에서 이런 책을 내는 경우가 별로 없잖아요. 그래서 어디 가도 집필을 맡아주는 사람이 없었어요. 그런데 우리 남편(돌베개 출판사 임승남)이 "우리가 내주겠다" 했어요. 그때 박승옥 편집부장이 글을 썼어요. 지금 와서 그 책을 다시 보면 정말 잘 썼다는 생각이 들더라고요. 우리가 한 일을 기록물을 모아서 정리하고 시간순으로 기록해 전달했다는 게 신의 한 수였어요. 경험한 일들도 잘 풀어서 기록한 게 또 신의 한 수였고요.

_ 김인숙 구술

『동일방직노동조합 운동사』가 출판된 후 동일방직복직투쟁위원회 주최로 출판기념회가 1985년 7월 20일 열렸다. 1982년 상고재판에서 기각된 후 자주 만나지 못했던 동일방직 동료 20여 명이 한자리에 모였다. 복직을 기원하는 고사도 지냈고 당시 상황을 재연한 연극도 다시 상연했다. 1980년에 '동일방직 해고근로자 복직추진위원회' 위원장을 맡았던 문익환 목사가 축사를 했다.

시대를 잇는 조각보가 되어

광주민중항쟁을 거친 후 한국 사회 각 분야 운동은 달라지기 시작했다. '미국'에 대한 인식을 새로이 하면서 반미 운동이 일었고 '사회변혁'에 주목하는 흐름도 생겼다. 특히 노동운동은 '변혁 이론'과의 조우로 이전과는 다른 양상으로 펼쳐졌다. 1970년대 노조 활동 경험을 가진 이들과 학생운동을 하다가 현장으로 투신한 이들, 대중 활동을 강조하는 흐름과 이론을 강조하는 이들이 매일 밤샘 논의를 하고 때로는 의견 일치로 실천하기도 하고 때로는 이견을 좁히지 못해 흩어지기도 했다.

노동운동 진영 내부의 변화와 정권의 엄혹한 탄압 속에서도 신규노조가 결성되었으며 크고 작은 투쟁들이 빈번히 일었다. 1985년 들어서는 대우자동차 노동자들의 투쟁과 구로동맹파업이 일어나면서 전두환 정권을 위협했고 그 기운들이 모여 1987년 노동자 대투쟁으로 이어졌다. 이후 전국에 민주노조가 건설되고 한국노총과는 다른 노조를 표방하는 지역조직, 전국조직이 건설되었으며 노동자 정치세력화도 추진되어 오늘에 이르고 있다.

1980~2000년대에 이르기까지 노동조합운동, 정치적 노동운동,

지역노동단체운동 등 여러 영역에서 활동을 이어갔던 동일방직 해고자 출신 활동가들이 있었다. 동일방직 해고노동자들이 차츰 연락이 끊기거나 자주 만나지 못하는 형편이 되어가는 동안에도 노동사회운동에 참여하고 있는 이들끼리는 서로의 안부를 확인할 수 있었고 적어도 몇 단계만 거치면 직접 연락이 가능한 연결망을 유지하고 있었다. 2000년대 이후 민주화운동 보상이나 과거사위원회 활동을 할 때 이 같은 사회적 연결망이 바탕이 되기도 한다.

이들 동일방직 해고노동자들의 이 시기 활동 내용은 단편적으로 알려져 있기는 하지만 전체적으로 조명된 적이 없다. 1980년 광주항쟁 후 1987년 7·8·9월 노동자 대투쟁이 전개되기 전까지 7년여 시간 동안 민주노동운동은 동일방직 해고노동자들을 비롯한 수많은 1970년대 민주노조운동 활동가들의 분투로 채워졌다. 지역 사업, 인천지역 노동운동, 인천지역 여성 노동운동, 현장에 밀알로 퍼진 개인들까지. 그들의 노력과 쉼 없이 만들어냈던 싸움들, 어렵게 구축해낸 조직 운동의 진지들이 없었다면 이후 터져 나오는 노동자들의 투쟁이 민주노동운동이라는 조직적 물줄기로 모이는 것은 불가능했을 것이다.

그런 맥락에서 1980~2000년대에 이르는 1970년대 민주노조운동 활동가 개개인의 삶의 궤적은 단순히 한 사람, 한 사람의 개인적 인생 역정으로만 간주해서는 안 된다. 그 삶의 한 조각, 한 조각을 이어서 꿰매 보면 당대 노동운동이라는 큰 조각보를 구성해낼 수 있을 것이다.

인천도시산업선교회 지역 사업과 의료생협 활동

인천도시산업선교회는 지역 사업, 주민 조직화 사업에도 관심을 기울였다. 1980년 9월, 조화순·김동완 목사를 중심으로 '민들레 어린이 선교원'(민들레집)이 문을 열었다. 국가가 방치하고 외면하는 노동자, 민중의 생활 문제에 실제적 도움을 주는 일에 뛰어든 것이다. 민들레집은 지역 내에 있는 맞벌이 가정의 자녀 중 만2세부터 취학 전까지의 어린이를 오후 5시까지 맡아서 보육했다. 교사로는 영등포산선에서 활동했던 김은혜, 동일방직 해고노동자 김인숙, 그리고 장동식 등이 있었다. 이후 보육 전공자인 유효순이 민들레집 일을 맡았고 취사는 김순분이 수고를 했다.

민들레집 운영이 안착되자 화수동뿐만 아니라 화평동, 인현동, 송현동, 만석동에까지 민들레집이 알려졌다. 그러자 그 이전 경찰의 감시 때문에 접근하길 꺼리던 주민들이 너도나도 문의해오기도 했다. 하지만 교사와 시설이 한정되어 있어 40명밖에 수용할 수 없었다.[133]

---

[133] 유효순·김인숙·장동식, 「민들레 어린이선교원 생활 보고서(1981년 8월-12월까지)」, 인천도시산업선교회, 민주화운동기념사업회 오픈아카이브 등록번호 00442776.

민들레집은 처음에는 인천산선 2층에 터를 잡았다. 당시 자녀를 맡긴 부모, 이미 거쳐 간 아이들의 부모들까지 힘을 모아 빈 병과 폐휴지를 모으고 수산물 행상을 하면서 돈을 모았다. 그러한 노력의 결과, 헐값의 집 한 채를 마련해 민들레집을 옮기기도 했다.[134]

민들레집은 한 달이나 두 달에 한 번씩 생일잔치도 하고 부모 회의를 열었다. 추수감사절과 성탄 예배도 했고 주1회 교사 회의도 했다. 어린이날 야유회를 가기도 했고 예방 접종 같은 의료 서비스도 담당했다.

민들레집을 시작으로 인천산선은 주민의 실제적 요구와 형편을 더욱 열심히 살피게 되었다. 그중에는 의료 문제도 있었다. 그 당시는 지역의료보험이 없어서 병원 문턱이 높았고 의료 서비스를 받기가 쉽지 않았다.

1982년 산업선교회 내에 민들레 의료생활협동조합을 설립했는데 여기에 지역 주민 250여 명이 조합원으로 참여했다. 실제 의료 행위에 나설 사람들로는 인천기독병원 수련의 양요환, 서울대 치대생 전동균 등으로 의료진 20여 명을 꾸렸고 동구보건소에서 근무하던 조옥화를 실무진으로 구성했다. 민들레 의료생협은 주말진료, 야간진료, 보건상담, 영유아 건강관리 등의 사업을 수행했다. 1985년 당시 조합비는 한 가구당 한 달에 500원이었다. 인천지역 의사 4~5명과 상근 간호사를 포함한 간호사 5명이 참가했다. 치과 진료

---

[134] 「작아도 하늘만한 '아이들 천국'」, 경향신문 1996.7.15.

는 매주 일요일에 했는데 지도 의사 1명과 치과 대학생 9명으로 수행했다. 또 상근 간호사 1명이 영유아 건강관리 및 예방 접종을 시행했다.[135]

이때 동일방직 해고노동자 일부도 취업을 위한 기술 교육을 받았는데 최연봉과 문현란이 지역의료 사업에 함께 하기 위해 간호학원을 다니고 간호조무사 자격증을 땄다. 그 뒤 문현란은 오랫동안 병원에서 근무하면서 주말 진료에 참여했고 최연봉 역시 의료팀에 합류해 조옥화 전문간호사와 함께 상근자로 일하기도 했다.[136]

산업선교회가 펼친 노동자, 빈민 의료 활동에 참여한 의사, 간호사 등의 활동이 바탕이 되면서 1980년대 한국에서는 의료 전문 운동도 발전하게 된다. '노동과 건강 연구회' 같은 단체들이 만들어지고 병원 문턱과 비용을 확 낮춘 구로의원과 인천평화의료생협같이 이른바 '민중병원'의 설립, 산업안전보건법 개정 운동이나 산업재해 추방운동 등이 그것들이다. 또 이를 바탕으로 해서 '건강사회를 위한 치과의사회'나 '인도주의실천의사협의회' 같은 직능 단체 운동 역시 발전하게 된다. 인천산선의 노력도 이 같은 결실의 바탕이 되었음은 물론이다.

---

[135] 일꾼교회의료봉사선교부, 「만석동 화수동 지역 주민 의료 봉사 활동」, 인천도시산업선교회, 민주화운동기념사업회 오픈아카이브 등록번호 00448349. 당시 함께했던 치과 의사와 대학생들은 강신익, 김영일, 김옥희, 김욱동, 김주완, 김원범, 백정훈, 이상선, 전동균, 조영수 등이고 간호사 명단에 정상은, 신현주 등의 이름이 남아 있다.

[136] 최연봉, 「공장노동자에서 지역활동가로 - 구술자 최연봉의 삶」, 인천연구원 엮음, 『끝나지 않은 이야기』, 인천연구원, 57~58쪽, 2022.

노동 현장에서 동료들과 투쟁 조직하기도

블랙리스트로 공장 취업이 불가능하던 때 그나마 일할 수 있는 곳이 있었는데, 지금은 사라진 버스 안내양이었다. 버스 안내양은 새벽 4~5시에 일을 시작하고 밤 1~2시에야 잘 수 있을 정도로 노동 시간이 길었다. 인천의 한 버스회사에 안내양으로 취업한 김용자도 졸음 예방약 '타이밍 정'을 먹어가면서 일했다. 잠을 자면서도 "오라이 오라이" 잠꼬대를 할 정도였다. 어느 날 밤 12시가 다 된 시간에 손님이 다 내리지 않았는데 문을 연 상태로 차가 출발했다. 버스 기사는 구속되었고 여기에 책임이 없던 김용자까지도 경찰 조사를 받아야 했다. 이 같은 '개문발차'는 종종 벌어지는 일이었고 버스 승객들이 적정 인원을 초과해 탑승한 '콩나물 버스'에서 문을 연 채 안내양이 매달려 달리는 경우도 흔했다.[137]

그런데 이보다 더 견디기 어려웠던 것은 인간적 모멸감이었다.

---

[137] 1977년 9월 4일 서울 종로구 관철동 광교지점 앞길에서 무교동 쪽으로 가던 영진교통 소속 시내버스의 안내양 김점순 양이 숨진 사건은 당시 크게 알려졌다. 동아일보 1977.9.5. 7면; 생산자 미상, 「영진교통 안내양 추락사와 문제점」, 1977, 민주화운동기념사업회 오픈 아카이브 등록번호 00886598.

버스 안내양들은 승객들이 내는 요금을 일부 '삥땅'(횡령)했는데, 박봉인데다 횡령액을 버스 기사에게 상납해야 '왕따'를 당하지 않는 구조였기 때문이다. 이에 회사는 버스 안내양들을 상대로 매일 '센타'(몸수색)를 했다. 일을 마치면 기숙사 사감이 돈을 주머니에 챙겼는지 두 손으로 몸을 훑으면서 뒤졌다. 회사 측은 돈을 '삥땅' 치는지 색출하기 위해 승객을 가장한 '암행' 승객을 태우기도 했다. 이 같은 몸수색과 암행 감시가 사회적 문제로 대두되자 노동부도 공식적으로 몸수색을 규제하겠다고 했지만 말뿐이었다. 1980년대 내내 전국의 버스 안내양들의 자연발생적 투쟁과 농성이 터져 나왔지만 잠깐 보도가 될 뿐 금세 사회적 관심에서 멀어졌다.

김용자는 동일방직에서의 경험과 복직 투쟁 속에 다진 의식으로 노동 현장에서 활동하기로 작정하고 선진여객에 동생 이름으로 입사했다. 그는 동료들을 조직해 몸수색을 거부하며 처우개선을 요구했지만 소용없었다. 그래서 근무를 거부하기 위해 기숙사에서 집단 탈출을 계획했다. 회사 뒤편 철조망을 끊고 나와 논바닥에 빠져가며 무더운 여름 한밤중에 90여 명이 탈출에 성공했다. 회사에서 멀리 떨어진 부평의 한 여인숙으로 동료들을 피신시켰다. 여인숙에 도착한 안내양들은 창문에 붙일 요구사항을 커다란 종이에 매직으로 적었다. "악덕 상무 물러가라", "몸수색을 거부한다", "수도꼭지 4개로는 못산다! 10개로 해달라!", "선풍기를 설치해 달라." "임금 인상해 달라." 나름 요구사항을 정리했다. 어린 안내양 하나는 종이에 이렇게 썼다. "김 상무님 물러가세요." 어떻게 나이 든 상무한테 반말을 쓰냐는 것이었다. 이렇게 투쟁에 서툴고 순한 노동자들이었다.

7월의 날씨는 너무나 더웠다. 좁은 여관에서 먹지도 못한 채 하루를 버틴 안내양들은 결국 회사에 연락해 5가지 조건을 요구했다. 회사는 상무이사 관련 요구만 빼고 다 들어주겠다고 했다. 노동자들은 농성 장소를 알려줬다. 그런데 회사 측과 경찰은 농성 해산을 목적으로 들이닥쳤다. 안내양들이 뛰어내리겠다며 창문에 매달리고 격렬하게 저항했지만, 경찰들은 아랑곳하지 않고 진입했다. 그러자 동료 중 누군가가 자연스럽게 "우리 옷을 벗자!"고 외쳤고 메리야스만 빼고 모두 벗었다. 그러나 모두 경찰에 연행되고 말았다.

경찰은 김용자를 제외하고 모두 훈방했다. 회사로 돌아간 안내노동자들은 업무 복귀를 거부하고 "김용자를 석방하라"며 농성을 2~3일간 계속했다. 그 바람에 김용자도 임시 훈방될 수 있었다. 김용자는 그대로 도망쳤고 곧바로 수배자가 되었다.

안내양들이 요구한 5가지 요구 조건 중 선풍기 설치, 수도꼭지 추가, 임금인상, 몸수색 거부 네 가지만 관철되었고, 상무이사 퇴진은 이루어지지 않았다.

안내양들은 수배 생활을 하는 김용자를 일주일에 한 번은 만나러 왔다. 목욕을 빙자해 찾아와 먹을 것도 챙겨주고 생활비도 보태줬다. 회사로 돌아갈 때는 목욕탕에서 나온 것처럼 머리에 물을 잔뜩 묻히고 돌아갔다. 그들은 투쟁에 앞장섰던 '동지'에게 그런 방식으로 의리를 지키고 보여줬다.

경동산업에서 민주노조 결성을 시도한 주체 중에도 동일방직노조 해고노동자가 있었다. 인천 경동산업(현 키친아트)은 인천 북구 가좌동 인천교 옆에 있었는데 주로 양식기와 주방용품을 생산하는 회사였다. 1987년에 2,500여 명의 노동자가 일하고 있었으니 규모가 큰 사업장이었지만, 매월 유동 인원은 500여 명에 달하고 1년 이하 근무자가 60~70%에 달할 정도로 노동조건이 열악했다.

경동산업에 취업한 정명자는 1984년 10월, 선진노동자 김홍섭, 대학생 출신 한덕희, 최봉근, 김종호 등과 민주노조 결성을 시도하다가 사측에 발각되어 부서이동과 자진퇴사를 강요당했다. 이를 거부하고 버티며[138] 1985년 다시 노조 결성을 시도했다. 1월 14일, 경동산업노동조합 결성대회를 개최하고 이튿날 한국노총 산하 전국금속노동조합연맹에서 가맹증을 받았다. 그런데 회사 측의 회유와 협박으로 결성대회에 참석했던 4명이 노조 결성대회 이전 날짜로 사직서를 제출했다. 이어 노조 결성을 주도한 이들을 해고한 회사 측은 관리자를 중심으로 어용 노동조합을 결성했다. 그러자 인천시청이 기존 노조 설립신고서를 반려하고 관리자 중심 노조의 설립신고증을 교부했다.[139] 민주노조 결성은 실패했다. 그러나 노조 결성을 주도했던 이들은 구로지역, 인천지역 노동자들과 함께 '살인 해고 중지, 노동악법 개정, 노동운동탄압 저지 투쟁위원회'를

---

[138] 김원, 「경동산업 노조 결성 시도」, 노동자역사 한내 뉴스레터 2013.1.14.
[139] 이재성, 「인천 경동산업의 공장체제와 민주노조운동」, 『기억과 전망』 19호, 민주화운동기념사업회, 172~173쪽, 2008.

결성하고 부평1동 성당에서 농성을 하기도 했다.[140] 이 과정에 정명자는 수배생활을 해야 했다.

---

[140] 경동산업민주노동열사 고 강현중·김종하·최웅 추모사업회, 『경동산업 노동자 투쟁사 자료집』 1, 2권, 민주화운동기념사업회, 2008에서 요약했다. 이 자료집에서 1984~1985년의 투쟁 내용들은 1권의 15~16쪽, 89~124쪽에 주로 담겨 있다.

인천과 부천 지역 노동운동 기반 다져

인천노동자복지협의회(인천노협)는 한국노동자복지협의회의 인천지역협의회로 1985년 2월 7일, 오후 8시에 인천가톨릭센터 강당에서 250여 명의 노동자, 시민이 모인 가운데 창립했다. 이날 대회에서는 조금분(반도상사)을 임시 의장으로 창립총회를 진행했는데 규약을 통과시킨 후 위원장에는 양승조(청계피복), 부위원장에 최순영(YH무역), 사무장에 김지선(삼원섬유), 회계감사에 이총각(동일방직), 조금분을 각각 선임했다. 사무실은 인천시 북구 십정동에 있는 부평3동 천주교회에 두었다. 인천노협은 인천·부천지역 노동자신문으로 『함성』지를 발간했다.

창립대회 날, 2시간 30여 분만에 대회를 끝내고 해산하는 길에 경찰의 폭력 도발이 있었다. 가톨릭회관에서 나와 양승조 위원장이 동인천 지하도를 걷고 있을 때, 잠복하고 미행하던 사복형사 수십여 명이 방명록 등이 들어 있는 서류 봉투를 탈취하려 했고[141] 이에 함께 있던 노동자 9명이 이를 제지하자 순식간에 경찰들이 등장해

---

[141] 원풍모방노동조합, 『원풍동지』 제16호, 1985.3. 6쪽.

노동자들을 동인천역 앞 파출소로 연행했다.[142] 경찰기동대 백골단이 파출소 내에서 연행자들을 구타했다. 이 과정에서 김용자는 발로 걷어차여 시멘트 바닥에 머리를 부딪치며 혼절해 인천시립병원으로 후송돼 입원 치료를 받기도 했다.

이후 인천노협은 노동법개정 투쟁을 거치면서 여럿이 연행되고 수배되면서 활동이 정지되고 말았다. 기관지 발간도 중단되었다. 그런 상태로 있다가 정명자와 최연봉이 나서면서 1987년 3월 인천노협은 다시금 복구되었다.[143] 인천노협에서 최연봉은 위원장을 맡고 박명규 사무국장, 정명자 실무간사, 이경자 부평노동사목 실무자, 그외에 지태규, 주예희 등이 주축이 돼 활동을 이어갔다.

인천노협 복구는 노동자 대투쟁 시기와 맞물렸다. 인천노협은 눈코뜰 새 없이 바빴다. 노동자들이 노조 결성을 상담하기 위해 인천노협의 문을 두드렸다. 당시에는 노조 결성 시도가 들키면 해고되거나 어용노조가 만들어지곤 했기 때문에 철통같은 보안을 유지하며 재빨리 노조를 결성해야 했다. 인천노협의 상담과 지원을 받아 4개월 동안 67개의 노동조합이 결성됐다.[144]

인천의 1987년 노동자 대투쟁은 뜨겁게 전개됐다. 한독금속과 남일금속의 노조 결성투쟁을 시작으로 8월이 되면 대우중공업 인

---

[142] 민중민주운동협의회, 『민중의 소리』 1985.2.11.
[143] 정명자, 「김제 7남매 막내딸, '투사'가 되다」, 레디앙 2011.6.9.
[144] 최연봉, 「공장노동자에서 지역활동가로 - 구술자 최연봉의 삶」, 인천연구원 엮음, 『끝나지 않은 이야기』, 인천연구원, 57~62쪽, 2022.

천공장, 삼익악기, 코리아 스파이서, 한국종합기계 등으로 파업 투쟁이 급속히 번져나갔다. 부평에서 주안으로, 대기업에서 주변의 중소기업으로 파급됐다. 투쟁방식도 사업장 점거 농성에서 벗어나 가두시위로 발전했다. 인천지역 파업과 민주노조 수가 급격하게 늘어나자 사측의 대응도 폭력적이었다. 이에 조직적으로 대응하기 위해 1988년 6월 18일 '인천지역노동조합협의회'(인노협)가 결성됐다. 1988년 말에 인노협은 47개 노동조합에 7,000여 명의 조합원을 확보하면서 대중적 기반을 가지게 되었다.[145]

그렇게 되자 인천노협이 기존에 해왔던 여러 역할이 인노협으로 넘어가게 되었고 차츰 인천노협의 위상과 조직 전망에 대한 논의가 진행되었다. 이는 비단 인천만의 현상이 아니었다. 각 지역에 있던 단체들의 조직 발전 전망이 논의되어 그 성격과 명칭을 바꾸는 사례가 많이 있었다. 인천노협은 여러 논의를 거쳐 해산을 결정했다.

부천에서도 단체 활동으로 부노협 결성의 토대를 마련했다. 블랙리스트 때문에 어디에도 취업할 수 없었던 이총각은 1982년 11월, 지오쎄 전국회장을 지낸 윤수산나의 소개로 부천 노동사목 활동을 시작하게 된다. 부천 노동사목은 거슬러 올라가면 노동야학으로부터 출발한다. 가톨릭노동청년회 출신 회원들이 박순애 아나스타시아 등을 중심으로 1970년대 후반 도당동 강남시장 2층 건물에

---

[145] 민주노총 인천본부 25년사 편찬위원회, 『인천, 노동자가 살고 있다』, 민주노총 인천지역본부, 84~87쪽, 2023.

서 노동야학을 시작했다. 그러다가 1981년 박순애가 골롬반 외방선교회 오기백 신부[146]와 허수경과 함께 노동사목을 정식으로 시작하면서 틀을 갖추게 된다.[147]

당시 부천은 인천과 서울 사이에 있는 소도시였지만 중소 공장들이 밀집해 있었고 점차 공장들이 들어서면서 노동자 수도, 인구도 급격히 늘어가고 있었다. 그 결과 1986년 말에는 상주인구 51만 명으로 당시 수원(50만 명)을 제치고 경기도 내 제1의 도시가 됐다. 부천은 접근성이 좋아 해마다 기업체 수와 노동자 수가 급격히 증가했지만, 계획적인 공단 개발이 아니라 서울, 인천에서 탈락한 업체들이 하나둘 모여드는 형태로 공장지대가 이루어졌기 때문에 소규모 영세기업 밀집 지역이라는 특징을 지니고 있었다. 1986년 말 기준 부천의 기업체 수는 2,200여 개에 육박하고 노동자 수도 8만 7,000명에 달했으며 업체당 노동자 수는 40여 명, 여성노동자 수는 3만 5,000명에 달해 전체의 40% 정도를 차지했다.[148]

이총각은 지역을 돌며 지오쎄 회원 실태를 조사했다. 노동자 대상 '자기 발견 교육'도 진행했는데, 이는 노동자들 스스로가 왜 자기 권리를 누리지 못하는지 깨닫게 하고 노동환경 개선을 위해 무엇

---

[146] 오기백 신부(Daniel O'Keeffe·성 골롬반 외방 선교회)는 아일랜드 태생으로 1976년 25세의 나이로 한국에 와 노동자, 빈민 선교의 현장에 함께했다.
[147] 한국가톨릭노동청년회 50년의 기록 출판위원회, 『한국가톨릭노동청년회 50년의 기록』, 민주화운동기념사업회, 173쪽, 2009.
[148] 인천기독교민중교육연구소 편, 『우리의 아침은 새로왔다』, 87부천노동자투쟁 자료집, 한국기독교민중교육연구소, 1988.

을 할 수 있을지 고민하도록 돕는 프로그램이었다. 부천 노동사목과 연계된 노동자들이 늘어가면서 이들을 모아 소모임을 조직해 활동을 이어갔다. 한편 방용석(원풍모방 전 지부장), 이무술(원풍모방 전 지부장), 김문수(한일도루코 전 위원장) 등을 불러 노동법이나 정치사회에 관한 강의 과정도 열곤 했다. 이런 과정에 함께했던 노동자들은 훗날 1987년 노동자 대투쟁 때 노동조합 결성을 주도하기도 하면서 부천 노동운동의 성장과 발전에 영향을 끼치게 되었다.[149]

---

[149] 박민나, 「길을 찾아서 : 이총각-우리들의 대장, 총각 언니 91 "주교·신부님 도움 속에 활기 띤 노동사목"」, 한겨레신문 2013.9.22.

인천 여성노동자 운동의 대중적 토양도 형성

1987년 이후 전국적으로 여러 여성노동자 대중조직 건설이 추진되고 있었다. 한국여성노동자회가 1987년 3월 발족했고 부천여성노동자회는 1989년 1월 발족했다. 성남민주여성회가 1988년 3월 출범했고 안양, 전북, 부산 지역에서도 여성노동자 운동 단체가 논의되고 있었다.

인천에서도 논의가 시작됐다. 우선 1988년 1월 '인천 일하는 여성 나눔의 집'(나눔의 집)이 만들어졌다. 나눔의 집 설립 배경은 민주노조 출신 여성노동자들이 결혼과 이성 문제, 현장 재취업 문제, 생활의 어려움 등으로 노동운동으로부터 멀어져 가는 현실을 보면서 이들이 여성으로서 노동자로서 주체적으로 살아갈 수 있도록 교육하고 기혼 여성 취업을 위한 기술 훈련 지도, 탁아소 운영을 할 단위가 필요하다는 것이었다.[150]

설립 배경에 걸맞게 여성노동자의 차별과 현실, 한국사회의 구조, 여성노동자 투쟁사, 올바른 사랑 등 다양한 주제로 지역 노동조

---

[150] 「'일하는 여성의 나눔의 집'에 대한 소개」, 1988.3.10, 민주화운동기념사업회 오픈아카이브, 등록번호 00847068.

합 교육을 진행했다. 한 해 교육받은 연인원이 총 1,536명에 달했다. 또 공동세탁기 운용, 생활 물품 공동구매 사업, 미싱 재봉 기술 훈련, 나눔 독서실과 도서방도 운영했다.

나눔의 집 활동을 하면서 인천의 여성노동자 활동가들은 '여성운동'의 독자적 단체, 독자 활동의 필요성을 강하게 인식하게 되었다. 노동조합을 경험한 여성들의 역사가 단절되지 않고 지속될 수 있도록 해야 한다는 의식이 강화되었다. 이들은 대중운동의 발전 속에 '여성노동자 운동'의 대중적 토양이 형성되었다고 판단했다.

그리해 나눔의 집을 모태로 해서 여성노동자 대중조직인 '인천여성노동자회'(인천여노회)로 전환했다. 인천여노회는 1989년 2월 25일 70여 명이 모인 가운데 '일하는 여성 나눔의 집'에서 창립대회를 했다. 회장은 김지선(삼원섬유)이 맡았고 총무는 동일방직 해고노동자 안순애가 맡았다. 인천여노회는 △올바른 여성해방 이념을 선전하는 활동 △여성노동자의 주체적 의식을 고취하기 위한 교육 활동 △여성노동자 교육 교재 개발 △노조 결성 및 운영을 지원하는 상담 활동 △대규모 중공업 사업장의 부인들을 조직해 가족 실천위원회 등을 세우고 공부방, 공동 부업 등을 운영하는 활동 △노동자의 자녀를 공동으로 육아하는 탁아소를 만드는 등의 활동 △여성운동 단체, 인천지역 노동운동 단체 간의 연대활동 등을 결의했다.

인천여노회 활동은 1970년대 민주노조운동을 주도한 여성노동자들이 젠더 특수적 요구를 실현하는 활동을 했다는 점에서 의미가 있다 하겠다. 이 시기 20대 초반이었던 여성노동자들은 이러한 조직을 통해 생애 주기에 따라 여성으로서 활동하고 투쟁하기 시작한 것이다. 특히 인천에서 1990년대 생활과 노동을 감당하던 여성들에게 가장 필요한 사업을 펼친 것이 국가기관이나 엘리트 여성운동이 아닌 바로 여성노동자라는 것에 큰 의의가 있었다.

인천여노회 설립 당시에는 국제적 지원도 있었다. 조화순 목사가 산업선교회를 은퇴할 때 그동안 동일방직 노동자들의 활동 등을 지원했던 미국의 감리교 여성단체가 여성노동자들 활동의 기틀이 마련되었으면 좋겠다는 취지로 10만 달러를 후원했다.[151]

인천여노회는 창립에 이어 '3.8 세계 여성의 날 기념 인천 여성노동자 대동제'를 인노협 여성국과 공동주최로 인천대학교 체육관에서 열었다. 여기에 지역 노동자 500여 명이 참석했다. 인천여성노동자회는 월간 『인천 여성노동자』라는 제목의 기관지도 발행했다.

---

151 박민나, 「길을 찾아서 : 이총각-우리들의 대장, 총각 언니 95 "인천여성노동자회 창립 위해 온힘"」, 한겨레신문 2013.9.26.

4장

국가에 책임 묻는 투쟁

1999년 민주화운동보상법 제정

민주화운동이 진전하고 속칭 보수와 진보 사이의 밀고 당기기가 거듭되는 동안 사회는 조금씩 변화했다. 동일방직 노동자들의 해고와 투쟁도 여기에 일조했음은 물론이거니와 흩어져 사는 동안에도 개인의 삶들은 직간접적으로 이 역사에 얽힌 시간이기도 했다. 그 변화가 또 다른 변화를 이끌고 그렇게 역사는 이어졌다.

시간이 지나며 역사적 사건에 대한 재평가도 이루어졌다. 폭동이라고 부르던 일이 민주화운동으로 평가되는 일이 있었고, 억울하게 희생당했던 이들이 뜻있는 사람들에 의해 무고한 죽음의 의미를 되찾기도 했다. 변화의 시간 속에서도 바쁘게 제 삶을 이어가던 해고노동자들이 지난 시간을 되새기게 하는 순간도 있었다. 김용순이 그랬다. 산업선교회에서 무언가를 배우는 것이 그렇게 좋았던 그녀는 뒤늦게 방송통신대학에 입학해 열심히 공부했다. 그런데 어느 순간 동일방직과 '문득' 마주치게 된 것이다.

방송통신대학교에서 공부하다 보니까 우리 동일방직 얘기가 경영학과 교과서에 나왔더라고요. 그때는 진짜 깜짝 놀랐어요. 우리 애기가 이렇게 크게 많이 사회화돼서 책에도 나오는구나. 저도 놀랐어요. 노사관계론에 사례로 자세하게 다루더라고요. 방통대에서 공부할 때는 옆에 사람들하고 이 얘기를 하지는 못했어요. 그냥 저 혼자 알고 있었죠. 그러다가 나중에 용자하고는 이 얘기도 주고받았어요.

_ 김용순 구술

1980년대와 1990년대가 숨 가쁘게 지나가면서 한국의 민주주의도 더디지만 조금씩 전진했다. 1997년 12월, 대통령 선거에서 정권 교체가 이루어지고 김대중 정부가 출범했다. 수십 년간 수많은 희생을 치르면서도 투쟁 현장을 지키면서 민주주의를 위해 싸워왔던 민주화 희생자들의 유가족들과 추모단체들은 큰 기대를 갖게 되었다.

1998년 4월 24일부터 전국민족민주유가족협의회(유가협)와 민족민주열사희생자추모(기념)단체연대회의(추모연대)는 서울역에서 '민족민주열사 명예 회복과 의문의 죽음 진상규명을 위한 대국민 캠페인'을 시작했다. 법 제정의 의의를 홍보하고 법 제정을 촉구하는 서명운동이 함께 진행됐다. 이것이 「의문사진상규명을위한특별법」과 「민주화운동관련자명예회복및보상에관한법」 제정 운동의 첫걸음[152]이었다. 이 캠페인은 9월까지 매일 진행되었다. 그

---

[152] 유가협과 추모연대의 입법 운동 과정에 대해서는 송기역, 『유월의 아버지』, 후마니타스, 297~309쪽, 2015.

리고 9월 1일, '민족민주열사 명예 회복과 의문의 죽음 진상규명을 위한 1998년도 2차 학술회의'에서 두 가지 법의 시안이 발표됐다. 그 뒤 9월 15일에는 특별법 제정을 위한 기자회견을 진행하고 5만 2,900여 명의 서명을 첨부한 법 초안을 국회에 청원함으로써 법 제정을 위한 큰 걸음을 내딛게 된다.

이후 1998년 10월 21일 유가협 배은심 회장을 비롯한 대표단 8명이 청와대를 방문해 김대중 대통령과 면담하고 특별법 제정을 약속받으면서 법 제정이 순조롭게 진행될 듯 보였다. 그러나 국회는 개원만 해놓고 민생은 뒤로 한 채 밥그릇 싸움에 정신이 없었다.

유가협과 추모연대는 더는 미룰 수 없다는 각오로 1998년 11월 4일부터 국회 앞 무기한 천막 농성에 돌입했다. 유가족들은 매일 아침, 점심, 저녁 국회 앞과 각 당사 앞에서 피켓 시위를 벌였고, 1999년 3월 29일에는 의문사 유가족들이 세종로 정부종합청사 앞에서 '의문사 진상규명 특별법' 제정을 요구하며 삭발식까지 진행했다.

유가족들의 노력에 힘입어 1999년 12월 28일, 「민주화운동관련자명예회복및보상등에관한법률」(민주화운동보상법)과 「의문사진상규명에관한특별법」(의문사진상규명특별법) 두 개의 법안이 국회 본회의를 통과했다. 유가족들은 12월 30일, 천막 농성 422일이 되던 날 해단식을 치렀다.

민주화운동보상법과 의문사진상규명특별법 제정은 422일에 걸친 유가협 농성 투쟁의 분명한 성과였지만 동시에 한계도 있었다. 국회 통과 과정에서 두 법의 취지가 심각하게 훼손되었다는 지적이

제정 당시부터 제기된 것이다.

그 문제점으로 "민주화운동의 범위와 기준을 '권위주의적 통치에 항거'한 경우로만 한정하고 있어 이에 따르면 노동운동, 사립학교 민주화운동 등 보상 대상에서 제외되는 방대한 영역이 남겨지게 된다"는 점[153]이 제기되었다. 이후에도 숱한 농성, 집회 등을 통해 법 개정, 시행령 개정 투쟁이 이어졌고 그 노력의 성과로 의미와 취지가 훼손된 부분들이 조금은 나아지기도 했다. 시행령에서는 이 법에서 규정하는 '항거'를 "직접 국가권력에 항거한 경우뿐 아니라 국가권력이 학교·언론·노동 등 사회 각 분야에서 발생한 민주화운동을 억압하는 과정에서 사용자나 기타의 자에 의하여 행하여진 폭력 등에 항거함으로써 결과적으로 국가권력의 통치에 항거한 경우를 포함"하는 것으로 보완되었다.

열사와 살아남은 자들의 투쟁으로 명예 회복의 길이 열렸다. 법 제정 과정은 민주화운동 진상규명 투쟁의 성격을 규정했다. 앞으로 펼쳐질 1970년대 노동자 민주화운동 진상규명 투쟁은 개인의 명예 회복 문제를 넘어 또 하나의 노동운동으로 전개되어야 함을 의미했다. 동일방직 해고노동자들이 민주노총과 계승연대와 함께 투쟁을 시작한 이유다.

---

[153] 이후 이를 포함한 여러 문제들로 인해 인권·사회단체들이 해당 업무를 소관하는 위원회를 항의·점거하는 경우가 있었다. 유해정, 「<해설> 민주화운동보상법·의문사특별법 시행령 어떻게 만들어야 하나」, 『인권하루소식』 1590호, 2000.4.7.

복직이 곧 명예 회복, 다시 모인 동지들

민주화운동보상법이 통과되고 1970~80년대 탄압받았던 노동조합 주체들이 움직이기 시작했다. 동일방직 해고노동자들도 마찬가지였다.

유신 정권과 정보기관의 민주노조 파괴 공작에 대항해 싸웠던 투쟁의 정당성을 확인하고 또 그것을 기반으로 원직 복직 투쟁에 나서기 위함이었다. 하지만 동일방직 노동자들은 해고당한 이후 대부분 결혼했고 이사도 해 전국적으로 흩어졌기 때문에 서로의 연락처를 알지 못했다. 22년이란 세월은 속절없이 흘러 있었다.

동일방직 해고노동자 중 그간 꾸준히 모여 왔던 20여 명[154]을 초동 주체로 해서 옛 해고 조합원들을 찾아 나섰다. 초동 주체들은 주소가 있는 모든 사람에게 23년 전 주소로 엽서를 보냈다. 엽서에는 다음과 같은 문구도 덧붙였다. "집배원 아저씨, 옆집이나 이웃에 수소문하여 연락될 수 있도록 도와주시면 고맙겠습니다." 또한 해고된 동료 주소지의 114로 전화해 같은 이름으로 된 전화번호를 다 알

---

[154] 초동 주체들은 김용자, 석정남, 정명자, 최연봉 등이었다.

려달라고 요청해서 그곳으로 전화를 돌리기도 했다. "못 찾겠다 꾀꼬리!"를 외치는 것처럼 절박하게 찾아 헤맸지만 그렇게 애서서 찾을 수 있는 사람은 10여 명도 되지 않았다.

    최후 수단이 하나 남았다. 인천 동부경찰서에 협조 공문을 보내는 것이었다. 공문의 문구는 석정남이 맡아 썼다. 동부경찰서는 동일방직 투쟁 당시 노동자들을 두들겨 패고 회사를 비호하면서 노조 탄압을 도맡아 했던 국가 폭력의 주체였다. 시대도 바뀌었으니 자기들이 염치가 있다면 응당 협조에 응해야 할 일이었다. 다행히 동부경찰서의 협조로 해고자들의 주소를 확인할 수 있었고 그 주소로 다시 편지를 띄웠다.

    이렇게 해서 약 90여 명에게 연락이 닿았다. 노력의 결실이 맺힌 것이다. 124명 중에 90여 명이니 적은 숫자는 아니었다. 124명의 해고자 중에는 이미 세 명이 운명했고 당시 가명으로 입사한 5명은 끝내 연락이 닿지 않았다. 2000년 9월, 공식적으로 첫 준비모임을 가지고 다음 달 연락이 닿는 사람들이 함께 모이기로 했다.

    동지들을 찾아서 함께 명예 회복 신청을 하고자 했던 그 진심은 처절하게 싸웠던 경험, 억울하게 견뎌야 했던 세월을 스스로 정리하고 싶다는 마음에서 비롯되었다. 나아가 민주노조가 어떤 의미인지, 민주노조를 사수하기 위해 처절하게 싸울 수밖에 없었던 젊은 날의 투쟁이 어떤 의미를 갖는지 확인하고 싶었던 것이다. 해고되었지만 당장 고향으로 갈 수도 없는 처지, 새우깡을 안주 삼아 소주를 마시며 부둥켜안고 울었던 기억, 유치장 안에서 했던 다짐, "독침

2000년 9월 17일 첫 정기모임.(김용자 집, 백운역)

2001년 11월 민주화운동 관련자로 인정받은 해고노동자들.(인천산선)

을 품고 다닌다, 빨갱이다" 소리를 들으면서 버텨야 했던 시간들을 떨쳐내고 싶다는 절박함이었다. 그게 명예 회복이 갖는 의미였다.

2000년 10월, 인천 만수동에 있는 복자수도원의 예배당에서 첫 번째 정기모임을 가졌다. 70여 명이 모였다. 전국에서 한달음에 올라왔다. 몇십 년 만에 얼굴을 보는 이도 있었지만, 신기하게도 다 기억이 났다. 눈물을 흘리면서 부둥켜안았다. 얼싸안고 울었다. 그때로 돌아간 것 같았다.

정기모임이 끝난 후 이대로 발길을 돌릴 수는 없었다. 인천 부평구 백운역에 있는 김용자의 집에서 밤샘 모임을 가졌다. 이 자리에서 민주화운동보상법의 '명예회복 신청서'를 작성했다. 그 이후로도 여러 차례 모임을 했다. 인천산업선교회에서 모이기도 했다. 충북 충주에서도 모였고 전북 정읍에서도 모였다. 서울 대방동 여성플라자에서도 모여서 '명예회복 신청서'를 함께 쓰기도 했다.

명예회복 신청서를 쓰면서는 기억과 싸워야 했다. 기억이 생생해 고통스러운 이도 있었다. 반면 기억이 안 나서 막막한 이도 있었다. 왜 그런 일이 일어났는지 기억해내야만 한다는 무언의 압력에 마음이 급해지고 억울하기까지 했다. 이 과정을 견디며 신청서를 작성할 수 있었던 것은 친구들이 옆에 있어서였다. 같이 수다 떨 듯 얘기하면서 상처를 어루만지면서 그렇게 기억을 기록으로 만들어 갔다.

신청서 작성하는 일도 중요했지만, 무엇보다 오랜만의 만남이 반가웠다. 민주화운동 인정도 중요하고 복직 투쟁도 중요했지만 해고되고 뿔뿔이 흩어져 오랫동안 서로를 그리워했던 동료이자 동지였고 무엇보다 친구들이었다. 어려운 시기를 함께 견딘 식구였다. 이제야 얼굴을 볼 수 있게 되고 연락을 할 수 있게 된 것이다. 10대, 20대 앳된 얼굴이 이제 중년을 훌쩍 넘은 얼굴을 하고 있었지만 아무런 상관없었다. 몇십 년 동안 헤어졌던 이산가족처럼 해고노동자들은 틈나는 대로 모이고 기회만 되면 만났다.

동일방직 해고노동자들은 생활에 허덕이며 바쁘게 살았지만, 지난날의 수치와 모욕을 잊은 것은 아니었다. 우리가 옳았다는 확신, 부끄럽지 않게 살았다는 자긍심을 되찾아야만 했다. 그러기 위해서는 단순히 개인의 명예가 아닌 조직적인 명예 역사적인 명예를 회복해야만 했다.

2001년, 마침내 '민주화운동'으로 인정받다

동일방직 해고노동자들이 명예 회복되기까지 큰 걸림돌이 있었다. 바로 민주화운동보상법에 있는 민주화운동의 규정 근거인 '권위주의적 통치에 항거'했느냐의 문제다. 이는 국가권력이 탄압의 주체였느냐 하는 문제였다. 동일방직 사건을 오직 노사의 문제로 치부한다면 민주화운동이 아니라는 결론에 다다르게 된다. 그래서 민주화운동으로서의 성격을 증명하는 것이 관건인데, 이를 증명하는 데 어려움을 겪게 되었다. 그즈음 뜻밖의 인물이 등장하게 된다. 최종선 씨다.

전 중앙정보부 직원 최종선은 박정희 정권 당시 의문사한 서울대학교 교수 최종길의 막내 동생이다. 2001년 3월 14일, 형의 억울한 죽음을 담은 수기 『산 자여 말하라』 출판기념회가 끝나고 뒤풀이 자리에서 동일방직노조 해고노동자들이 "당국의 개입과 권리침해 사실을 입증하지 못하고 있다"는 얘기를 듣고 자신이 증언하겠다고 나섰다.[155] 3월 19일, 효자동에 있는 민주화운동 관련자 명예 회복

---

[155] 최종선의 진술 전문은 『다시 기계 앞에 서고 싶다 : 동일방직 해고 30년 세월을 되돌아 보다』, 동일방직해고자복직추진위원회, 107~116쪽, 2008.에 실려 있다.

동일방직 민주노조를 깨는 데 중앙정보부가 개입했다는 최종선 씨의 증언.(2001.3.19.)

및 보상심의위원회(민주화운동보상심의위)에 출석했다. 그는 당시 중앙정보부 경기도지부 노사문제 담당관으로 일했다.

최종선 씨 증언의 고갱이는 1978년 '똥물 테러'를 주도 내지 배후조종한 혐의를 받는 섬유노조의 조직행동대는 '중앙정보부 2국(보안정보국) 경제과'의 사주로 움직였다는 것이다.

그 외에도 이어지는 최종선 씨의 증언이 있다. 조합원들의 서울 명동성당 농성 등으로 사태가 걷잡을 수 없이 확대되면서 결국 당국의 수습 대책을 맡게 되었을 때, 최종선 씨 자신이 '구속자 석방'을 약속하고 처우개선 등을 회사 측에 요구해 관철하기도 했다는 것이다. 하지만 "노조 측이 사업장에 복귀하지 않아 사흘의 시간을 준 끝에 본부에 보고한 뒤 124명 농성자 전원을 4월 1일 해고하도록 조치했고 노조도 새 집행부를 구성토록 했다"는 것이다.

이날 민주화운동보상심의위 측에서는 최종선 씨의 증언을 듣고 "박정희 정권 말기의 노조 활동에 중앙정보부 등 관계 당국이 개입했으며 해고 과정까지 주도했다는 증언은 동일방직 노조 문제의 성격 규정에 결정적"이라고 평가했다. 민주화운동보상심의위 이우정 위원장은 "최 씨의 용기 있는 증언으로 당시 진실이 더욱 명확하게 드러나게 됐다"고 했다.[156]

그리하여 드디어 2001년 11월, 해고노동자 가운데 민주화운동보상심의위에 신청한 76명은 모두 '민주화운동 관련자'로 인정받았다. 연락이 닿은 것은 90명 정도였지만 모두가 명예회복 심사를 신청하지는 않았다. 전화기 너머로 끔찍한 기억을 다 잊고 잘살고 있는데 왜 전화를 했냐고 연락하지 말라고 항의하는 걸 듣기도 했다. 남들에게 알려지는 게 싫다며 거부한 이도 있었다. 병이 깊어 대신 신청해줄 수 없는 사람들도 명예회복 신청에서 빠졌다. 이렇게 거부할 수밖에 없는 처지에 놓인 이들이 어쩌면 더 큰 상처를 안고 있고 더 가슴 아픈 사연을 감추고 있는지도 모른다.

그간 빨갱이다, 산업선교 가서 붉게 물들었다, 온갖 수모와 욕설을 듣고 가족이나 친척, 친구들에게까지 외면받고 모진 소리를 들어야 했던 그 세월을 이 인정으로 어찌 다 되돌릴 수 있겠는가. 그래도 노동자들에게 큰 위안이 되는 것은 물론이었다.

---

[156] 김창희, 「78년 동일방직 노조사건 '민주화운동' 입증 길 트여」, 동아일보 2001.3.19. ; 이수범, 「'동일방직' 사건 중정 개입」, 한겨레신문 2001.3.20.

지금은 일단 민주화운동 관련자로 인정받은 것을 함께 자축할 시간이었다. 해고노동자들은 민주화운동 인정에 대해 자부심도 느꼈고 또 상처받은 것이 치유되는 느낌도 들었다고 말한다. 그동안 무관심하거나 별 관심을 기울이지 않던 주변 사람들로부터 인정과 부러움도 받고 하니 뿌듯하기도 했다. 무엇보다 가족이 함께 기뻐하고 역사적 과거를 인정해주는 것이 좋았다.

한편에는 미안함과 부끄러운 마음을 가진 이도 있었다. 수없이 많은 집회와 회의를 했지만, 생계를 해결하느라 혹은 멀리 살고 있어서 매번 참여하기 어려웠던 이들은 부채감에 미안한 마음을 갖고 있었다. 민주화운동으로 인정받기까지 고생하고 노력했던 사람들 덕택이라는 생각에 고마운 마음이었다. 하지만 관심을 놓지 않고 각자 할 수 있는 최선을 다한 것이 조직적 힘을 발휘할 수 있었다. 그 중심에는 우리가 옳았다는 것을 증명해야 한다는 절박함과 '동일방직 식구'들의 자존감을 회복해야 한다는 절실함이 있었다.

2007년에 동일방직 해고노동자들은 민주화운동보상심의위원회에 생활지원금을 신청했다. 총 76명이 신청을 했고 54명이 지원금을 받았다. 신청금에 비해 지원금 수령자가 적은 것은 재직 기간, 현재 소득 등을 이유로 해서 생활지원금 대상자를 축소해 선별적으로 지급한 것이었다.

헌법이 보장한 노동조합 활동을 이유로 해고당하고 어디에서도 일할 수 없게 된 노동자의 30년 세월은 블랙리스트에 등재된 모두에게 지옥이었다. 그런데 선별이라니.

정부와 동일방직은 1978년 부당해고를 즉각 철회하고 원직에 복직시켜야 합니다

 헌법에 보장 된 합법적인 노동조합을 하였다는 이유로 해고 당한지 30여년세월이 지났습니다. 우리들이 살아온 30년 세월을 그 무엇으로 표현할 수 있겠습니까? 100여명이 넘는 사람들의 구류와 구속, 담당형사와 통반장까지 동원 된 행동 감시는 식당에서조차도 일할 수 없도록 하였고 노비문서인 블랙리스트에 의해 가는 곳마다 해고당하는 기가 막히는 세월을 살아왔습니다. 20대 꽃처럼 피어나던 우리들이 30여년이 지난 지금까지 복직을 원하는 것은 과거 군사독재 시절에 저질러진 잘못된 일에 대한 올바른 역사적인 평가와 이에 상응하는 조치가 이루어져야 한다는 확신과 믿음이 있기 때문입니다.

-. 명예회복법 5조 4항 복직의 권고는 복직 명령으로 개정 되어야 합니다.
 2000년 1월 5일 공포된 민주화운동관련자 명예회복 및 보상등에 관한 법률(명예회복법이라고 한다)에 의거하여 2001년 구성된 "민주화운동 명예회복 및 보상심의위원회(이하 위원회라 한다)로 부터 1978년 동일방직 해고는 당시 정치권력에 의한 부당한 해고였으므로 민주화운동 관련자로 인정이 되었습니다. 이후 동일방직은 정부의 조치가 내려지면 복직을 고려해 보겠다고 하다가 정부의 복직권고는 그냥 권고일 뿐임으로 받아들일 수 없다며 복직권고를 받아들이지 않고 있습니다.

-. 해직자에 내한 생활지원금은 조건 없이 지급되어야 합니다
 노동자에게 일터는 생명입니다. 민주노조를 하였다는 이유로 빨갱이로 몰리고 노비문서 블랙리스트에 의해 수차례 해고당했던 우리들의 30년은 살아있어도 살아있는 목숨이라고 할 수 없는 고통의 세월이었습니다. 명예회복법 9조 생활지원금의 지급요건중 제3항 재직기간은 폐지되어야 합니다. 재직기간이 1년이 안 된 신입양성들은 대부분 18~19세의 어린 소녀들로 블랙리스트에 의해 취업이 저지 되어 가장 피해를 많이 보았는데 근무기간이 짧다는 이유로 제외 된다는 것은 해고자들을 두 번 죽이는 일이며 또 하나의 상처를 남기는 매우 불공평한 법조항입니다. 명예회복법에 의해 민주화운동으로 인정 된 해직자들에 대한 원직복직과 보상은 조건 없이 이루어져야 합니다.

-. 동일방직 원직복직을 위해 힘써 주십시오
 일터를 빼앗긴 노동자들에게 명예회복이 무엇이겠습니까! 다시 일터로 돌아가는 것입니다. 과거 군부독재 통치하에서 저질러지고 왜곡 된 역사의 진실을 밝히기 위한 과거사 청산작업이 이루어지고 있는 시점에서 우리의 복직은 반드시 이루어져야하며 이를 위한 법적 제도적 장치가 마련이 되어야 합니다. 이를 위해 힘써 주십시오.

 동일방직 해고자 복직추진위원회는 원직복직을 위해 과거 30년 세월처럼 복직을 염원하는 모든 분들과 힘을 합해 목숨이 다하는 그 날까지 최선을 다해 투쟁할 것입니다.

2007년 10월 15일
동일방직해고 노동자복직추진위원회

<정부와 동일방직은 1978년 부당해고를 즉각 철회하고 원직에 복직시켜야 합니다>(2007.10.15. 성명서)

노동자에게 일터는 생명이다. 일터에서 쫓겨난 이들은 생명줄을 빼앗긴 것이다. 특히 재직 기간이 1년도 되지 않는 양성의 나이는 18~19세였고, 이들이 블랙리스트에 의해 취업할 수 없는 처지에 놓였으니 사실상 가장 큰 피해를 본 것 아닌가. 그런데 근무 기간이 짧다는 이유로 생활지원금 대상에서 제외한다는 것이 말이 되는가.

동일방직해고자복직추진위원회(동일방직복직추진위)는 2007년 10월 15일, 민주화운동보상법률 개정을 요구하는 성명을 발표했다. 복직 '권고'를 복직 '명령'으로 개정해야 하고 또한 해직자에 대한 생활지원금은 조건 없이 지급되어야 한다고 요구했다.

동일방직복직추진위가 원직 복직을 요구한 것은 "과거 군사독재 시절에 저질러진 잘못된 일에 대한 올바른 역사적 평가와 이에 상응하는 조치가 이뤄져야 한다는 확신과 믿음이 있기 때문"이다. 위로금으로 보상되는 세월이 아니었다. 대한민국 정부가 민주화운동으로 인정했으니 회사의 진심어린 사과를 받아야 했다.

동일방직 동지들과 함께한 계승연대

2000년 5월, 민주화운동보상법과 의문사진상규명에 관한 특별법이 법률로서 효력을 발생했다. 이즈음 민주화운동 진영은 이 두 법에 견실하게 대응하기 위해 민주화운동정신계승국민연대(계승연대)를 2000년 4월 발족했다. 여기에는 동일방직복직추진위와 민주노총을 비롯하여 55개 단체 및 개인이 참여했다.

계승연대는 관련법에 따라 설치되는 기관, 위원회, 조직에 주체로 참여하며 진실규명을 위한 조사·심사, 보상·예우, 기념사업 등에 체계적으로 대응하기 위해 노력했다. 민주화운동보상위원회(민보상위)에는 계승연대에서 이병주, 진상우, 조광철, 박희영, 이은경 등이 위원직으로 참여했고 임영순이 실무를 함께했다. 그 후에는 명예회복추진 노동분과위원으로 동일방직복직추진위 김용자도 2011~2013년 참여하기도 했다. 동일방직이 민보상위 등에서 부각된 것도 이러한 노력의 결과였다. 민보상위가 처음 만들어지고 보상 심의가 이루어지는 초기 과정은 자료를 수집, 정리해서 서류를 만들고 신청인들에게 일일이 연락하는 등의 업무가 과중했다. 하지만 모두 이 과정에 최선을 다했고 혼신의 힘을 기울였다. 초기 활동가들의 노력은 각별히 기억해 둬야 한다.

계승연대는 이 법에 입각한 보상심의위에 사건을 접수하고 신청자들이 민주화운동 보상을 받을 수 있도록 지원하는 활동을 하는 한편으로 두 법 자체의 애초 취지가 많이 훼손된 만큼 두 법을 개정하는 캠페인 역시 적극적으로 펼쳐나갔다. 2005년에 출범한 '진실·화해를 위한 과거사정리위원회'(진실화해위원회) 대응도 계승연대의 역할이었다. 열사 기념사업을 포함한 민주화운동 정신 계승 사업 등도 벌여나갔고 이천 민주공원 사업도 함께 해나갔다. 계승연대는 이명박, 박근혜 정부 시기 보수 정권이 법률 개정, 기한 연장을 회피하거나 관련 활동을 축소·방해하던 시기에는 날카로운 비판과 감시·견제하는 활동도 이어갔다.[157]

이 같은 민주단체, 과거사 피해단체들의 공동 노력과 공동 대응의 실천이 조금씩 결과를 만들어냈다. 민주화보상위원회는 2006년 9월 현재 7,440명을 민주화 인사로 인정했고 1,973명에게 생활지원

---

[157] 어느 정도 성과를 만들어가자 계승연대는 미래 전망을 갖고 사단법인으로 전환하기로 했다. 민사 소송이나 국가배상은 각 과거사 피해단체들 별로 진행하면서 앞으로는 민주화운동 계승, 열사추모사업, 특히 민보상법 개정과 민주유공자법 제정, 민주공원 사업 등을 추진해 가기 위함이었다. 2006년 5월 사단법인 민주화운동정신계승국민연대 발기인 총회를 열어 출범했다. 사단법인 출범 이후로는 도서 및 백서 발간, 기록물 데이터베이스화 사업도 펼쳐, 그 성과물로 『자유·희망·진보를 향한 교육민주화』(2011), 『공장과 신화』(2016) 도서를 발간했다. 계승연대의 주요 목적 사업은 △민주화운동의 올바른 역사 정립과 민족민주열사 추모사업, 민주화운동 관련자의 명예회복과 유공 확립을 위한 사업 △민족민주열사공원 및 민주화운동계승사업관의 조성 및 운영에 관한 사업 △반민주·반인권 국가폭력 사건 등의 진상규명 및 재발방지, 명예회복을 위한 사업 △민주화운동·과거청산 관련 연구 및 조사, 자료의 발간 △민주화운동의 기념과 계승을 위한 사업 및 행사 등이다.

계승연대와의 동행.

금 255억 원, 233명에게 의료지원금 29억 원을 지원했다.

계승연대는 과거 민주화운동 가운데서도 동일방직 노동자들의 투쟁을 오늘의 시점에서 다시 알리고 진실을 향한 굽히지 않는 투쟁의 정신이 계승되기 위한 사업을 지속적으로 벌였다. 2019년 민주시민교육협력 운영 프로그램으로 <산업화시대 여성 해고노동자들의 삶과 사회적 실천 공감>이라는 프로그램은 민주화운동기념사업회와 공동 주관으로 개최했다. 이 행사 일정 중 세 번째에서 일곱 번째까지의 일정이 직접적으로 동일방직 노동자들이 주인공이 된 행사였다.

세 번째 프로그램이었던 영화 <우리들은 정의파다> 상영회가 7월 11일 남영동 민주인권기념관 강당에서 열렸다. 영화가 끝난 후 10여 명의 동일방직 해고노동자들이 무대에 올랐다. 해고 전후의

일시	주제	장소
6월 13일 3~5시	현장 탐방-전태일과의 만남	청계천
6월 27일 3~5시	공감 강좌 "노동과 인권"	남영동 민주인권기념관 7층 강당
7월 11일 2~5시	영화 <우리들은 정의파다> 상영 및 감독과의 대화	남영동 민주인권기념관 7층 강당
8월 29일 3~5시	여성 노동인권 체험 나누기-하종강	남영동 민주인권기념관 7층 강당
9월 19일 3~6시	현장탐방-1970년대 섬유노동 현장	인천 동일방직 공장
9월 26일 2~5시	노동운동 선후배의 만남	민변 대회의실
10월 1일 3~5시	여성 노동인권 향후 방향 모색	민변 대회의실

소회와 살아온 이야기를 관객과 질의 응답하는 시간을 가졌다. 해고 이후의 '빨갱이' 낙인과 블랙리스트로 인해 반복되는 해고, 학업을 이어가지 못한 좌절, 동지들과 함께하지 못했다는 미안함 등의 먹먹한 고백을 듣는 자리였다. 무대에는 해고노동자 김용순, 김용자, 문영자, 백강자, 안용순, 윤춘분, 이은옥, 장영화, 한수자, 한순자가 함께 올랐다. 8월 29일에 열린 <여성 노동인권 체험 나누기>에는 하종강의 강연이 있었고 그 자리에도 동일방직 해고노동자들이 함께 자리했다.

다섯 번째로 9월 19일에는 인천역에서 모여 동일방직 똥물 사건 현장 사진을 찍었던 이기복 씨의 우일사진관 앞을 거쳐 동일방직 인천공장 정문 앞, 그리고 노동자들이 도너츠를 사 먹던 충남상회, 온양상회 앞과 닭셋방이 즐비하던 골목을 지나 인천산업선교회까지 답사를 진행했다.

9월 26일, 민주사회를위한변호사모임 대회의실에는 여섯 번째 프로그램인 <노동운동 선후배의 만남>이 진행되었다. 몇 주 전 직접고용을 요구하며 투쟁하다 경찰의 강제진압에 맞서 상의를 벗어 던진 톨게이트 여성노동자들과 동일방직 여성노동자들이 한자리에 모였다. 옷을 벗어 던지는 상황의 절박함을 함께 공감하고 이 같은 노동현실을 개탄하는 자리이기도 했다. 이 자리에는 기륭전자, 콜트콜텍, 쌍용자동차 동지들도 함께했고 얼마 전 석방된 민주노총 한상균 전 위원장도 참석했다. 10월 1일, 일곱 번째 프로그램이었던 <여성 노동인권 향후 방향 모색>은 '동일방직 남겨진 과제들'이라는 주제로 민변 대회의실에서 열렸다.

계승연대는 11개 노조 공동소송을 마무리한 후 공동으로 투쟁 과정을 정리해 백서로 출판하기로 계획을 세웠다. 이는 역사적 기억과 추모와 애도를 제대로 하기 위함이었다. 계획이 실현되지는 못했지만, 계승연대는 과거를 기억하고 운동가를 애도하는 것이 그 정신과 목표를 복원하는 데서 출발한다는 문제의식을 여전히 갖고 있다.

이처럼 계승연대는 동일방직노조와 어깨를 겯고 함께 활동해왔다. 거기에는 이유가 있다. 계승연대는 단순히 여러 민주단체와 과거사 피해단체들이 보상을 받기 위해 모인 단위가 아니었다. 한국 민주화운동 기념, 계승 과정의 특징은 철저한 진상규명과 가해자의 사과 없이 '보상 위주의 급속한 화해 조치'[158]였다는 비판을 받는다. 계승연대는 바로 그러한 국가의 성급하고 형식적인 청산 과정을 강력하게 비판한다. 피해자는 있지만 가해자가 없는 한국식 과거사 청산이 민주화운동의 역사와 정신을 삭제하는 결과를 낳을 것을 우려한다. 그래서 민주화운동, 과거사 배상·보상은 개별적으로 받고 끝내는 것이 아니라 역사 바로 세우기라는 관점 하에 공동 대응할 필요가 있다. 계승연대에 동일방직복직추진위가 함께했던 이유가 바로 그러한 필요에 동감했기 때문은 물론이다.

---

158 이영제, 「한국 민주화운동의 특징과 기념·계승의 과제」, 『한국과 국제사회』 제5권 6호, 한국정치사회연구소, 2021.

다시 투쟁의 함성으로 공장문을 열다

2001년 9월, 동일방직 사건이 민주화운동으로 인정된 후 노동자들은 복직 투쟁을 결의했다. 동일방직에 복직이 되어야 민주화운동 인정이 온전한 의미를 가지는 것이기도 했다.

10월 17일 동일방직 서민석 사장에게 공문을 보냈다. "해고된 이후 말로 표현할 수 없는 수모와 고통으로 정신적 육체적 고통을 겪으며 살아왔습니다." 원직 복직과 공식적인 사과를 요구했다. 그러나 돌아오는 답변은 없었다.

11월 10일, 인천도시산업선교회에서 해고노동자들의 정기모임이 열렸다. 여기서 민주화운동 보상 심의 신청 누락자들의 신청서를 작성했다. 그리고 함께 즐겁게 준비한 음식을 나누고 이야기꽃을 피우며 하룻밤을 보냈다.

다음 날인 11월 12일 오전, 동일방직 해고노동자들은 회사 정문 앞에 섰다. 얼마 만에 찾은 공장인가? 공장에서 내쫓긴 지 20년이 훨씬 지나 있었다. 정문은 낡았고 회사는 다소 퇴락한 것처럼 보였지만 옛날 모습 그대로이기도 했다. 하지만 그 분위기는 옛날과 사뭇 달랐다.

2001년 첫 원직 복직 추진대회.

    동일방직 노동자들은 회사 정문 앞에서 '원직 복직 추진대회'를 열었다. 해고노동자 45명이 모였다. 이들은 동일방직 사건이 '민주화운동'으로 인정되는 역사적 평가가 내려진 만큼 회사 측은 응분의 책임을 져야 한다고 주장하면서 △해고자 124명 전원 원직 복직 △명예회복에 합당한 정신적 물질적 피해 보상 △공식 사과문을 조선일보를 제외한 4대 일간지에 게재할 것을 요구했다.[159] 이에 회사

---

159 김영환, 「동일방직 해고노동자 23년 만에 복직 투쟁」, 한겨레신문 2001.11.13. ; 홍대선, 「"똥물세례 속에 쫓겨났지만 노동운동 값진 삶을 얻었죠"」, 한겨레신문 2001.12.4. ; 동일방직해고자복직추진위원회, 「이제는 회사가 답해야 한다」, 2001.11.12. 기자회견문.

측은 "정부 입장 표명이 있으면 따르겠다"는 입장이었다. 노동자들은 동일방직 인천공장 총무과를 점거하고 사장과의 면담을 요구하면서 오후 5시까지 항의 농성을 했다.

농성하는 내내 공장을 쳐다보기도 싫은 마음, 감개무량한 마음, 그리운 마음이 묘하게 교차했다. 복직 투쟁을 하자고 하는데 그게 가능한 건가? 정말 할 수 있을까 하는 생각이 자꾸 드는 건 당연했다. 앞서 투쟁하는 친구들을 보면 힘이 나고 정말 가능할 것 같다가도 회사의 태도를 보면 막막하기도 했다. 그렇게 의문을 던지면서도 함께 원직 복직을 외쳤다.

이듬해인 2002년 3월 24일에도 동일방직 인천공장 앞에서 복직 요구 집회를 열었다. 해고노동자 19명이 참석했다. 그 사이 2004년 12월 29일, 민주화보상심의위에서 회사 측에 동일방직 해고노동자들의 복직을 권고하는 공문을 발송했다. 하지만 회사 측으로부터 긍정적인 회신은 오지 않았다.

2005년 3월 24일 오후 2시, 만석동 동일방직 공장 정문 앞에서 동일방직복직추진위와 인천 노동단체 및 시민사회단체 활동가들이 모여들었다. 그날은 꽃샘추위로 제법 매서운 바람이 부는 날이었다. 해고노동자 대다수는 이제 쉰이 넘어선 나이였다. 집회 대오는 복직을 촉구하며 목소리를 높였다. "나 태어난 이 강산에 노동자 되어, … 작업복에 실려간 꽃다운 이 내 청춘". <늙은 노동자의 노래>를 부르며 공장 앞에서 연좌하고 앉았지만, 정문은 굳게 잠겨 있었다. 회사 남자 사원들 10여 명이 정문 안쪽에서 집회 대오를 지

해고 20여 년 만에 동일방직 앞에 서서 원직 복직을 외치다.

켜보며 막고 있었다. 함께 집회에 나선 계승연대의 오종렬 상임대표는 "희생자들에 대한 명예회복은 이루어졌지만, 일터로 돌아가지 못한다면 무슨 소용이 있겠느냐"며 "늙은 노동자가 아니라 민주화 투사로서 빼앗긴 권리를 되찾기 위해 투쟁하자"고 말했다. 또 해고 당시 동일방직해고자복직대책위원장을 맡았던 김병상 신부도 "당시 동일방직 여성노동자를 빨갱이로 낙인찍었지만, 지금은 국가기관에서 정당한 평가를 해주는 등 많이 바뀌었다"면서 "해고자들을 복직시키는 일이 동일방직이 이 나라 민주화에 동참하는 일일 것"이라고 말했다.

참석자들은 결의문을 낭독하고 요구 사항을 함께 외쳤다.

우리의 요구
1. 정부와 동일방직은 1978년 부당해고를 즉각 철회하고 원직에 복직시켜라!
1. 정부는 2000여 명의 민주화운동 해직자에 대한 원직 복직과 불이익 해소를 위한 조치를 위한 정부 차원의 조치를 즉각 시행하라!
1. 정부는 민주화운동 관련자의 구속 및 징계기록 말소, 명예졸업장 수여 및 복학, 원직 복직, 불이익 해소를 위한 후속 조치 등 명예회복 조치를 즉각 시행하라! [160]

---

160 동일방직해고자복직추진위원회, 『다시 기계 앞에 서고 싶다 : 동일방직 해고 30년 세월을 되돌아 보다』, 119쪽, 2008.

집회가 끝나고 복직을 시켜주지 않는 회사에 분통을 터뜨린 해고노동자 40~50명이 "회사로 돌아가자!"고 외치며 정문을 흔들었다. 그러자 회사 안에서 남성 사원들이 막았는데 중과부적이었는지 마침내 정문이 뚫렸다. "와!" 하는 함성과 함께 노동자들은 회사 사무실로 거침없이 들어갔다.

동일방직 여성노동자들은 27년 만에 발을 들여놓은 회사가 낯익기도 하고 감회가 새롭기도 했다. "여기는 노동조합, 저 뒤는 공장, 저쪽이 기숙사" 하며 설명했다.

집회 대오는 회사 측과 협상을 요구했으나 회사는 꿈쩍도 안 했다. 지역 단체가 농성할 돗자리를 공수해 오고 회사가 복직 협상에 응할 때까지 총무과 사무실에서 농성을 하자면서 모두 주저앉았다. 공장 인근 식당에서 저녁밥을 주문해 사무실 바닥에서 저녁을 먹고 집회에 참석한 지역 활동가들에게 동일방직 조합원들이 과거 투쟁담을 들려주기도 했다.

경인노동청 근로감독관 주선으로 김인환 상무이사 등 회사 측 대표 4명과 농성 대오 대표 4명(동일방직 2명, 민주노총, 인천여성노동자회)이 2층 사무실에 마주 앉았다. 농성 대오 쪽에서는 원직 복직에 대한 회사 측의 분명한 입장을 요구했고 동일방직 이항평 사장과 대화를 요구했다. 회사 측에서는 회장이 외국 출장중이라며 답을 회피했다. 그 가운데 열린우리당 홍미영 국회의원이 도착해 홍 의원 책임 아래 회장 귀국하는 대로 3월 28일 이항평 사장 등 회사 관계자와 정식 교섭 테이블을 마련하기로 하고 그날 농성은 해

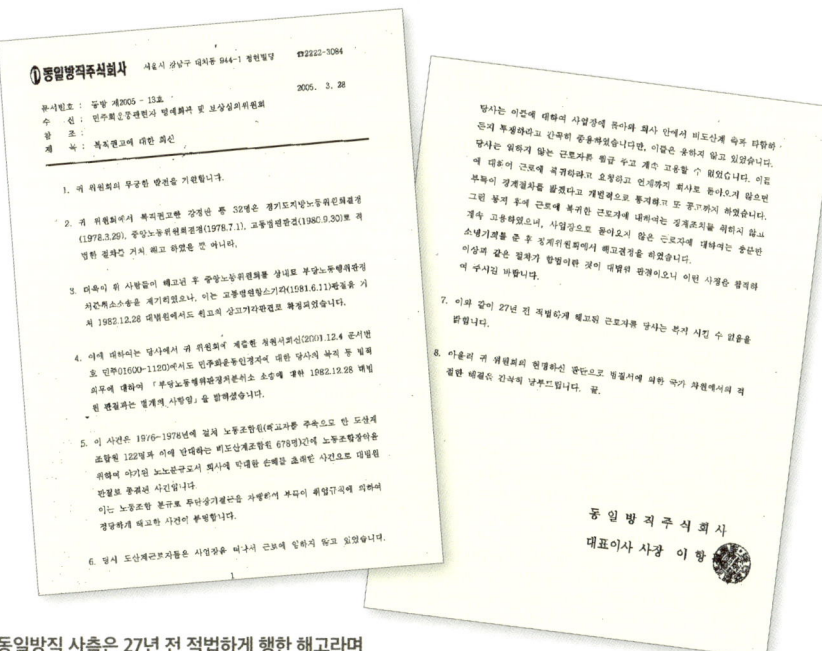

민주화보상심의위가 동일방직에 보낸
해고자 복직권고.

동일방직 사측은 27년 전 적법하게 행한 해고라며
복직 불가 의사를 공문으로 밝혔다.(2005.3.28.)

4장 _ 국가에 책임 묻는 투쟁 _ 339

제했다.[161]

이후 3월 28일 이항평 사장과 임직원으로부터 복직 거부 의사를 전달받았다. 그 이전에는 정부 의사 표명이 있으면 따르겠다던 회사 측은 손바닥 뒤집듯이 입장을 뒤집었다. "당시 노동자들의 노-노 갈등, 노-노 싸움이었기 때문에 회사 측의 책임은 없다"는 것이었다. 또한 회사 측은 민주화보상심의위가 한 해 전인 2004년 12월 발송한 공문에 대해 이날에서야 답변서를 보냈는데 거기서도 "27년 전 적법하게 해고된 근로자를 당사는 복직시킬 수 없음을 밝힙니다"라면서 거부 의사를 분명하게 밝혔다.

동일방직복직추진위는 4월 7일, 민주화보상심의위를 방문해 회사 측의 복직 불허에 대해 위원회 측이 적극적으로 나서줄 것을 촉구하기도 했다. 동일방직복직추진위는 5월 26일, 동일방직 서민석 회장에게 공문을 보내 6월 1일 동일방직 인천공장에서 재협상할 것을 요구했지만 회사는 아무런 반응을 보이지 않았다.

---

[161] 송영휘, 「진짜 명예회복은 원직 복직-동일방직 해고자 복직 요구」, 인천일보 2005.3.25. ; 김영환, 「원직 복직이 진정한 명예회복」, 한겨레신문 2005.3.25.

2005년 뜨거웠던 여름, 본사 앞 3박 4일 노숙 농성

2005년, 침묵하고 방관하는 회사 측에 분노한 동일방직 해고노동자들은 본격적으로 복직투쟁에 팔을 걷어붙이고 나섰다. 6월 1일, 동일방직 인천공장 앞 3차 복직 투쟁 집회가 시작이었다. 이 자리에는 13명의 해고노동자가 참석했다.

노동자들은 사측을 더 압박하기 위해 서울 강남 삼성역 테헤란로 동일방직 본사[162] 앞에서 투쟁하기로 했다. 본사 앞에서 서민석 회장과 면담을 요구하며 6월 17일 시작한 3차 복직 투쟁 결의대회는 3박 4일 노숙 투쟁으로 이어졌다.

동일방직 사측이 해고노동자들의 투쟁을 예상하고 6월 한 달 동안 집회신고를 이미 해놓은 상태여서 해고노동자들은 집회신고를 본사 앞 200m 지점에 할 수밖에 없었다. 6월 17일, 민주노총이 대절한 관광버스가 인천에서 출발하고 전국에 흩어져 살던 해고노동자들이 서울로 올라와 삼성역 4번 출구에서 만나 동일방직 본사로 향했다. 본사 앞에는 전경 버스 3대와 전투경찰들이 줄을 맞춰 서 있

---

162 동일방직 본사는 현재 서울특별시 강남구 대치2동 944-1 정헌빌딩에 있다.

고 건물 안에도 정복 경찰들이 늘어서 있었다. 30여 년 전과 똑같은 모습을 보며 개탄도 잠시, 집회가 시작됐다. 다 같이 <늙은 노동자의 노래>를 부르자 노랫말이 자신들의 처지 같아 다시 설움과 함께 부아가 치밀었다.

집회가 끝나자 각자 준비해 온 김밥과 주먹밥, 방울토마토를 나눠 먹으며 다시 힘을 냈다. 이총각과 최연봉은 서민석 회장 면담을 요구하면서 본사 건물에 들어가 농성에 들어갔다. 다른 해고노동자들은 본사 앞 길거리에 자리를 깔고 앉았다. 면담이 길어져 길거리에 있는 해고노동자들이 화장실을 쓰려고 하자 회사 측은 처음에 완강하게 막아섰지만, 격렬한 항의에 나중에는 2명씩 화장실을 다니게 했다.

기다리는 동안 농성 대오는 그동안 살아온 이야기를 나누었다. 최명희는 일하는 식당에 아르바이트를 붙여놓고 왔고, 김연심은 멀디 먼 전라도에서 올라왔다. 늙은 대학생 강동례는 시험을 마치자마자 달려왔다. 사연은 각자 많았지만, 복직이 되든 안 되든 집회라도 계속하자는 데는 의견이 같았다. 특히 지방에서 올라온 이들은 멀리 살지만 항상 마음으로 함께 하겠다며 어떤 결정이든 따르겠다고 했다. 지역별로 연락 담당을 정하는 등 업무를 나누어 체계도 잡아 나갔다.

한편 회사 측은, 서민석 대표는 유럽 출장 중이고 이항평 사장은 지방 출장 중이라는 둥 변명하며 상황을 회피하기에 급급했다. 저녁 8시쯤에야 건물에서 나온 협상팀과 밖에서 기다리던 농성 대오

동일방직 본사 앞 노숙 농성.

는 회사의 무성의한 태도에 해산할 수 없다는 데 뜻을 모으고 서민석 회장이 올 때까지 기다리기로 했다. 이렇게 테헤란로 노숙 농성이 밤을 맞이하고 있었다. 회사의 답변을 들을 때까지 장기전을 준비해야 했다. 민주노총 중앙에서는 침낭을, 인천본부에서는 돗자리를 실어 왔다. 갑자기 농성을 시작하는 바람에 가족 여행을 취소해야 하고, 어린 자식은 혼자서 밥을 먹게 되는 등 다들 난감한 상황이었지만 집안일은 잊고 농성에 집중할 수밖에 없었다.

이튿날(18일) 새벽, 농성단은 장기전에 대비해 성명을 만들고, 유인물도 더 많이 만들었다. 또 여러 단위에 투쟁을 알리기 위해 계속해 전화를 돌리는 등 바삐 움직였다. 원풍 동지들은 찬조금을 내놓았고, 여성노동자회에서는 현수막을 만들어왔다. 농성단은 피켓도 만들고 '똥물 사진'을 확대해서 농성장 앞에 걸었다.

"확대해서 걸어놓은 똥물 사진을 보니 울컥 분노와 서러움이 하나가 되어 다시 복받쳐 올라왔다. 20대 꽃처럼 아름다운 청춘이 짓밟혔고 블랙리스트에 의해 생존권을 빼앗겼으므로 우리는 50을 바라보는 중년임에도 분노할 수 있는 뜨거운 가슴을 나눌 수 있고 다시 하나가 되어서 부당해고가 없는 그날을 위해 싸울 수 있는 충분한 자격이 있는 것이다."[163]

농성 3일째인 6월 19일에도 농성단은 긴급회의를 진행하며 결의를 다졌다. 회사 쪽이 복직을 거부할 게 뻔한 상황이었지만, 1970~80년대 해고자복직추진위원회를 만들어 더 짜임새 있고 장기적인 투쟁에 대비하자고 뜻을 모았다. 개별 사업장들의 연대집회 등으로 국회에 압력을 행사해 민주화운동보상법 개정 등 해고자 문제를 정치·사회적으로 풀어나가자고 의견을 나누었다. 면담 거부에도 농성을 계속하자 당황한 사측은 다음 날 아침까지 해산하지 않으면 가만있지 않겠다고 으름장을 놓았지만, 농성대오 중 겁먹을 사람은 없었다.

6월 20일 월요일, 농성 4일째가 됐다. 농성단은 매일 그랬던 것처럼 주변 청소를 하고 출근길 시민들에게 동일방직 원직 복직을 바라는 유인물을 돌렸다. 은행나무에 걸린 똥물 사진 아래서는 피켓을 들고 섰다. 발걸음을 멈추고 유인물을 받아 내용을 확인하는

---

[163] 동일방직복직추진위원회, 『다시 기계 앞에 서고 싶다』, 130쪽, 2008.

사람들이 많아졌다.

건물 안 교섭팀은 회사가 책상과 의자를 다 빼버리고 남자 직원들을 들여보내는 바람에 그들과 마주 앉아 있어야 했다. 불편한 상황에도 버틴 끝에 양○○ 이사가 목을 내놓을 각오로 서민석 회장과의 만남을 주선하겠다는 답을 내놓았다. 면담 일정이나 방법으로 몇 차례 실랑이를 벌였으나, 최순영 민주노동당 국회의원이 증인이 되기로 하고 마침내 농성을 풀었다.

이렇게 동일방직 본사 앞 노숙 농성이 마무리됐다. 3박 4일 동안 동일방직 노동자 18명이 투쟁을 벌였다. 가족들도 함께했으며 원풍모방, 반도상사, 콘트롤데이터 등 1970년대 동지들도 결합했다. 콜트악기, 민주노총 인천본부, 인천 일반노조, 인천 지역노조, 인천여성노동자회, 인천자활후견기관, 강서생협, 노동사목, JOC, 민주노동당, 계승연대, 서울지역 총여학생회, 민주노총 등도 함께 연대했다.

이 당시 복직 요구 투쟁은 동일방직 노동자들만 벌이는 것은 아니었다. 원풍모방이나 반도상사 등 민주화운동으로 인정받은 노동 단위들과 그 외 여러 단위에서 투쟁 중이었다. 동일방직 해고노동자들은 자신들의 투쟁에만 한정해서 다니지 않았다. 동일방직 집회에 다른 연대 단위가 함께 결합했듯 동일방직도 여러 단위 투쟁에 머릿수를 채우고 힘을 보탰다. 3월 17일 동아일보사 앞 민주화운동 자유언론 해직자 원상회복 촉구대회, 4월 14일 청주 우성모직 앞에서 원풍모방 해고자 복직대회, 6월 13일 광화문 정부종합청사 앞 계승연대가 주최한 해직교사 복직 촉구대회 등에 꼬박꼬박 자리를 채웠다.

정부청사 앞 해고자 원상회복 촉구 투쟁

한편, 민주화운동보상심의위는 2004년 12월 27일 복직희망자 227명에 한해 관련 사업장에 '복직 권고'를 조치했다. 그러나 동일방직뿐만 아니라 언론사를 포함한 관련 사업장들은 미온적인 태도로 일관하면서 후속 조처를 하지 않았다. 한일도루코는 "심의위원회 결정은 명령이 아니라 권고이기 때문에 복직시킬 수 없다. 따지려면 전두환 정권에 따져라"라고 했고, 우성모직은 "회사가 법정관리에 처해 있어 복직을 수용할 수 없다"고 했다. 동일방직 사측 역시 "27년 전 일은 정당한 합법적 절차를 거쳤고 지금 복직시킬 수 없다"고 했다.

투쟁의 목소리를 한데 모아내고 서로 돕기 위한 연대의 틀이 필요했다. 2005년 6월 30일, 계승연대에서 '민주화운동 해직자 원상복직대책협의회'(원상복직대책협의회)를 구성하면서 회의 틀을 갖춰나갔고 7~8월 공동투쟁 일정을 세웠다.

7월 12일과 25일, 원상복직대책협의회는 해직자 원상 복직을 위한 기자회견과 집회를 열었다. 이 자리에는 동일방직노조 해고노동자들과 80년해직언론인협의회, 원풍모방노조, 전교조 원상회복추진위원회, 전국민주화운동상이자연합, 동아자유언론수호투쟁위원회 등이 참석했다. 집회 참석자들은 "법으로 인정된 2,000여 명의 민주화운동 해직 언론인·노동자·교사 등이 말뿐인 명예회복으로 고통받고 있다"며 "노무현 정부는 민주화운동 해직자들에 대한 복직, 해직 기간의 불이익 해소 등 명예회복 조치를 즉각 시행하라"고 요구했다.

그리고 원상복직대책협의회는 8월 8일부터 25일까지 18일간 정부종합청사 앞에서 민주화운동 해직자 원상회복을 촉구하며 항의 농성을 전개했다. 투쟁의 포문을 여는 8월 8일에는 세종로 정부종합청사 후문 앞에서 '민주화운동 해직자 원상회복 촉구 무기한 철야 노숙 농성 결의대회'를 열었다.

참석자들은 결의문을 통해 노무현 대통령에게 △정부를 대표해 민주화운동 탄압 행위를 담화문 등을 통해 정중히 사과 △민주화운동 관련 해직자에 대한 원상 복직, 불이익 해소, 징계기록 말소 등 정부가 취할 방침 즉각 제시 및 정부 내에 민주화운동 관련자 명예회복대책위 즉각 구성을 요구했다. 이와 함께 국무총리실과 노동부에 '해고노동자 원상 복직 실현 방안 제시'를, 국회와 정부에 '민주화운동명예회복법 2차 개정안을 정상적으로 개정 및 민주유공자법 제정으로 민주화 관련자들에 대한 실질적인 명예 회복과 배상 시행' 등을 강력히 촉구했다.

동일방직 해고노동자들은 이렇게 다른 연대 단위와 함께 잡은 공동투쟁 일정에도 적극적으로 참석했다. 8월 9일 2일 차 농성만 해도 민주노동당, 한일도루코, 반도상사, 전민상련, 유가협, 민주노총 등에서 온 농성 참석자가 총 29명이었는데 그중에 동일방직 참석자가 9명에 달할 정도였다.

동일방직 해고노동자들은 공동투쟁 일정에 참여하면서도 동일방직에 대한 복직 촉구 투쟁도 이어갔다. 8월 9일에는 동일방직 본사 앞에서 복직 촉구 5차 집회를 열고 철야 농성을 벌였다. 8월 10일에는 최연봉, 김용자가 정부종합청사 앞에서 원직 복직을 위한 동일방직 노동자 1인 시위를 진행하기도 했다.

농성 투쟁 참석자들은 청춘을 바쳐 노동하며 민주노조를 만들고 지켜온 이들이다. 이들은 이러한 정당한 활동을 했다는 이유로 도리어 폭행당하고 연행, 구속, 해고되고, 심지어 블랙리스트라는 사슬까지 덧씌워져 취업까지 차단당했다. 혹자는 이 사회가 민주화됐다고 했지만, 민주화를 앞당긴 당사자들은 정작 30년 가까운 세월을 위협 속에 살아왔다. 군부독재 시절 민주화운동을 했던 노동자들이 한자리에 모여 전개한 이 농성 투쟁으로 민주화운동보상법에 직접적이고 구체적인 강제력을 부여해야 한다는 사회적인 분위기는 더욱 거세졌다.

그러나 8월 29일에 원상복직대책협의회가 '최연봉 외 36명' 명의로 이해찬 국무총리에게 복직을 요구하는 청원서를 발송했는데 국무총리실에서는 '민주화보상심의위에 서류를 이첩했다'는 통지를 해왔을 뿐이다.

7~8월 투쟁을 거치면서 동일방직 노동자들과 민주화운동 해

직자들의 복직 투쟁은 시민사회에 널리 알려졌다. 특히 함께했던 1970년대 노동조합 연대모임은 더욱 긴밀한 관계를 맺으며 투쟁을 전개했다. 8월 25일 동일방직, 한일도루코, 반도상사, 서통, 대한마이크로, 원풍모방은 영등포 '원풍의 집'에 모여 그간의 투쟁을 평가하고 앞으로 유인물, 플래카드를 공동 제작하는 등 연대투쟁을 해나가기로 합의했다.

9월 28일, 동일방직복직추진위는 정기모임 안내 편지를 발송했다. 총 67통에 달했다. 10월 9일 서울 대방동 여성플라자에서 열린 정기모임에는 21명이 참석했다. 이 자리에서 계승연대와 여성영상집단 움을 회원들에게 소개하는 일정이 있었다.

2005년 10월 10일에는 국회 헌정기념관에서 계승연대가 주최하고 70민주노동운동동지회와 원상복직대책협의회 주관으로 '1980년 전후 군부 독재정권에 의한 민주노조 말살 및 탄압 실태 보고대회'를 열었다. 당시 사건들의 자료와 사진 전시도 함께 진행했고 동일방직, 한일도루코, 원풍모방 사례를 발표했다. 2005년 12월 5일, 아직도 국회상임위 법안소위에 그대로 계류 중인 민주유공자법률(대표 발의 이호웅 의원 외 102명)을 "이번 회기에 처리하지 말아달라"는 국가보훈처를 규탄하는 집회에 참석하는 것으로 2005년, 뜨거웠던 한 해 투쟁을 마무리했다.

영화로 되살아난 우리, '우리들은 정의파다'

2005년 3월, 이혜란 감독과 '여성영상집단 움'은 공식적으로 동일방직복직추진위에 영상 제작을 제안했다. 이미 1년 전부터 동일방직 해고노동자 관련 영화를 기획해 취재를 마친 때였다. 본사 앞 투쟁이나 농성장, 인천공장 할 것 없이 '움'의 이혜란 감독과 카메라는 동일방직 여성노동자들을 따라다녔다. 또 '움'에서는 해고노동자들이 누군가가 찍어주는 영상이 아니라 자신의 역사와 현장을 스스로 영상 기록할 수 있도록 기술 교육을 했다. 그래서 집회와 농성 때마다 김용자가 카메라를 들고 촬영을 하곤 했다.[164]

2006년이 되어 영화 <우리들은 정의파다>가 완성되었고 2006년 4월 9일, 제8회 서울국제여성영화제가 열린 서울 신촌 아트레온에서 첫 상영을 하게 되었다. 표는 매진되었다. 영화 상영 중 곳곳에서 낮은 울음소리가 울려 퍼졌다. 상영이 끝난 후 열린 '감독과의 대화' 시간에 10여 명의 동일방직 노동자들이 "우리는 원직 복직을 원한다"는 피켓을 들고 무대로 올라왔다. 김용자는 "동일방직 노동자

---

[164] 영상 제작 과정에 대해서는 이혜란, 「<우리들은 정의파다> 제작 일지」, 『독립영화』 통권31호, 한국독립영화협회, 2006.

들이 어제 함께 자고 여기에 왔다"면서 소감을 말했다.

"1년 동안 영화를 같이 하는 데에는 용기가 필요했고 마음도 아팠다. 그때 해고당한 124명 중에 세상을 떠나 이 자리에 함께하지 못한 친구들이 3명이다. 우리는 그래도 이 자리에 설 수 있고 영화도 만들고 당당하게 살아온 것을 얘기도 할 수 있는데, 그 친구들에게 미안하다. 그 사람들 몫까지 우리가 함께해야 한다고 생각했기 때문에 1년 동안 열심히 했다"[165]

<우리들은 정의파다>는 2006년 서울국제여성영화제 상영 이후 여러 국내 여성영화제, 인권영화제, 다큐멘터리영화제 등에서 상영되었고 다수의 해외영화제에서도 상영됐다. 또 국내 대학교에서 열린 영화제나 강의에서도 상영됐고 민주노총과 한국노총 소속 노동조합들, 여성단체, 국회, 중학교와 고등학교, 인권 소모임이나 세미나 모임 등 크고 작은 상영회에서도 상영되었다. 2011년 8월 현재 대략 130회 이상 상영된 것으로 기록되었다.

2019년 11월 29일 레드북스 '심야책방'에서의 공동체 상영은 한국도로공사에 맞서 투쟁하는 톨게이트 여성노동자들과 연대하는 의미로 열렸다. 영화 상영 후 경남일반노조 칠서톨게이트지회장은 김천에서 경찰과 구사대가 농성 조합원들을 진압하려 할 때 탈의를

---

[165] 연정, 「개구리 소리 들리면 우리가 아우성치는 소리로 들려」, 민중의소리 2006.4.11.

<우리들은 정의파다> 상영 후 관객과의 대화.

하며 맞섰던 경험을 이야기하며 동일방직 노동자들과 경험담을 공유하기도 했다.

동일방직 노동자들에게 <우리들은 정의파다>는 과거와 현재와 미래를 잇는 매개였다. 카메라 앞에서 인터뷰를 할 때는 과거 이야기를 하며 눈물을 훔치기도 했고 영화 상영을 하며 만난 관객과는 현재 노동자 투쟁을 공유했고 그 힘으로 한발 앞으로 나가는 과정이었다.

영화 <우리들은 정의파다>는 동일방직 노동자들에 관한 이야기를, 끈질긴 투쟁을 널리 알리는 데 기여했고 공감을 확대했다. 2011년 8월 16일 동일방직 3차 심리 중에 영화를 상영하기도 했는데 법정 여기저기서 눈물 훌쩍이는 소리가 들리곤 했다. 재판정에

갔던 이들은 판사들도 고개를 돌려 눈물을 찍어내는 모습을 기억한다.

한편 2006년 5월 18일, 한국노총 여성국장들이 영화를 보고 지난날의 한국노총 행적에 대해 사과하고 싶다고 연락이 왔다. 이틀 뒤인 5월 20일, 복직추진위는 한국노총 여성국장과 만나 사과문 발표에 대해 논의했고 5월 26일에는 한국노총 이용득 위원장과 공식 면담을 했다. 그 자리에서 이용득 위원장은 사과 이후 정부 측과 만나게 되면 동일방직 복직 문제에 대해 논의해 보겠다고 밝혔다.

복직추진위는 운영위원회를 열고 한국노총의 사과 공문에 대해서 논의했다. 논의 결과에 따라 '두루뭉술한 사과'는 필요하지 않다는 데에 의견을 같이했다. 가해자도, 책임도 분명하게 하지 않은 채 '유감 표명'을 하는 것도 거부하기로 했다. 이어 똥물 사건을 수수방관하고 조직행동대를 만들어 탄압한 것, 블랙리스트를 작성해 배포한 것을 사과하라고 요구했다. 6월 18일, 한국노총 여성국장과 만났다. 복직추진위는 한국노총이 보내온 사과문에 대해 '한국노총의 자기 반성이 들어가 있지 않고 조직적으로 합의하지 않은 사과는 받아들일 수 없음'을 분명히 했다. 이로써 28년여 만의 사과는 다 물거품이 되었고 한국노총의 공식적 사과는 유야무야되었다.

한국노총 여성노동자들의 노력이 있었음에도 한국노총은 지난 역사를 성찰할 의사가 없어 보였다. 한국노총 중앙연구원에서 나온 60여 년에 걸친 한국노동운동을 정리한 책에서는 동일방직 문제를 다음과 같이 산별노조 체계에 따른 본부-지부의 갈등에 외부세력의 개입 때문이라는 논리를 구사한다. 이미 국가폭력에 의한 계획적 탄압이었음이 밝혀진 때였는데도 말이다.

> 1970년대의 산별체제하에서 지부와 본부간에 갈등이 발생하여 사고지부 규정에 의해 본부가 지부를 공격한 케이스들이 일부 있지만 동일방직 건이 가장 갈등이 심했던 케이스이고 종교단체의 개입 문제가 가장 첨예한 대립지점을 형성했던 케이스이다. 이 사건은 매우 중대한 사안이고 또 반대파에 대해 블랙리스트 유포까지 하는 노동운동의 기본적 윤리 문제를 포함하는 건이기는 하지만 그것이 마치 한국노총 행위의 전체인 것처럼 딱지 붙이는 것은 문제가 있다고 할 수 있다.
>
> _『8.15해방 이후의 한국노동운동』 중에서 [166]

---

[166] 노진귀, 『8.15해방 이후의 한국노동운동』, 한국노총 중앙연구원, 176쪽, 2007.

진실화해위원회에 노동 탄압 사건 공동 접수

2005년 12월 1일, 진실화해위원회[167]가 출범했다. 진실화해위원회에 대응하기 위해 2006년 4월 8일, 동일방직복직추진위는 서울 대방동 여성플라자에서 30명이 모인 가운데 앞으로의 활동 방향을 논의하는 정기모임을 가졌다. 이 자리에서 동일방직 해고노동자들은 세 개의 안건, △진실화해위원회 진실규명 신청 접수 △조직 개편 △동일방직복직추진위 명단 확정 등을 논의했다. 첫 번째 안건인 진실규명 신청 접수 건은 참석자 전원 만장일치로 통과됐고 실무자로는 최연봉, 김용자, 정명자가 선임되었다. 두 번째 안건인 조직 개편에 대해서는 실무 중심으로 하되 운영위원회 체계로 꾸리기로 만장일치로 결정했다. 운영위원으로 김용자, 정명자, 최연봉이 수고하기로 했다. 세 번째 안건은 복직추진위의 회원을 확정 짓는 문제였다. 해고자 124명 중에는 복직을 원하지 않는 사람, 연락은 되지만 참석을 하지 않고 회비도 내지 않는 사람, 연락도 부담스러워하는 사람 등이 있었다. 그래서 앞으로 계속 복직추진위에 함께할 회

---

[167] 과거 국가폭력의 진실을 밝히고자 하는 피해생존자와 유족들의 간절한 열망과 사회 각계각층의 노력으로 「진실·화해를 위한 과거사정리 기본법」이 2005년 5월 통과되었다.

과거사의 올바른 정립을 요구하는 기자회견.(2006.4.11.)

원을 확정하자는 취지의 안건이 올랐고 논의 결과 50명으로 명단을 확정했다.

　동일방직복직추진위뿐 아니라 다른 단위들도 각각 논의를 거치면서 1970~80년대 노동 탄압 사건의 당사자들은 진실화해위원회에 공동으로 사건 접수를 하기로 의견을 모았다. 그리하여 2006년 4월 11일 오전 10시 30분, 서울 충무로에 있는 진실화해위원회 앞에서 공동 신청 기자회견을 열었다. 이 자리에는 공동 신청 당사자뿐만 아니라 이소선 어머니, 민주노총 윤영규 수석부위원장, 최순영 국회의원 등도 함께 자리했다.

　공동 신청을 하기로 한 단위는 11개 노동조합이었는데 동일방직노조를 비롯, 원풍모방, YH무역, 무궁화메리야스, 반도상사, 태창메리야스, 한일도루코, 청계피복, 서통, 서광, 콘트롤데이타 노조 등이었다.

진실규명 신청자들은 공동 기자회견문을 통해 "독재정권의 통치 과정에서 국민의 기본권을 유린한 채 노동운동을 탄압하고, 블랙리스트 등의 배포로 노동자의 권리마저 박탈하여 생존권을 압살

진정한 명예회복을 위해 관련 법을 제대로 개정하라고 요구하며 열린우리당 앞에서도 노숙 농성을 했다.(2006.4.16.)

하였던 국가폭력에 대하여 사건의 진실이 규명되지 않아 여전히 책임자의 사과 및 반성도 이루어지지 않고 있다"며 철저한 조사를 통해 당시 탄압의 정책을 세우고 집행한 자들, 이를 지시한 최고 책임자까지 낱낱이 밝혀져야 한다고 목소리를 높였다. 또한 신청자들은 "참여정부라고 하는 이 시대에 우리 노동자의 권리는 어떠한가. 생존권을 위협하던 블랙리스트는 정말 사라졌는가. 구사대 폭력은 없어졌는가. 노동자의 정당한 권리 행사에 공권력이 투입되는 일은 없는가. 왜 노동자들은 아직 자신의 권리를 되찾으려 하나밖에 없는 목숨을 스스로 끊어야 하는가. 비정규직의 굴레에 갇혀 노동자로서의 자신의 권리를 유보당하고 저임금과 장시간 노동, 인간적 멸시에 시달려야 하는가"라고 물었다. 그러면서 "과거사 정리는 비단 과거의 사실을 밝혀내는 것이 아니라 현재 남아 있는 과거의 잔재를 찾아내 청산하는 것도 중요한 과제"라고 지적하기도 했다.

기자회견 현장에서 동일방직 해고노동자들은 사다리를 놓고 올라가 당시 사건을 담은 플래카드 등을 진실화해위원회 건물 벽에 내걸기도 했다. 동일방직 해고노동자 중에서는 18명이 진실화해위원회에 진실규명을 신청했다.

2008년 해고 30년 행사에서 다시 결의

2008년 3월 10일에는 서울 인사동 평화박물관 평화공간에서 뜻깊은 행사 하나가 열렸다. '고통과 기억의 연대'라는 슬로건을 걸고 활동해 온 평화박물관 건립 추진위원회는 재일 작가 서경식 교수가 위탁하는 송현숙 화백 작품, <인천 동일방직 노동자들에 대한 똥물 사건>(유화, 1978) 전달식을 열었다. 재독 작가 송현숙 화백은 1978년 당시 파독 간호사로 독일에 체류하고 있었다고 한다. 그는 멀리 고국 땅 인천 동일방직에서 벌어진 똥물 투척 사건 뉴스를 듣고 너무도 가슴 아파하면서 이 그림을 그렸단다. 사진 한 장 못 봤지만, 머릿속으로 상상하면서 뜨거운 가슴으로 그림을 그린 것이다. 송현숙 화백은 이 작품을 30여 년간 줄곧 자택 식당에 소중히 걸어두고 있었는데 우연한 기회에 방문한 서경식 교수 내외가 보고 끈질긴 설득 끝에 이 그림을 무기한 임대 형식으로 평화박물관에 전달하게 되었다. 행사 자리에서는 <우리들은 정의파다> 상영에 이어 평화박물관 건립추진위 이사장 이해동 목사, 서경식 교수, 조화순 목사의 인사가 있었고 동일방직 노동자들의 인사도 있었다.

그리고 동일방직복직추진위는 2008년 10월 17일, 한국기독교연합회관 17층 뷔페 연회장에서 또 하나의 중요한 행사를 열었다. 바로 해고 30년을 기념하는 행사였다. 시간이 더 가기 전에 동일방직 투쟁에 함께한 어른들을 모시고 따뜻한 밥을 대접하고 싶었다. 이날 행사에서는 1978년부터 지금까지 복직을 위해 활동했던 기억을 회고하는 『다시 기계 앞에 서고 싶다』 발간 행사도 이루어졌다. 해고노동자 총 32명이 참석했다.

이 자리에는 그동안 동일방직복직추진위를 지원해 왔던 많은 노동단체와 노동운동가들, 재야인사들이 함께했다. 동일방직복직추진위는 "암울했던 시절 대책위를 결성해 함께했던 어른들이 계셨기 때문에 절망 속에서도 희망과 이 땅의 민주주의를 바라며 살아올 수 있었다"며 "당시 아낌없이 지원해준 분들에게 고마움을 전하고 싶다"고 말했다.[168]

원풍모방, 콘트롤데이타, 반도상사, 청계피복, YH, 고려피혁 등의 노동자들과 전태일 열사 어머니 이소선 여사, 백기완 선생, 조화순 목사, 이해동 목사, 허병섭 목사, 함세웅 신부, 김병상 신부, 김근태·인재근 부부, 소설가 이호철, 70민노회 남상헌, 천영세 전 의원, 노회찬 전 의원, 최영희 민주당 국회의원 등이 자리했다. 동일방직 문제로 투쟁하다가 감옥에 가고 암투병하다 운명한 김병곤 씨의 부인 박문숙 씨가 함께했다. 동일방직복직추진위가 투쟁 지원을 했던 이랜드, 콜트악기 등 장기 투쟁 사업장 대표들도 참여했다.

---

[168] 「동일방직 해고노동자들 30년 만에 감사 초청 잔치」, 한겨레신문 2008.10.14.

동일방직 해고 30년 행사.(2008.10.17.)

　동일방직 해고노동자들은 클래식 기타 반주에 맞춰 <늙은 노동자의 노래>를 합창하면서 복직 투쟁의 결의를 다졌다.[169] 동일방직 복직추진위는 향후에도 원직 복직을 향한 활동들을 계속해 나갈 것이라고 밝혔다.

　오래전, 동일방직 해고노동자들은 동일방직의 싸움이 동일방직만의 싸움이 아니라 모두의 싸움이며 해고 1년이 지나도 투쟁하고 있음을 알리고자 '해고 1주년 기념행사'를 준비한 적이 있었다. 하지만 경찰의 방해로 열지 못했다. 그로부터 수십년이 지나, 동일방직 해고노동자들은 민주화운동으로 인정받고 다시 복직 투쟁을

---

[169] 민종덕, 「나체시위·똥물진압… 그래도 다시 돌아가고파」, 오마이뉴스 2008.10.20.

하면서 함께한 이들을 위한 자리를 마련했다. 민주노총, 계승연대, 1970년대 함께 투쟁했던 동지들, 지금 투쟁하고 있는 노동자들의 힘이 동일방직 해고노동자들의 복직 투쟁을 가능하게 했음을 확인하는 자리였다.

2010년 진실화해위원회, 국가권력에 의한 범죄 인정

2010년 6월 30일, 진실화해위원회는 동일방직 사건에 대해 "중앙정보부가 똥물 사건을 배후 조종했고 해고 조치를 지시했다"고 밝혔다. 중앙정보부 개입설의 실체를 인정하고 국가권력에 의한 범죄임을 인정한 것이다. 이어 2010년 9월 28일, 진실화해위원회는 마침내 '동일방직노조와 그 외 청계피복노조 등에 대한 노동기본권 등 인권침해 사건'에 대해 진실규명 결정[170]을 내린다. 그 '결정 이유'에서 이 일련의 사건이 중앙정보부를 비롯한 국가기관이 개입한 사건이었고 1978년 최초로 작성된 블랙리스트가 1980년대 국가기관을 거쳐 더욱 확대돼 노동자의 생존권과 노동기본권 등을 침해한 인권침해 사건임을 분명히 했다.

청계피복노조 등에 대한 노동기본권 등 인권침해 사건은 1970년대부터 1980년대까지 중앙정보부(국가안전기획부), 경찰, 노동청(노동

---

[170] 진실·화해를 위한 과거사 정리위원회, 「청계피복노조 등에 대한 노동기본권 등 인권침해 사건 진실규명 결정 통지문」, 2010.

부) 등의 국가기관이 노동조합의 설립과 활동, 특히 선거 등에 개입하고, 더욱이 1980년 신군부가 사회정화를 명분으로 노동조합 정화조치를 실시하여 노동조합 간부를 대상으로 불법구금을 자행하면서 회사 사직과 노조간부 사퇴를 강요하고 나아가 삼청교육대나 순화교육대에 입소시키는 등의 방법으로 노동조합을 와해시킨 사건들이다.

또한 1978년경 이들 사업장에서 사직하거나 해고된 노동자들을 대상으로 노동계에서 최초로 작성된 명단이 그후 1980년대에 경찰과 노동부, 중앙정보부 등에서 확대 재생산되어 이른바 블랙리스트의 형태로 관련기관과 사업장에 배포됨으로써 이들의 재취업을 가로막아 생존권을 위협한 것도 확인되었다.

결국, 국가는 위법한 공권력을 행사하여 신청인들을 포함한 노동자들의 노동기본권, 직업 선택의 자유, 신체의 자유 등을 침해하였고, 이는 중대한 인권침해에 해당한다.

우리 위원회는 이상과 같이 2010. 6. 30. 제139차 전원위원회에서 진실규명이 되었음을 결정한다.

2010년 9월 28일
진실·화해를 위한 과거사 정리위원회

인천 동부경찰서 정보과 형사 유○○은 진실화해위원회 조사에서 동일방직 사건은 "중정은 당시 회사에 주재하다시피 하였고, 경찰은 중정의 심부름을 한 것에 불과했다. 당시 상부로부터 이미 농

성 해산에 대한 지침이 내려져 있는 상태였고, 동일방직 농성은 청와대까지 보고가 된 것으로 알고 있다. 당시 동일방직에서 농성을 하면 바로 해산을 시켜 다른 사업장, 특히 공단에 악영향이나 파급효과를 차단하였다"고 진술하면서 "동일방직을 담당하면서 동향보고서를 올리는 정도의 역할을 하였고 경찰조차도 동일 문제에 대해 결정권이 없었고 모든 보고서가 중앙정보부나 청와대에 보고되어 그들에 의하여 정책적, 정치적 결정이 내려졌으며 경찰은 그 결과에 따라 상황을 유지하거나 결정을 집행하는 정도의 역할을 하였다"라고 진술하였다(2009년 9월 14일).[171]

진실화해위원회는 동일방직에 해고노동자들을 복직시키라고 '권고'했다. 강제 규정이 아닌 '권고'에 그치는 결정이었지만 국가기관에 의해 공식적으로 이루어진 권고였다. 2004년 민주화보상심의위에서 이루어진 '복직 권고' 조치에 이어 두 번째 '권고'였다. 여전히 회사는 거들떠보지도 않았다.

---

[171] 진실화해를위한과거사정리위원회, 『2010년 상반기 조사보고서-진실화해위원회 제9차 보고서』, 596~597쪽.

국가에 손해배상 청구 공동소송 제기

2010년 9월, 진실화해위원회 결정문이 통보되면서 과거 노동 탄압 사건에 국가의 불법적인 개입이 확인되었다. 그럼에도 국가는 대상자들에게 사과 또는 보상하지 않으면서 무책임의 극치를 보여주었다. 이에 피해 당사자들은 국가를 상대로 하는 손해배상 청구를 논의하게 되었다. 동일방직복직추진위 역시 손해배상을 청구하기로 했다.

초기에 소송 대표자 모임을 통해 피해 대상자 모두가 함께하는 재판으로 진행하기로 의지를 모았다. 국가배상 소송을 단순한 손해배상 사건으로 보지 않고 과거 잘못된 국가의 행위를 확인하고 폭로해내는 계기로 삼고자 한 것이다. 그렇기에 변호인단도 '민주화를 위한 변호사 모임'(민변)과 민주노총 법률원, 금속노조 법률원 변호사들이 모두 공동대리인으로 나선 것이다.[172]

그러나 안타깝게도 국가배상 청구 소송 과정에서 이탈 현상이 생기면서 11개 사업장 공동소송은 끝까지 함께 진행되지 못했다.

---

[172] 동일방직해고자복직추진위에는 김진, 이상희 변호사가 함께했다.

동일방직복직추진위도 국가배상 청구 소송에 세 팀으로 나뉘어 대응했다. 애초의 노동 탄압 사건 피해 대상자 공동 대응에는 그중 한 팀이 함께했고 다른 두 팀은 독자적으로 재판을 진행했다.

2010년 8월 7일, 동일방직복직추진위 정기모임에 38명이 참석해 세 가지 사항을 결정했다. ①국가배상 청구 소송은 11개 노동조합과 공동으로 소송을 진행한다. ②민주화운동보상위원회의 생활지원금을 받지 못한 사람의 소송 경비도 회비에서 지출한다. ③소송은 1차로 3~4명만 하고 승소 가능성이 있을 때 전체가 함께한다.

하지만 기금 사용에 대한 이견이 발생했다. 생활지원금을 받지 못한 이의 소송 경비 부담을 회비로 하면 안 된다, 아예 각자에게 나누자, 여러 이야기가 오고갔다. 의견 일치를 보지 못해 표결로 정해보기도 하고 따로 만나 설득해보기도 했다.

그러나 공동소송이냐 단독소송이냐 의견 대립이 더 심해지자 정기모임에서 토론하고 표결로 정하기로 했다. 11월 20일 열린 정기모임에는 33명이 참석했다. 토론했지만 합의가 이뤄지지 못해 결국 투표를 진행, 투표 결과 공동소송 22표, 단독 소송 6표, 기권 2표가 되어 공동소송을 하기로 했다. 하지만 단독소송 의지를 굽히지 않은 이들은 따로 소송을 진행하게 되었다.

11월 23일, 11개 노동 단위가 참석해 소장을 접수하고 '1970~80년대 노동탄압사건 국가배상 청구 소송 기자회견'을 열었다. 이어서 진실화해위원회 위원들과 국가배상 청구 소송의 정당성에 관한 토론을 벌이기도 했다.

동일방직복직추진위는 지난한 논의를 끝내고 국가배상 청구 소송을 잘 추진해 나가기 위해 운영위원을 새로 선출했다. 새로 선출된 8명은 이총각, 최명희, 김인숙, 김용자, 백강자, 이은옥, 이태순, 전창순이었다.

11개 노동 단위 공동소송은 공동소송 주체들만의 문제가 아니라 노동운동 진영이 노동운동 탄압에 대한 국가 책임을 묻는 과정이라는 점에서 중요하다. 국가배상 공동소송은 열사 희생자의 유가족들, 민족민주열사추모연대, 민주화운동정신계승국민연대를 비롯해 노동·법률·사회단체 등이 헌신적 투쟁을 해온 결과이며 앞으로도 제기될 수 있는 국가배상 소송의 시작을 알리는 과정이었다. 그렇기에 동일방직복직추진위도 배상을 넘어 그 운동의 의미를 이어가자는 취지로 참여하기로 한 것이다. 그래서 내부 이견이 있었음에도 동일방직복직추진위는 공동소송의 의미를 끝까지 지키기로 새롭게 결의를 다졌다.

국가배상 소송 무려 8년

동일방직 해고노동자 70여 명이 세 팀으로 나뉘어 국가배상 청구 소송에 나섰다. 각 팀에 처음 함께 소송을 시작한 사람의 숫자는 재판이 거듭되는 가운데서 약간씩 줄어들었다. 송사에서 빠진 사람도 있었고, 재판이 거듭되는 시간 동안 기다리지 못하고 저 세상으로 먼저 떠나버린 동지도 있었다.

세 팀으로 나뉘었어도 다른 팀의 재판 결과가 서로의 결과에 영향을 미침은 물론이었다. 공동소송에 나서기로 했던 11개 노조, 단

	공동소송팀	A팀	B팀
시작시 인원	김연심 등 31명	강동례 등 17명	최연봉 등 22명
1심	2011년 12월 13일 민사 제30부(이효두) 각 1천만 원	2011년 10월 7일 민사 제34부(박대준) 각 2천만 원	2011년 10월 7일 민사 제17부(염원섭) 각 1천만 원
2심	2012년 12월 21일	2012년 7월 24일	2012년 5월 3일 (여상훈)
3심	2015년 2월 26일 대법원 3부(주심 김신)	2014년 8월 3일 대법원 3부(주심 박보영)	2014년 3월 13일 대법원 3부(주심 민일영)
파기환송심	2018년 12월 14일 서울고등법원 민사15부 (이동근) 파기환송심		2019년 5월 17일 서울고등법원

체 중 결정을 바꾸어 독자적으로 소송을 진행한 원풍모방 소송인단의 결과 역시 마찬가지였다. 그렇게 2011년부터는 8년여에 걸친 국가배상 소송이 진행되었다.

공동소송에 함께한 31명은 김연심, 김용순, 김용자, 김인숙, 문영자, 박부순, 박인숙, 박현자, 백강자, 송옥희, 안동순, 안순옥, 양영자, 유순례, 윤춘분, 윤춘자, 이금옥, 이병국, 이은옥, 이총각, 이태순, 장영화, 전창순, 정선희, 정의숙, 진성미, 최명희, 한수자, 한순자, 홍기숙, 황영희 등이었다.

월 1회 노동 탄압 사건 국가배상 청구 소송인단 대표자 모임이 진행되고 거기에 동일방직복직추진위도 참석하면서 재판 진행 과정을 공유했다. 공동소송을 하는 동일방직, YH무역, 무궁화메리야쓰, 반도상사, 태창메리야쓰, 한일도루코, 청계피복, 서울통상, 콘트롤데이타, 남화전자 등의 심리가 각각 진행됐다.

그중 공동소송팀 동일방직 심리 일정을 보면, 2011년 3월 22일 1차 심리, 5월 17일 2차 심리, 8월 16일 3차 심리, 11월 1일 4차 심리가 있었다. 3차 심리 때는 <우리들은 정의파다>를 법정에서 상영했으며, 4차 심리 때는 정보과 형사 유○○, 동일방직 노동자 이총각, 김용자, 이병국 증인 심문이 있었다. 동일방직 노동자들은 심리가 진행될 때마다 7명 이상 참석하곤 했다.

2011년 12월 13일 열린 1심 선고판결 결과 국가는 원고들 31명 모두에게 각 1천만 원을 지급하라고 판결했다. 이 판결은 피고 측인 대한민국 정부가 손해배상 청구 시효가 소멸했다고 주장하는 것을 인정하지 않았다는 점에서 의미가 있었다. 즉 사건이 발생한 뒤 5년이 지나면 시효가 소멸하게 되는데 늦어도 1980년대 말에 블랙리스트 사건이 완료된 것으로 보이기 때문에 시효가 소멸됐다는 게 정부의 주장이었다. 그러나 재판부는 진실화해위원회의 조사와 결정이 이루어지기 전까지는 동일방직 해고 조합원들이 국가정보원, 노동부, 경찰 등이 블랙리스트 작성, 배포에 간여했다는 사실을 입증할 만한 증거를 수집할 수 없었다는 점을 인정해 정부의 소멸시효 주장을 인정하지 않았다. 즉 그동안 권리를 행사할 수 없는 객관적 장애 사유가 있었다고 보아야 하며, 진실화해위원회가 진실규명 결정을 내린 2010년 6월 30일부터 5년 이내에 소를 제기했으므로 국가 측의 소멸시효 항변은 이유 없다고 재판부는 판결문에 적시했다.

1심 선고가 끝난 후 12월 22일, 16명이 참석한 가운데 정기모임을 가지고 항소 문제를 논의했다. 그 결과 전원 항소하기로 하고 재판 끝날 때까지 월 1만 원 회비를 내기로 결정했다. 또 국가배상 소송이 승소하고 배상금을 받게 되면 그중 10%를 회비로 내기로 결정했다. 그리고 12월 28일 항소심을 접수했다.

한편 다른 팀의 소송 결과는 공동 대응팀의 소송 결과보다 빨리 나왔다. 먼저 A팀의 1심 결과이다. 2011년 10월 7일, 서울중앙지법 민사 합의 제34부가 동일방직노조 해고 조합원 강동례 씨 등 17명(원고들)에게 각 2천만 원씩, 모두 3억 4천만 원을 배상하라는 원고 일부 승소 판결을 내렸다. 일선 재판부가 '부당해고' 사건에서 통상적으로 인정하고 있는 위자료 최대 액수가 2천만 원임을 감안할 때 이 판결은 법원이 위법한 공권력 행사에 따른 피해 회복에 보다 적극적으로 나섰다는 평가를 받기도 했다.

같은 날 B팀 결과도 나왔다. 서울중앙지법 민사 합의 제17부에서도 마찬가지로 지난해 2010년 12월 국가를 상대로 배상청구를 제기한 동일방직노조 해고자 최연봉 씨 등 22명(원고들)에게 각 1천만 원씩 배상하라는 원고 일부 승소 판결을 내렸다.

같은 사건에 대해 재판부가 각각 다르게 배상금액을 인정한 것은 동일방직 사건을 바라보는 재판부 시각이 다르기 때문이다. 이 날 판결은 그 시점에 소송이 진행되고 있던 1970~80년대 노조 탄압 사건에 대한 국가배상 청구 소송에서 선도적인 역할을 할 것으로 평가되었다. 이는 2010년 6월 23일 원풍모방노조 사건에 대해 서울중앙지법 민사 제46부가 원고들에게 750만~1천만 원을 지급하라고 인정한 판결에 이어 원고 손을 들어준 판결로서 앞으로 남은 다른 노동 사건들에 미칠 영향이 클 것으로 예상되었다.

그동안 국가배상 청구 사건에서는 국가 측에서 주장한 소멸시효항변이 받아들여져 1심, 항소심 과정에서 원고 측이 패소했다가 대법원에서 국가의 소멸시효항변이 권리남용이라는 이유로 배척되는 경우가 많았다. 이에 비해 동일방직노조 사건에서는 1심에서부터 국가의 소멸시효항변을 배척했다는 점에서 달랐다. 또 한편으로 노동권과 직업선택의 자유 등 국민의 기본권을 수호해야 할 의무가 있는 국가가 오히려 공권력을 동원하여 국민(해고 조합원)의 권리를 침해한 것으로, 손해배상을 거절하는 것은 현저히 부당하다고 판단했는데, 이 같은 재판부의 적극적 판단은 고무적이라 할 것이다.[173]

1심 진행 과정에 동일방직 해고노동자들에게는 안타까운 일들이 있었다. 1심 선고가 나기 직전인 2011년 11월 12일, 문현란이 유명을 달리했다. 그리고 항소심을 접수한 직후인 2012년 1월 4일에는 김연심이 먼저 세상을 떠났고 그로부터 한 달도 지나지 않은 1월 30일에는 오청자가, 비슷한 시기에 윤춘자가 세상을 떠났다. 부당해고와 블랙리스트로 인해 오랜 세월 고통받다가 판결을 끝내 보지 못하고 떠나버렸다. 살아남은 사람들은 고인들의 영전에 고개를 숙여 영면을 기원했다. 재판 과정에서 세상을 떠난 이들 말고도 그동안 동일방직 해고노동자 중에 이미 고인이 된 이들이 여럿 있어, 2024년 8월 현재 여덟 명의 동지들이 먼저 세상을 떠났다. 그리고 2025년 5월 1일 유일한 남성 해고자로 든든한 벗이었던 이병국 '아저씨'가 운명했다. 이들의 이름을 여기에 남겨 불러본다.

고애순, 김경수, 김연심, 문현란, 오청자, 윤춘자, 이병국, 이향자, 정인순.

---

[173] 김재용, 「동일방직 노조탄압 국가배상 판결 의미」, 인천in 2011.10.20.

1심 일부 승소에 항소한 공동소송팀 승리

그러나 2심 판결은 엇갈렸다. 두 판결은 민주화운동보상심의위로부터 생활지원금을 받았다는 이유로 위자료 청구 부분이 각하되었고, 나머지 한 판결만 배상금 지급 판결이 내려졌다.

B팀의 2심 판결이 2012년 5월 3일 내려졌다. 최연봉 등 22명 중 20명은 각하되었고, 2명은 각 1천만 원의 배상 판결을 받았다. 20명이 각하된 것은 "민주화운동보상심의위로부터 생활지원금을 수령했기 때문에 다시 배상을 받을 수 없다"는 이유 때문이었다.

A팀의 2심 판결도 마찬가지였다. 2012년 7월 24일 동일방직 강동례 등 17명에 대한 항소심 선고 공판 결과 역시, 민주화보상심의위로부터 생활지원금을 수령한 14명은 해직으로 인한 위자료 청구 부분은 각하되었다. 미수령자 3명은 각 2천만 원, 나머지는 블랙리스트 취업 방해가 일부 인정되어 각 1천만 원의 배상 판결을 받았다.

그러나 2012년 12월 21일, 공동소송팀에 대한 항소심 결과는 달랐다. 서울고등법원은 "중앙정보부(국가안전기획부), 경찰, 노동청(노동부) 등을 통하여 동일방직노조 대의원 선거에 개입하는 등의 방식으로 노동조합 활동을 방해하였고, 동일방직노조의 와해를 목적으로 원고 등의 해고를 지시하였으며, 그 무렵부터 해고노동자들의 신상정보가 기재된 명단을 조직적으로 작성·배포·관리하여 재취업을 어렵게 했다. 이러한 국가의 일련의 행위는 노동기본권, 직업 선택의 자유뿐 아니라 인간으로서의 존엄과 가치에서 유래하는 인격권을 침해하는 위법한 공권력의 행사이고, 이로 인해 상당한 정신적 고통을 받았을 것임은 경험칙상 추정되므로, 국가는 특별한 사정이 없는 한 그 손해를 배상할 책임이 있다"고 판시했다. 그리고 "원고들이 오랫동안 겪었을 사회적 고립 및 차별대우와 이로 인한 정신적 고통, 생활지원금을 이미 받은 보상 원고들은 그동안의 정신적 손해에 대하여 다소간 위로가 되었을 것인 점 등 이 사건 변론에 나타난 모든 사정들을 참작"해서 재판부는 배상금을 결정했다. 생활지원금을 받지 않은 원고 17명은 각 3,000만 원, 생활지원금 2,244만 원을 받은 원고는 2,800만 원, 생활지원금 5,000만 원을 받은 나머지 보상 원고 13명은 각 2,500만 원으로 결정됐다.

복직 권고 무시하는 동일방직 사측

그간 동일방직 사측은 해고노동자를 복직시키라는 민주화보상심의위의 권고를 철저히 무시했다. 이미 2004년 12월 27일, 민주화보상심의위는 37명을 복직시킬 것을 권고하는 조치를 내렸고 2008년 4월 28일 한 차례 더 복직 권고를 했다. 하지만 이에 대해 사측은 이들의 해고는 법적으로 정당한 해고였다며 거절했다.

이제 국가배상 소송도 2심까지 끝난 시점이 되었다. 민주화운동보상심의위도 위원회 심사 진행률이 98%에 이르렀고, 위원회 활동 종료를 앞두고 있으면서 백서 발간에 착수하고 있었다. 그런데 노동침해 사건들에 '복직 권고' 이상의 어떤 성과도 만들어지지 않고 있었다. 그래서 위원회 명예회복추진분과위원으로 일하던 김용자가 '강제 해직 사업장 대표와 해직 당사자의 면담'을 민주화운동보상심의위가 나서서 성사시키도록 애썼다. 그 결과 민주화운동보상심의위는 동일방직에 해고자 복직 논의를 위한 면담 자리를 요청하는 공문을 발송했다.

그러나 동일방직 사측은 2012년 12월 27일, 회신 공문을 통해 면담 요청에 응할 의향이 전혀 없음을 분명히 했다. 흡사 거대하고 단단한 성벽처럼 동일방직 사측은 조금의 대화조차 모두 거부했다. 이제 동일방직복직추진위는 일단 당면한 대법원 재판에 힘을 쏟아야 했다.

2014년 사법농단 양승태 체제 대법원, 국가 책임 부정

그러나 바람의 방향이 바뀌고 있었다. 독재자 박정희의 딸인 박근혜가 2013년 2월 대통령에 취임하고 나서부터였다. 2011년 취임한 대법원장 양승태의 대법원 체제는 대통령의 눈치를 보는 것 같았다. 걸핏하면 과거사 손해배상의 판결 흐름을 뒤집곤 했다. 국가의 불법행위를 준엄하게 꾸짖으며 국가배상을 명하는 판결은 잦아들었고 과잉배상이라며 이자 계산법을 변경하더니 소멸시효 기준을 난데없이 6개월로 단축했다. 민주화보상법에 따라 생활지원금을 받은 경우 국가에 손해배상 소송을 청구할 수 없다는 해석도 새롭게 내놓았다. 동일방직노조 등의 해고자들이 이에 해당되는 상황이었다. 대법원에서 첫 위헌 판결을 받은 긴급조치 피해자도 국가로부터 손해배상금을 받지 못할 처지에 놓였다.[174]

그리고 마침내 동일방직 B팀의 재판 결과가 나왔는데 무척 실망스러운 결정이었다. 2014년 3월 13일, 대법원 3부(주심 민일영 대법

---

[174] 정은주·박현정, 「대법원, 치졸한 너무나도 치졸한」, 한겨레21 1005호, 2014.4.3.

관)는 최연봉 등 동일방직 노동자들 22명이 제기한 국가배상 청구 소송 판결에서 민주화보상법 제18조 2항의 재판상 화해규정을 적용하여 사건을 기각한 것이다. "민주화운동보상법에 따라 생활지원금을 받은 원고들은 재판상 화해 성격인 보상을 받았으므로 다시 배상을 청구할 수 없다"며 원고 패소한 원심을 확정했다. "민주화운동보상법은 일실수입(불법행위 피해로 잃은 수입)과 치료비에 대한 보상만을 다룰 뿐 정신적 고통에 대한 위자료와는 별개"라는 등의 이유로 보상과 별도로 국가의 배상책임을 인정한 하급심 판결들이 있었기에 전원합의체에 올려볼 만했지만, 대법원은 소극적이었다.[175]

A팀에 대한 결정도 마찬가지였다. 2014년 8월 3일, 대법원 3부(주심 박보영 대법관)는 강동례 등 동일방직 노동자 17명이 제기한 국가배상 상고심에서도 원고 일부 승소 판결한 원심을 모두 깨고 11명에 대해서는 소를 각하하고 6명은 서울고법으로 사건을 돌려보냈다고 밝혔다. 재판부는 "신청인들은 민주화운동보상법에 따라 '보상금 등을 받은 때에는 그 사건에 대해 화해계약을 하는 것이며 어떠한 방법으로라도 다시 청구하지 아니할 것임을 서약한다'고 동의를 했다"며 "이 같은 조건으로 보상금 지급결정에 동의한 경우 재판상 화해와 같은 효력이 발생한다"고 판시했다.[176]

---

175 김선식, 「심층리포트, 양승태 3년, 대법원 집중점검 : 대법, 개인 권익 수호보다 국가·기득권층 이익 앞세워」, 한겨레신문 2014.9.23.
176 전성무, 「대법원 "민주화운동 보상금 수령인 국가배상 못 받아"」, 뉴스1 2014.8.2.

한 해 뒤에 이루어진 공동소송팀의 재판 결과도 마찬가지였다. 2015년 2월 26일, 대법원 3부(주심 김신 대법관)도 그 이전 판결을 파기, 취소하고 사건의 일부를 서울고등법원에 환송한다고 판결했다. 재판부는 피해에 대한 위자료 청구 부분에 관하여 화해의 효력이 미치지 않는다고 판단한 항소심 판결이 민주화보상법 제18조 2항의 효력 범위에 관한 법리를 오해해 판결한 잘못이 있다고 적시했다. 즉 생활지원금을 수령했다는 것은 이미 재판상 화해와 동일한 효력이 미친다는 것이었다.

양승태 대법원 체제는 이후 이어진 원풍모방 사건(2014년 4월 30일), 문인 간첩단 사건(2015년 1월 22일), 백기완 사건(2015년 7월 23일) 등 수많은 긴급조치 사건에서 국가배상 책임을 부인했다.

결국 하급심 법원이 나서야 했다. 서울중앙지법 민사19부(재판장 오재성)는 2014년 6월 민주화운동 관련자 김택춘 씨의 신청을 받아들여, 생활지원금 수령을 재판상 화해가 성립된 것으로 규정하는 민주화운동보상법 제18조 2항에 대해 위헌법률심판을 제청했다. 서울지역 법원의 한 부장판사는 이를 두고 "대법원이 해야 할 일을 하급심이 했다"고 했다.[177] 재판부는 "이 조항에 따라 재판상 화해가 성립된다면 상대적으로 경제적인 여유가 없거나 권리를 적극 행사한 사람이 국가배상 청구를 하지 못해 역차별의 문제가 발생한다"고 지적했다. 생활안정을 위한 생활지원금은 국가의 불법행위에

---

[177] 김선식, 「심층리포트, 양승태 3년, 대법원 집중점검 : 대법, 개인 권익 수호보다 국가·기득권층 이익 앞세워」, 한겨레신문 2014.9.23.

따른 '배상'과는 구분되는 개념인데, 보상을 받았다고 배상 청구권을 제한하는 것은 합리적이지 않다고도 밝혔다.[178]

이 문제는 비단 동일방직 노동자들만의 문제가 아니었다. 대법원에 계류중인 비슷한 사건들이 많았다. 2013년 6월 기준 민주화운동 보상법에 의한 생활지원금(4,141명)과 보상금(791명)을 받은 사람은 모두 4,932명이었고, 이 가운데 400여 명이 국가 상대 손해배상 소송을 낸 상황이었다.

결국 헌법재판소의 판단이 나와야 할 문제였고 많은 이들이 헌법재판소 판결을 기다리게 되었다. 하지만 판결은 나오지 않고 하염없이 기다리는 상황이 이어졌다. 국회에서도 헌법재판소 판단이 늦게 나오고 있다는 지적이 이어졌다. 같은 문제가 걸려 있는 동아일보 해직기자들의 모임인 동아투위도 "「민주화운동관련자명예회복및보상법」이 오히려 민주화운동에 대한 국가배상을 가로막는 걸림돌이 된다고 지적"[179]하기도 했다.

이 같은 분위기가 바뀌기 위해서는 계기가 필요했다. 박근혜 보수 정부가 집권한 시간은 눈 뜨고 보기에 참으로 힘든 세상 꼴이었다. 그렇지만 그 시간도 지나가고 있었다. 콘크리트 같았던 박근혜 정부의 견고한 체계는 하루아침에 모래성처럼 급격하게 무너져 내렸다.

---

178 김선식, 「민주화운동가 국가배상 걸림돌 '민주화보상법' 위헌 가린다」 한겨레신문 2014.6.16.
179 조수경, 「동아투위 "대법원, 수구보수의 길로 역행했다"」, 미디어오늘 2014.12.29.

박근혜 탄핵 후 민주화보상법 일부 위헌결정

2016~2017년 박근혜의 국정농단 사태가 한국 사회를 뒤흔들었다. 사람들은 너나 할 것 없이 광화문으로 쏟아져 나왔다. 손에 촛불을 든 군중이 끝없이 이어졌고 연일 촛불시위의 물결이 전국 도시를 뒤덮었다. 동일방직복직추진위 동지들도 힘껏 거리에서 겨울과 봄을 보냈다. 그리고 마침내 대통령 박근혜는 국회에서 탄핵됐고 헌법재판소 파면 결정을 거쳐 감옥으로 갔다.

박근혜 정부가 무너지자 사법 농단 의혹이 있는 양승태 대법원 체제에 대한 비판의 목소리도 높아졌다. 그런 상황에서 2018년 헌법재판소에 사람들의 시선이 쏠렸다. 양승태 사법부 시절 확정된 과거사 판결에 적용된 민주화운동보상법 제18조 2항에 대한 위헌 여부를 선고하겠다고 했기 때문이었다. 서울중앙지법에서 2014년 6월 위헌 제청을 한 지 4년이 지난 시점이었다. 지연된 정의는 정의가 아니라 하는데 늑장도 이런 늑장이 없었다.

2018년 8월 30일, 헌법재판소는 '보상받으면 재판상 화해'로 간주하는 민주화보상법 제18조 2항에 대해 재판관 7:2의 의견으로 일부 위헌 결정을 내렸다. 헌법재판소는 국가권력이 저지른 중대한 인권침해나 조작 의혹 사건은 일반적인 손해배상청구권과 다른 특수성이 있으므로 그에 대해 소멸시효에 관한 일반규정을 그대로 적용하는 것은 헌법에 위반된다고 결정한 것이다. 불법행위에 대한 손해배상 청구는 일반적으로 적극적·소극적·정신적 손해에 대한 청구로 분류되는데, 민주화보상법 상 보상금 지급대상과 그 유형별 지급액 산정기준 등에 의하면 보상금은 적극적·소극적 손해에 상응하지만, 정신적 손해에 대한 청구까지 포함된다고 볼 수 없으므로, 이에 대한 국가배상 청구마저 금지한 것은 국가배상 청구권을 침해한 것이고, 국가의 기본권 보호 의무를 규정한 헌법 제10조 제2문의 취지에도 반하는 것으로서 지나치게 가혹한 제재에 해당한다고 판단했다. 뒤늦게나마 헌법재판소가 대법원의 무리한 법해석을 바로 잡았다는 점에서 의미 있는 결정이라고 평가할 수 있다.[180]

이로써 국가에 정신적 손해에 대한 국가배상을 청구할 길이 다시금 열렸고 동일방직복직추진위는 국가배상 청구 소송의 파기환송에 대한 재심을 청구했다.

---

[180] 이상희, 참여연대 사법감시센터, 「사법부가 면죄부를 준 사이, 박근혜 정부가 저지른 국가범죄」, 슬로우 뉴스, 2018.10.17.

2018년 마침내 국가배상 최종 판결
"활짝 웃고 만세"

헌법재판소의 판결 이후 다시 열린 파기환송심의 최종 선고 날이 다가왔다. 어느새 8년이 흘러 있었다. 김용자를 비롯한 동일방직 해고자 14명은 2018년 12월 14일 서울고등법원 민사15부(부장 이동근) 파기환송심 자리에 갔다. 판사는 또박또박 판결문을 읽었다. "제1심 판결 중 원고들에 대한 부분을 아래와 같이 변경한다." "국가는, 원고 동일방직 노동자들에게 별지 목록에 기재된 손해배상금을 지불하라."

판사는 '손해배상금'이란 단어를 또박또박 읽었고, 그 음성은 법정을 휘돌아 김용자와 동료들을 감쌌다. 지그시 눈을 감고 있던 김용자의 손등에 눈물 한 방울이 톡 떨어졌다. 훌쩍이는 소리들이 잔잔히 메아리쳤다. 다들 육순이 넘은 나이지만, 아직도 1978년 4월 1일에 얽매여 살고 있었다. 그렇기에 '손해배상'이라는 그 말이 사무치게 다가왔.

"국가는 원고들에게 총 4억 5,100만 원을 지급하라"고 판결했다. 1인당 3,200만~3,500만 원씩 국가 배상액이 책정됐다. 구체적으로는 생활지원금 2,244만 원을 지급받았던 원고 이병국의 경우 3,500만 원, 생활지원금 5,000만 원을 받은 나머지 원고 13명의 경우 각 3,200만 원으로 정해졌다.

재판이 끝나고 김용자와 동료들은 법정을 나섰다. 12월 겨울 날씨는 추웠지만 시원했다. 파란 하늘은 반짝였고 실뭉치 같은 구름이 축하하는 듯 미소 짓고 있었다.

"고생했어, 수고했어." 모두 얼싸안으며 인사를 나누었다.

"그래, 이게 몇 년 세월이니… 우리 잘해냈지…" 등도 두드리며 서로 위로했다.

국가배상 승소. 함께한 모두 "만세".(2018.12.14.)

"우리 사진 하나 찍자!" 부순이가 외쳤다.

"그래 그래, 모두 모여. 활짝 웃고 만세 불러봐." 영자가 거든다.

"하나 둘 셋."

우습게도 약속이나 한 듯 "동일방직 만세!"를 외쳤다.[181]

동일방직 B팀의 파기환송심도 열렸다. 2019년 5월 17일, 서울고등법원은 최연봉 등 20명이 국가를 상대로 제기한 국가배상 소송에서 2명을 빼고 18명에게 1천200만~3천만 원의 배상금을 지급하라고 선고했다. 재판부는 국가가 중앙정보부 등을 통해 동일방직 노조 활동을 방해하고, 해고노동자들의 리스트를 관리해 재취업을 어렵게 했다고 판단했다. 이에 따라 해고노동자들이 받은 정신적 고통에 대해 위자료를 배상할 의무가 있다고 봤다.[182]

---

[181] 민병래, 「사수만보 11화, "똥을 먹고 살수는 없다" 아직 끝나지 않은 그녀들 이야기 - 41년 전 1978년 4월 1일 동일방직에서 해고된 김용자」, 오마이뉴스 2019.8.9.

[182] 이병기, 「동일방직 해고노동자들, 길고 긴 41년의 한 풀다」, 기호일보 2019.6.7. 이 기사에는 공동소송팀의 파기환송심 날짜가 12월 18일로 오기되어 있는데 12월 14일로 바로잡았다.

민주유공자법 제정 과제

동일방직 해고노동자들은 민주화운동으로 인정받은 이후에도, 국가배상 청구 소송 과정을 진행하면서 '민주유공자 예우에 관한 법률'(민주유공자법) 제정을 위한 싸움의 현장에 함께해왔다.

민주유공자법은 1960년대부터 1990년대 민주화운동 참가자를 유공자로 인정하는 내용과 함께 민주화운동과 관련해 사망 또는 행방불명, 상이를 입은 사람을 민주유공자로 예우하고, 그 유족 또는 가족에 대해 지원하는 법률안이다. 지금까지는 4·19민주혁명과 5·18민주화운동의 유공자만 인정되고, 나머지 수많은 희생자, 유공자들이 합당한 예우를 받지 못하고 있는 형편이었다. 이를테면 민주화를 이루는 데 자기 온몸을 던진 전태일, 박종철, 이한열 열사 등은 수구 언론조차 인정하고 교과서에 실려 있는데도 민주유공자로 예우를 받지 못하고 있다.

이에 민주유공자법은 15대 국회부터 21대 국회까지 발의를 거듭했지만, 논의는 제대로 이뤄지지 않았다. 그럼에도 그간 민주화운동 진영과 노동·사회·시민단체는 민주유공자법 제정안 수용을 요구하며 끈질기게 싸워왔다. 특히 최근 3년여 동안 전국민주화운동

유가족협의회, 민주유공자법제정추진단, 여러 열사 기념사업회 등에서는 국회 앞 농성과 시위를 이어오며 개정안 통과를 위해서 각고의 노력을 기울였다.

21대 국회 본회의를 앞둔 2024년 5월 13일, 국회 본청 앞에서 열린 민주유공자법 제정 추진단 주최 기자회견에서 장남수 유가협 회장은 "최소한 2000년대에는 제정을 마쳤어야 하는 법"이라고 강조하면서 "이 법을 제정하려는 이유는 개인의 명예회복도 있지만 대한민국 헌법에 민주주의의 가치를 제정하고 기록하자는 데에 있다. 대한민국 헌법이 민주주의로 인해서 사망했거나 다친 분들을 예우함으로써 그분들을 앞으로도 기리겠다는 뜻인 것"이라고 설명했다.

민주유공자법은 5월 23일 국회 정무위원회에서 재적 의원 24명 중 야당 의원 15명의 찬성으로 본회의에 넘겨졌다. 국민의힘은 표결에 불참했다. 5월 28일, 21대 국회 마지막 본회의에 상정된 법안은 통과되었다.

그러나 대통령 윤석열은 다음날인 5월 29일, 민주유공자법과 함께 통과된 4건의 법안에 대해 끝내 거부권을 행사했다. 이를 포함 윤 대통령이 거부권을 행사한 법안은 25건, 대통령 탄핵 이후 한덕수·최상목 권한대행이 16건 총 41건으로 집권 3년 만에 1987년 민주화 이후 최다 거부권 행사 신기록을 세웠다. 강정애 국가보훈부 장관은 민주유공자법을 두고 국가 정체성을 흔드는 법이라는 둥, 명확한 심사 기준이 없어 셀프 유공이라는 둥, 사회적 합의가 되지 않았다는 둥의 망발을 일삼기도 했다. 하지만 기준이 없기는

민주유공자법 제정을 위한 투쟁.

커녕 버젓한 기준이 이미 있었다. 2016년 민주화보상심의위에서 발간한 『민주화운동백서』에 민주유공자 대상 829명의 이름이 고스란히 실려 있다. 이는 2019년 12월 기준으로, 민주화운동으로 인한 사망자 136명, 부상자 693명 등을 합한 숫자다. 또한 명확한 심사 기준이 모호하다고 하는데 국가보훈부가 설치, 운영하고 있는 '보훈심사위원회'가 나름의 기준을 세우고 심사를 해나가면 될 일이다.

결국 21대 국회에서 민주유공자법은 제정되지 못하고 좌절되었다. 하지만 22대 국회에서 다시금 추진되어야 하고 제정해야만 하는 과제가 남았다. 보다 많은 시민사회와 민주단체들의 역량과 힘에 바탕해 민주주의를 위해 애썼던 민주유공자를 기억하고 예우하는 법률이 제정되어야 할 것이다.

사회정의 실천의 동력은 '연대'

 2018년 겨울 파기환송심의 손해배상 판결로 기나긴 투쟁이 일단락되는 시점에서, 동일방직 노동자들은 자연스럽게 지난 세월을 돌아보게 되었다. 1978년 2월, 똥물 세례를 받던 그 공장의 기억으로부터 무려 50년의 세월이 흘렀고, 그 과정에서 같은 노동탄압의 당사자였던 원풍모방, 반도상사, YH무역 같은 동료들이 생각났다. 민주노총을 비롯한 학생, 빈민, 농민 등 여러 운동 진영의 연대도 빼놓을 수 없었다.

 지난 50년의 시간은 그 수많은 연대의 발걸음에 의지해 건너온 세월이기도 했다. 그렇기에 서로가 서로를 돕는 더 굳센 동아줄, 노동자의 연대가 간절했다. 동일방직 노동자들은 스스로가 그런 동아줄이 되어 주고 싶었다. 집회와 시위가 있으면 우리 일이 아니더라도 달려갔다. 동아일보 해직기자들의 시위 현장이나 해직교사들 복직 기자회견 자리에 기꺼이 함께해 자리를 채웠다.

 동일방직 노동자들은 모일 때마다 회비를 냈고 그 돈으로 모든 활동 경비를 충당했다. 함께 모이는 자리에서 먹을 음식도 바리바리 싸들고 모였다. 너는 떡, 나는 국, 또 다른 이는 과일을 들고 모였다. 지난 2007년 동일방직 해고노동자들이 민주화운동보상심의위를 통해 생활지원금을 받았을 때도, 대부분은 지원금의 10%를 회비로 냈다. 국가배상 소송 또한 그 회비로 진행했다. 생활지원금을 받지 못한 회원들의 소송비 역시 회비로 감당했다.

회비에는 '누구의 것'이라는 이름표가 붙어 있지 않았다. 모두의 돈이었고 모두의 동아줄이었다. 그렇기에 국가배상 소송이 승소하고 나서 받게 된 배상금에서도 10%를 덜어내 회비로 내자는 결의를 할 수 있었다. 해고노동자들은 누구보다 앞장서 일하고 있는 동지들의 건강도 염려됐고 고마움을 표시하고 싶기도 했다. 그도 그럴 것이 월급 한 푼 없이 온갖 실무를 처리하는 운영위원 등 직책을 맡은 사람들의 노고가 너무나 눈에 빤하게 보였기 때문이었다.

동일방직복직추진위가 지금껏 걷었던 회비 총액이 3억 6천만 원가량이었다. 회비는 복직추진위 활동비, 소송비용, 투쟁사업장과 단체 지원, 30주년 기념사업, 백서 발간 등에 쓰였다. 특히 동일방직복직추진위는 회비가 튼튼한 연대의 동아줄을 만드는 데 쓰여야 한다고 믿었다. 그래서 지금껏 사업 추진비와 남은 금액 등을 제외하고 상당액인 1억 원가량을 후원과 연대, 지원금으로 다 냈다.

동일방직복직추진위가 연대, 지원했던 단체, 조직 명단은 다음과 같다. KTX 여승무원 복직 투쟁, 기륭전자노동조합, 대우조선 해고노동자, 계승연대, 쌍용자동차노동조합, 여성노동자회, 여성영상집단 움, 이랜드노동조합, 전국민족민주유가족협의회, 전국민주일반노조연맹 톨게이트 여성노동자, 조화순 목사, 청계피복 여성 봉

동일방직 해고노동자들이 움켜쥔 연대의 동아줄.

제 노동자들, 콜트콜텍 노동조합, 풍산마이크로텍노조, 한진중공업 김진숙 복직 투쟁, 한진중공업노동조합, 화섬식품노조 수도권지부 등이었다.

지원금을 전달하러 간 동일방직복직추진위 동지들은 투쟁하는 노동자들과 함께 선전전을 벌이기도 했다. 예를 들어 한창 국가배상 소송이 진행중이던 2013년 1월 15일, 동일방직복직추진위는 투쟁 기금을 모금해 서울 덕수궁 대한문 앞에서 기금 전달식을 열고 집회에 함께했다. 여기에 연대의 기본은 함께 나눠 먹는 데서 시작된다는 35년 전 경험을 떠올리며 떡을 해서 들고 갔다. 당시 대한문 앞에는 '희망찾기 농성촌'이 차려져 있었고 많은 단위의 투쟁이 동시다발적으로 전개되고 있었다. 기금을 받는 단위는 한진중공업노조, 풍산마이크로텍노조, 쌍용자동차노조, 그리고 계승연대, 여성영상집단 움이었다. 많다면 많고 적다면 적은 금액이지만 노동자의 연대 정신은 농성촌의 겨울 한파를 조금이나마 녹이는 데 일조했다. 2022년에는 '인천도시산업선교회'의 존치를 위한 단식농성에도 함께 참여했다. 인천산선은 동일방직 해고노동자들에게는 친정 같은 곳이었고 그곳을 지키는 김도진 목사는 친정 식구 같은 존재였다. 그야말로 종횡무진의 끊임없는 연대를 실천했다.

동일방직 노동자들은 힘들고 열악한 환경 속에서도 서로를 믿었고 의지했기에 지난 시간들을 헤쳐나갈 수 있었다고 생각했다. 그리고 그러한 연대와 연결이 사회정의를 실천하는 원칙이자 단순하지만 확실한 동력이라고 믿었다. 블랙리스트를 빌미로 지인의 회

동일방직복직추진위는 정기모임을 꾸준히 이어가고 있다.

사까지 찾아와서 모욕과 협박을 일삼는 악질적인 자본과 정권의 끈질긴 탄압을 이겨낸 경험들이 고스란히 연대의 필요성과 절실함으로 연결된 것이다. 지난 50년의 세월로 뼈저리게 새긴 동일방직 투쟁의 교훈이었다.

여성노동자의 시대를 지나

1970년대 경공업 육성과 수출 경쟁력의 근간은 여성노동자였다. 농촌을 떠나, 가계 생계를 위해 공장에 취직해야 했던 여성노동자는 저임금시대에 남성노동자보다 값싼 임금을 받으며 일했다. 그들은 가부장적인 질서 하에 보편적인 사회활동으로부터 유리된 동시에 장시간 노동이 가능한 효율적인 노동력의 공급원이었기에, 박정희 정권을 유지하기 위해 섬유산업에 대한 통제와 감시는 필수적이었다. 먹고사는 문제를 해결하는 것이 폭력에 근간한 군부독재를 유지할 수 있는 유일한 명분이었기 때문이다.

박정희 정권은 노동단체의 역할을 경제적 성격의 좁은 의미로 제한하고 정치활동을 금지하는 포고령과 법 개정을 통해 '반민주적인 통치 질서'를 확립하고자 했다. 아울러 행정 권력의 통제 범위에 있는 이른바 '어용노조'를 활용하여 간접적인 현장 권력을 유지하고자 했다. 1970년대 섬유산업에서 발생한 한국노총의 명분 없는 노조 탄압과 민주노동운동에 대한 견제는 모두 이와 같은 맥락에서 벌어진 일이었다.

그러나 역설적이게도 이러한 폭압적 통치에 저항하거나 권력에 순치되지 않는 노동운동이 여성노동자의 시대를 열었다. 국가와 자본의 합작이 노골화하는 시점부터 동일방직을 비롯한 1970년대 '1세대 민주노조운동'의 성격은 단위사업장을 넘어선 사회 민주화 투쟁과 연대하며 확장하기 시작했다.

폭압적인 자본과 정권의 탄압에 맞서

한국 사회 1970~80년대의 노동쟁의나 분규들은 태생적으로 국가 권력과 자본에 저항하는 성격을 지닐 수밖에 없었다. 당시 대표적인 섬유 사업장이었던 동일방직에서 벌어진 민주노조운동 또한 마찬가지로 시대적인 모순과 갈등이 복합적으로 응축되어 표출된 사건이었다.

동일방직노조를 무력화시키는 과정에서 드러난 중앙정보부의 선거 개입 사태나 이에 대항한 노동자들의 '나체시위', 그리고 다시 반노동세력에 의해 자행된 '똥물 테러'는 국가권력이 얼마나 구체적인 수준으로 현장까지 치밀하게 개입했는지를 단적으로 드러냈다.

박정희 정권은 민주화를 촉구하는 노동·종교·시민사회의 요구와 투쟁을 통제하고 관리하기 위해 '합법적 외피를 두른 어용노조 전략'을 추구했다. 이들은 반독재 민주화 세력을 지속적으로 견제하면서 다른 한편으로는 자본과 결탁하여 자신들의 실정과 책임을 은폐하고자 했다.

특히 동일방직 노동자들의 복직을 가로막고 블랙리스트를 동원해 생존을 위협한 것은 국가권력이 노동운동의 성격을 체제내화하기 위해 얼마나 반인권적이고 잔인한 수단까지를 동원하는지를 보여주었다. 박정희 정권은 자본이 부당 해고를 남발하고 사법적 복직을 거부해도 아무 문제가 없도록 자본의 뒷배가 되어줬을 뿐 아니라, 해고자의 재취업마저 공권력(중앙정보부, 경찰)을 동원해 완전히 차단함으로써 노동운동 세력을 사회로부터 완전히 격리하고자 했다. 이는 단지 노동자들의 삶을 파괴하는 것을 넘어 여타 사회운동 세력의 위축을 불러왔고 이른바 민주화 시대가 열린 이후까지 정부와 자본의 노동계급 통제 전술로 활용되었다는 점에서 그 죄과는 매우 심각한 것이었다.

노동자 정체성 획득과 사수

무엇보다 동일방직 노동운동의 가장 큰 특징은 '노동자로서의 정체성'을 추구하는 데에 있었다. 종교계와 학생운동의 지원과 연대로 시작된 운동이 사회현실을 바꿔보겠다는 민주노조운동으로 발전한 것은 노동자가 '보편적 노동 현실'을 자각하고 '현장과 사회를 연결'하기 위한 역사적 과정이었다. 이들은 동일방직 사용자로부터 해고됐지만 '동일방직 노동자'로서의 정체성을 회복하기 위한 투쟁을 멈추지 않았다. 언제 끝날지 모르는 싸움을 지속하기 위해 '임시노조'를 설립할 때도 이들이 가장 중요하게 여긴 것은 자신들이 '동일방직의 노동자'라는 점이었다.

국가권력과 사법적 통제하에서는 노동자의 정체성이 노사관계로 국한되지만, 사회운동의 윤리 속에서는 그 주체가 속한 사회 전체의 계급으로 확대된다. '동일방직 노동자'들은 끊임없는 투쟁을 통해 노동자로서의 존엄과 자기 정체성을 추구함으로써 국가 폭력의 부조리를 폭로하고 사회 민주화에 기여했다. 따라서 이들이 공장으로 돌아간다는 의미는 좁게는 '해고노동자들의 원직 복직'일 테지만, 넓게는 1970년대 민주노조운동이 추구한 가치의 회복이자,

남성 중심의 군대식 통제와 억압이 횡행하던 시대를 정면으로 맞서 온 '여성노동자의 존엄한 일대기'였다.

이들의 싸움은 독재정권은 물론 민주화 시기를 지나면서도 온전히 사회적으로 인정되거나 회복되지 못한 노동운동의 근본적인 가치나 목표를 표현하고 있다. 그렇기에 이들이 온 생애를 통해 싸운 여정은 '노동자로서의 존엄'을 회복하기 위한 노력 그 자체이자, 이들의 주장이 끝내 옳았다는 사회적 공표이자 증명이었다. 동일방직 노동자들이 지난 세월 수많은 조직적 부침을 겪으면서도 '노조민주화(미조직 조직화)-민주노조-파업(투쟁)-해고-복직'이라는 민주노조운동의 전형적 서사를 이뤄온 것은 여성 노동운동의 대표적인 사례로 조명받을 가치가 있다.

복직 투쟁의 길 50년, 명예로운 시간

"지칠 대로 지쳤던 저희는 다시 일어서 살아야겠다는 욕구가 더 강해졌습니다. 죽기 살기로 동일방직회사에 복직이 될 때까지 가만히 있을 수 없다는 분노가 다시 무섭게 일어나 끝맺음을 볼 것입니다."

동일방직 해고노동자들이 국가배상이 확정되었을 때 기뻐했던 이유는 배상금 때문이 아니었다. 조금만 고생하면 된다며 일하던 공장에서 천대받던 설움의 세월과 거기서 등 떠밀리듯 쫓겨난 억울함, 그리고 '우리가 옳다'는 확신으로 민주노조를 위해 싸웠던 수많은 기억이 부끄럽지 않은 시간이었다는 국가의 공식적인 인정이었기에 좋았다.

동일방직 해고노동자들은 투쟁의 시간을 통해 옳고 그름을 분별할 수 있는 눈을 가질 수 있었다. 평범하고 힘없는 노동자들의 단결과 희생으로 노동자 지위가 바뀐다는 사실도 깨달았다. 이제 모두 할머니가 되었지만, 여전히 후배들과 연대하는 현역으로 싸웠다. 동일방직 해고노동자들은 그들이 시대의 정의파였고 민주화운동가였음을 한국 사회가 인정할 수밖에 없도록 투쟁으로 강제해 냈다.

1978년 4월 1일 동일방직 해고노동자들의 해고 시점부터 이후 50년의 투쟁은 무엇보다도 노동자들의 원직 복직을 요구하는 투쟁이었다. 특정한 시기마다 투쟁의 요구가 분산되기도 했지만, 공장으로 돌아가 기계 앞에 서야만 한다는 생각은 항상 같았다. 단 하루를 일하더라도 공장으로 돌아가는 것이 진정한 마침표라고 생각했기 때문이다.

그러나 시간이 지난 노동쟁의나 역사적 사안을 가름하는 법이나 제도를 둘러싼 사회적 공론이 아직은 부족한 상태다. 복직은커녕 사과조차 없는 동일방직 사용자처럼 자본의 속성은 그러하다.

이에 동일방직 노동자들은 노사관계의 법리와 유공자들에 대한 정당한 역사적 평가 등을 사회적 과제로 남겨두고, 투쟁과 연대를 지속해 나가되 복직의 의미를 분명히 하기로 했다. 또한, 지난날의 역사를 정리해 자신들의 투쟁을 기록하고 성찰함으로써 앞으로의 시간에 또 다른 원동력을 만들며 연대투쟁에 함께한 동지들에 대한 고마움을 나누고자 했다.

"자본가가 노동자를 부당하게 해고해서 노동자의 삶을 위협하고 해고자 낙인을 찍을 수는 있겠지만, 우리가 투쟁을 통해서 단결을 통해서 계속 싸우는 한, 우리는 해고된 게 아니란 것을 보여주고 싶었어요. 그래서 우리 역사를 다시 정리해보기로 한 거예요. 젊은 시절의 투쟁부터 지금까지의 과정을 우리 말로 적어보고 싶었어요. 노동자는 해고한다고 해서 해고되는 게 아니다, 나이가 들어도 끝까지 투쟁하는 게 노동자라는 걸 보여주고 싶었어요."

_ 김용자 구술

동일방직 노동자로 살아온 50년은 명예로운 시간이었다. 그 명예는 국가와 자본의 멸시와 탄압으로도 꺼지지 않는 불꽃과 같은 것이었다. 동일방직 노동자들은 캄캄한 공장의 솜먼지 속에서도 민주노조를 외쳤고, 블랙리스트를 앞세운 국가의 폭력에도 굴하지 않고 노동자의 자긍심을 간직하는 삶을 이어갔다. 그리고 무엇보다도 자기 존엄을 위한 투쟁을 멈추지 않았다. 그게 무엇이든 버티고 사수해야만 했던 50년, 그 세월은 전부 명예로웠다. 그들은 끝끝내 공장으로 돌아갈 것이다.

에필로그

'정의'의 깃발을 놓지 않은 이들

2019년 9월 복직추진위원회 20여 명은 제주로 여행을 떠났다. 해고자 복직 투쟁을 하던 때, 인천 인근으로 수련회, 야유회를 다니며 울고 웃으며 결의를 다졌던 기억이 되살아났다. 그때의 젊음은 사라졌지만, 세월은 노동자로서의 깡다구와 삶의 지혜와 경험을 선사했다. 그것이 다시 복직 투쟁 대열에 서게 한 힘이었다.

제주 여행은 2000년 이후 복직만 보고 쉼 없이 달려온 날들에 대한 보상이었다. 수십년 만에 만나 앞만 보고 달리던 이들에게 고생했다고, 마무리 잘하자고 힘을 주는 자리였다. 그리고 잘 마무리하자는 결의를 또 다지는 자리였다.

동일방직복직추진위의 최종 사업은 그간의 투쟁을 기록하는 일이었다. 민주노조 사수, 해고 복직 투쟁을 시작한 이래 많은 양의 자료를 생산 보관해왔으며, 2000년 이후 수집한 자료를 꼼꼼하게 정리해두었다. 복직 투쟁이 마무리되는 날에 그 과정을 기록하겠다는 계획이었다. 민주화운동기념사업회 아카이브나 다른 민간 아카

이브, 그리고 동일방직 조합원들이 보관해온 자료들을 살펴보다 보면 무엇보다 그 기록과 자료의 양에 놀라게 된다. 1970년대, 타자기조차 흔하지 않았던 때에 동일방직 조합원들은 어디 서울의 행사에 참석하거나 유인물을 배포하다 돌아오기라도 하면 자신이 오늘 무엇을 했는지, 어떤 것을 느꼈는지를 볼펜 한 자루를 들고 누런 갱지에 빽빽하게 적었다. 인공지능이 회자되는 이 21세기에 업무 일지조차 쓰지 않는 노조가 허다한데 그녀들은 1970년대 노조 기록 생산의 달인들이었다. 『동지회보』 역시 소소한 개인의 일상과 소감부터 시작해서 노동조합의 활동 내용, 해고자들 개개인의 근황에 이르기까지 서로 알고 있어야 할 내용을 소상하게 담고 있다. 그래서 1985년에 나온 『동일방직노동조합운동사』는 동일방직노조 활동과 관련해 매우 많은 내용을 담고 있다. 거의 모든 자료가 망라되어 있고 기록도 상세하다.

복직추진위가 동일방직 노동운동사를 다시 쓰기로 한 것은 두 가지 점에서다. 하나는 투쟁 당사자와 그 주변 관계인이 동일방직 노조 투쟁의 역사를 정확히 인식하기 위함이다. 다른 하나는 해고한다고 노동자 투쟁이 끝나는 게 아니라 삶을 걸고 투쟁해야 한다는 것을 다른 이들과 공유하기 위해서다.

이제 육순을 넘어 칠순으로 접어드는 이들의 이야기를 남기고 전달해주는 책을 복직추진위는 기획하고 진행했다. 50년 전의 동일방직 사건만이 아니라 그 이후의 삶, 그리고 2000년대 이후 끈질기게 자신들의 죄 없음을 인정받고 자존심을 지키기 위해 싸웠던 그

시간을 증언하는 책을 말이다. 기록을 남김으로써 그들의 투쟁은 혼자만의 믿음과 확신이 아니라 주변의 인정, 사회적 인정을 받을 수 있게 되었고 함께 투쟁할 동지들을 만들어 낼 수 있었을 게다.

동일방직 여성노동자들의 시간은 아직 끝나지 않았다. 앞으로도 몇십 년, 이들의 삶이 이어질 것이다. '동일방직 노동자'라는 타이틀은 이들이 지금 노동운동의 최일선에 서 있지는 않지만 각자 삶의 현장에서 할 수 있는 일을 하면서 사회에 기여하고 보탬이 되는 삶을 꿋꿋하게 살게 했다. 그것이 노동자의 힘이었다.

동일방직복직추진위는 여전히 복직 투쟁 깃발을 내리지 않았다. 복직의 그날까지, 단 하루를 작업복을 입고 기계 앞에 서는 한이 있더라도 투쟁의 깃발은 내려오지 않을 것이다. 깃발이 펄럭이는 한, 청춘으로 빛났던 동일방직으로 복직되는 꿈 또한 그대로다.

그렇게 투쟁은 계속되고 삶도 지속될 것이다. 빛나는 승리의 약속도, 아름다운 우정도.

동일방직 노동운동사 다시 쓰기.

부록

동일방직복직추진위원회에 함께하는 이들

해고·블랙리스트 124명

동일방직노조 투쟁 연표

참고문헌

동일방직복직추진위원회에 함께하는 이들

동일방직복직추진위원회에 끝까지 함께한 이는 27명이다. 젊은 시절을 함께했기에 그들의 고통과 투쟁 경험은 비슷하다. 1976년 7월 민주노조 사수를 위한 농성과 나체시위를 벌였고, 1978년 2월 21일 노조 지부장 선거 중에 중앙정보부와 섬유노조 그리고 회사 측의 사주를 받은 남성 직원들에게 똥물 테러를 당했다. 1978년 3월 10일 장충체육관에서 열린 노동절 기념행사에서 동일방직 문제 해결을 요구하며 투쟁했다. 1978년 3월 12일 명동성당 사제관에서, 인천산업선교회에서 노조 원상회복을 요구하는 단식투쟁을 함께했다. 4월 1일 동일방직에서 부당해고 당했고 4월 10일에는 블랙리스트가 전국에 배포돼 생존권을 박탈당했다. 4월 26일 해고노동자들은 동일방직 공장에 들어가 복직을 요구하며 농성하다 연행됐다. 1980년 4월 25일 한국노총 위원장실에서 복직을 요구하는 25일간의 단식농성에 함께했다. 2000년 이후 투쟁에서도 그들은 동지였고 식구였다.
여기, 긴 투쟁을 통해 귀한 삶을 만들어낸 이들을 호명하며, 함께 겪은 경험 외 기억할 것을 정리해 본다.

김연심

1956년 12월생. 인천 전동. 1972년 입사. 정방.

1978년 3월 10일 장충체육관 노동절 행사에서 시위에 참여했다가 구류 25일을 살았다. 경찰관들이 시골집까지 찾아와 동네 사람들에게 '저 집 딸내미년은 빨갱이년'이라 몰아갔다. 결혼 후에도 감시가 계속되어 군산으로 이사를 했지만 거기도 감옥이었다. 복직 투쟁을 다시 시작하고 재판이 진행중이던 2012년 1월 4일 먼저 세상을 떠났다.

김용순
1957년 10월생. 제주. 1975년 3월 입사. 와인다.

해고 후 블랙리스트로 취업이 어려워 한복집에 다녔는데 거기도 사복형사가 찾아와 그만둘 수밖에 없었다. 더는 발붙일 곳이 없어 고향 제주로 내려왔는데 형사들이 찾아와 동네에 '객지에 나가 나쁜 짓을 하고 온 사람'으로 찍혀 밖에 나다니기도 힘든 시간을 보내야 했다.

"제주에 살고 있어서 함께하지 못하는 경우가 많아 미안한 마음이 많았어요.
뒤에서 응원하는 것도 힘이 된다는 말을 해주는 친구들이 고맙더라구요.
할 수 있는 최대한 힘을 보태고 있어요.
재판 끝나고 친구들이 제주로 여행 왔을 때,
수십년 전 그때로 돌아간 거 같아서 정말 기뻤어요."

김용자
1956년 1월생. 충청남도 청양. 1973년 10월 입사. 정방.

1973년 입사했다가 퇴사, 1977년에 다시 입사해서 다녔다. 명동성당 단식 때는 의식을 잃어, 한국노총 점거 단식 때는 전신마비가 와 입원하기도 했다. 1978년 7월 18일 인천지방법원에서 열린 지부장과 총무부장 재판 투쟁 과정에 체포되어 구류 20일 처분을 받았다. 그해 9월 22일에는 동일방직 사건 연극 공연 후 들이닥친 경찰관들에 연행되어 구류 20일 처분을 받았다. 블랙리스트로 재취업이 봉쇄된 가운데 안양 소재 대농방직, 부평 소재 경안상사, 인천 소재 수정봉제, 인천 제물포여객, 항도여객 등에서 부당해고 당했다. 그러다 1982년 인천 선진여객에서 불법 몸수색에 항의해 동료들과 투쟁하다 해고됐다. 1983년 태평특수에서 블랙리스트로 해고된 후 본격적으로 블랙리스트 철폐 투쟁에 나섰다. 1983년 12월 19일 구속되었다가 1984년 2월 1일 구속집행정지로 석방됐고 1985년 1월 12일 인천지방법원에서 징역 10월, 집행유예 2년을 선고받기도 했다.

"2000년 이후 복직추진위 활동에 많은 에너지를 쏟아부었어요.
아주 오래 전 빨갱이로 몰릴 때 말없이 눈빛으로 위로하고
앞장설 각오와 신념이 있다면 활동하라 응원해준 아버지를 기억하기에
그랬는지도 몰라요. 그저 옳다고 생각하는 일에 최선을 다하다보니
지금 여기에 서 있는 거 같습니다."

김인숙
1954년 11월생. 인천 부평. 1971년 1월 입사. 와인다.

1976년 7월 25일 나체시위 당시 대의원이었다. 1978년 4월 해고된 후 복직을 요구하며 회사 진입 투쟁을 벌였다가 구속돼 천안 소년교도소에 수감, 징역 10월에 집행유예 2년을 받아 9월에 출감했다. 1980년 4월 8일에는 복직 호소 유인물을 배포하다가 경찰들에 연행돼 9일간 구금되었다.

"제가 남편에게 민주화 운동 증서 받았다고 하니
남편이 중학생, 초등학생인 애들을 불러 모아 엄마가 이러이러해서
민주화 운동자가 됐다고 설명하더라구요. '우리 오늘은 외식을 해야 된다.'
멋있는 경양식집에 가서 고기를 썰었다는 거 아닙니까.
우리 아이들은 엄마를 굉장히 자랑스럽게 생각해요."

문영자
1954년 5월생. 인천 도화동. 1970년 7월 입사. 와인다.

1978년 4월 해고 후 결혼했는데, 사복경찰이 집으로 수차례 찾아와 복직 투쟁에 함께하지 말라는 협박을 하곤 했다.

"그때 노동조합에 대해 아는 건 없었지만 언니들이 있으니 함께했어요.
어렸을 때 만나 힘든 일을 함께 헤쳐나가니 정말 식구 같아요.
사실 앞에 나서서 활동한 게 아니니까 옛 얘기를 해본 적이 없어요.
인터뷰 같은 거 처음이죠. 평범한 우리도 얘기할 수 있으니 좋네요.
책이 나오면 15년 전에 먼저 하늘로 간 남편한테 자랑하고 싶네요."

박부순

1953년 3월생. 인천 만석동. 1969년 4월 입사. 와인다.

1978년 2월 회사가 공장 새마을운동을 빙자해 문화여관에서 비밀리에 '산업선교회는 빨갱이 단체다', '국제공산당이고 불순단체다'라며 교육하자 이에 항의하다가 정체불명의 사내들에게 집단 폭행당한 적이 있다. 1980년 4월 25일 한국노총 위원장실 단식농성에 참여했다가 이후 결혼했다. 인천 강화에서 생계를 이어가며 복직 투쟁에 함께 참여해 왔다.

"친정엄마가 노조에 관심도 많고 호의적이었어요.
우리 투쟁할 때는 회사 앞에 와서 들여다보고, 친구들 밥도 해주고.
당시는 옳은 일이라는 생각만 하며 싸우러 다녔는데
그 경험이 강하게 살아가는 힘이 된 거 같아요.
우리 이야기는 역사로 남아야 한다고 생각해요.
지금도 노동자 탄압하는 사람들이 많고 그게 사라질지 의문스럽기까지 하지만,
젊은 노동자들은 우리보다 훨씬 잘 싸우면서 이겨낼 거라고 믿어요."

박인숙

1959년 3월생. 전남 장흥군. 1977년 5월 입사. 정방.

1978년 4월 해고된 이후 재취업을 세 군데 했지만 가는 곳마다 해고되었다. 경찰들이 뒤따라와서 잠복근무까지 하고 함께 살던 언니를 대상으로 반상회까지 개최해 언니가 이사하지 않을 수 없게 만들었다.

"언니들이 우리한테 잘해주기도 했지만, 회사가 너무 부당하게 하니까
그걸 없애기 위해서는 노조가 필요하다는 데 공감해서 싸운 거예요.
그때는 멋지게 사는 것도 꿈이었고 돈 벌어서
부모님 호강시켜드리는 것도 꿈이었는데 다 못 한 거죠.
해고도 해고지만 블랙리스트가 너무 무서웠어요.
몇십 년 만에 동일방직 정문에 갔더니 그 크던 회사가 작게 느껴지더라구요.
옛날 똥물 맞던 일도 생각나서 친구들 부둥켜안고 울고 또 울고.
그 얘기들이 책으로 나오면 내가 제일 먼저 읽어보려고 해요."

박현자

1956년 7월생. 전북 남원군. 1976년 3월 입사. 경통.

1978년 해고된 후 두세 군데 회사에 취업했으나 해고되었다. 1980년 4월 8일, <동일방직 부당해고 근로자는 즉시 복직되어야 한다>라는 제목의 유인물을 배포하다가 경찰에 연행, 9일간 구금 상태에서 조사받고 훈방되었다.

"임시노조 만들었을 때 집행부도 맡으면서 열심히 했어요.
그때는 무슨 에너지로 그렇게 싸웠는지 모르겠어요.
잘못한 게 없는데 노조 활동했다고 탄압받고 쫓겨나고 그러니 부당하다고 생각한 거죠.
회사와 박정희 정권, 경찰 뭐 다 한통속이었으니까 더 부당한 거죠."

백강자

1954년 10월생. 인천 화수동. 1970년 8월 입사. 와인다.

1978년 3월 장충체육관 시위, 명동성당 단식투쟁에 함께하다가 해고되었다. 주물공장, TV조립 공장 등에 취업했으나 여지없이 해고당했다.

"직장생활을 제대로 못 해보고 그렇게 쫓겨나 갖고 여기저기 헤매다가 결혼하고 끝났으니 모든 게 아쉽죠. 좋은 시절, 재미있게 놀 때였는데 그러지도 못했죠. 20대를 빼앗긴 게 제일 억울해요. 벌써 70이 되었어요.
그래도 후회는 없어요. 잘했다, 그런 것밖에. 사람으로 태어나서
좋은 거 배운 거니까요. 한마디로 옳고 그른 거를 알게 된 거.
학교를 많이 다녀서 이론적으로 아는 게 아니고 들은 것도 아니지만,
내가 실제로 경험을 했으니까, 그러면서 세상이 어떤지 어떻게 살아야 하는지 알았으니까 그거 하나는 남은 거죠."

송옥희
1959년 6월생. 인천 송현동. 1977년 11월 입사. 정방

1978년 4월 블랙리스트로 취업을 못 해 생활이 어려웠고 형사들의 감시를 받아 스트레스가 극심했다. 이로 인해 갑상선 질환에 걸렸다. 담당 형사가 가족이나 이웃들에게 "빨갱이 단체에 가입되었다"고 허위 소문을 내서 정신적 피해를 받았다.

"저는 정말 어렸어요.
취업한 지 1년도 안 되어 적응할 겨를도 없이 공장에서 쫓겨났으니까요.
먹고 살아야 해서 여기저기 신분을 속이고 일하러 다녔어요.
하지만 블랙리스트 그게 참 무섭더라구요. 해고보다 더 잔인했어요.
지금도 뉴스에 가끔 블랙리스트가 등장하던데 그럴 때마다 놀랍죠.
세상이 왜 이러나 싶고."

안동순
1954년 10월생. 인천 용현동. 1971년 6월 입사. 정방.

1978년 7월 18일, 인천지방법원 101호실에서 있었던 재판에서 회사 측 증인인 섬유노조 조직국장 우종환의 위증에 분노한 동일방직 해고노동자들이 항의하자 경찰이 무자비한 폭력을 휘두르고 욕설을 내뱉었고 총 14명이 연행됐는데 안동순도 이에 포함되었다. 9월 22일 동일방직 연극 공연 후 경찰에 연행돼 서울 성동경찰서에서 구류 15일을 살았다. 1979년 3월 인천 가좌동 삼익통상, 6월 인천 가좌동 (주)세경, 8월 플라스틱 케이스 공장에서 블랙리스트로 인해 해고됐다.

"나는 노동조합 뭐 이런 거보다 귀한 동지들을 얻은 게 좋아요.
세상에 그런 친구들이 없어요.
무덤에 가는 날까지 이 사람들과 함께하고 싶어요.
같이 함께해 온 친구들 고맙다. 건강하게 오래오래 살자."

양영자

1954년 3월생. 전라남도 함평군. 1971년 2월 입사. 와인다.

1978년 7월 18일, 재판 투쟁으로 경찰에 연행되었다가 훈방되었다. 블랙리스트로 취업 길이 막혀 생계에 어려움이 컸다.

"우리 손으로 도장을 찍고 동일방직을 버리고 나와야 하는데
그걸 못 해서 억울해요. 예전에는 민주화운동 하면 나한테 득이 있나 하는
생각도 했는데, 지금 생각해보니 내가 투쟁을 해봐서 눈을 뜬 거 같아요.
뉴스 보고 흥분하는 사람들한테 TV 나온 거 100% 믿지 마세요,
50%만 믿어요, 이런 말도 하고. 나도 젊은 시절 경험이 없었다면
답답하게 멍청하게 살았을지도 모르죠. 특별히 하는 건 없지만 부끄럽지 않게
살았다는 자부심은 있어요."

윤춘분

1956년 11월생. 경기도 김포. 1971년 6월 입사. 와인다.

해고 후 1978년 9월, 부평 한독전자에 본인과 친구 권춘희, 장영화, 이응님 등과 취업해서 다니던 중 블랙리스트에 걸려 해고되었다.

"시댁 식구들은 동일방직에서 어떤 일이 있었는지 내가 뭘 하다 해고되었는지
알고 있었고 그걸 문제삼지 않아 좋았어요.
아이들은 엄마가 진보적인 생각을 갖고있다고 좋아했구요.
동일방직 앞에 가서 복직 요구하며 노래 부를 때는 눈물이 줄줄 나는 거예요.
그래도 같이 있어야 한다는 생각으로 참석했죠. 복직을 요구하고 있지만,
복직이 될까, 복직되면 일할 수 있을까. 그런 생각을 했지만,
명예를 위해서는 복직을 해야 했어요."

윤춘자

1957년 8월생. 인천 만석동. 1976년 9월 입사.

1978년 7월 15일, 텔레비전 케이스 만드는 회사에 이력서를 냈지만, 거절당했다. 인천 공단에 있는 여러 회사에 이력서를 냈지만 모두 거절당했다. 1980년 4월 한국노총 농성에 참여했다. 부당해고와 블랙리스트로 힘겨운 삶을 이어가던 윤춘자는 2012년 초 세상을 떠났다.

이금옥

1955년 6월생. 인천 송현동. 1974년 8월 입사. 와인다.

1979년 4월, 인천 기독병원 식당에서 근무하다가 동부경찰서 형사가 찾아와 협박해 다시 해고당했다. 1980년 4월 25일 한국노총에서 25일간 단식농성을 했다.

"시골에서 올라와 얼마 다니지 못하고 해고됐으니 억울하죠.
현장을 나왔을 때 반장이 들어가자고 몇 번을 데리러 왔는데,
친구들하고 같이 있어야 한다고 뿌리쳤어요.
세월이 지나 민주화 운동으로 인정되니까 떳떳하고 좋아요.
옛날에 가파도 가서 찍은 사진을 동네 사람들한테 보여주면서
'나 이런 사람이야. 동일방직 다닌 사람이야!' 그러면
금옥 씨 같은 사람 없었으면 우리나라 발전 안 됐다면서 웃는 사람도 있었어요.
삶에 자신감이 생겼어요."

이병국

1935년 12월생. 인천 동춘동. 1962년 10월 입사.

동일방직 해고노동자 중에서 유일한 남성이다. 블랙리스트에 이름이 올랐다. 4월 26일에는 회사에서 복직을 요구하며 농성하다가 연행되어 조사를 받았다. 1981년 3월, 국실통상 봉제 공장에 취업해 근무하다가 블랙리스트로 해고당했다. 2025년 5월 1일 운명했다.

이은옥

1957년 2월생. 인천 송현동. 1974년 1월 입사. 와인다.

해고된 후 1978년 7월, 수출 5공단에 있는 TV케이스 만드는 회사에 입사했다가 블랙리스트로 7일 만에 해고되었다. 1979년 2월경 전자회사에서도 해고된 후 식당에서 일하다 결혼했다.

"몇십 년 만에 전화를 받고, 어? 우리 흩어진 거 아니었나? 이랬어요.
연락이 되어 만날 수 있게 된 게 정말 감사했죠.
그런데다 민주화운동으로 인정되었으니 그때는 몰랐지만
그게 큰일이었구나, 다시 돌아보면 우리는 생존을 위해서 투쟁했어도
그게 사회적으로 다른 의미를 가질 수 있는 거구나.
우리가 인식하지 못해도 그랬구나. 책이 나오면 남편과 함께 읽을 거예요.
내 말만 듣고서 그런 일이 있었구나, 했는데 직접 책을 읽어본다면
또 새롭겠죠. 한국 사회 자체를 이해하게 될 수도 있고.
지금 와서 보면 동일방직 친구들이 대단했다고 봐요.
내가 곳곳마다 참석은 못 했지만, 여성들이 그렇게 투쟁했다는 거
정말 대단한 거 같아요."

이태순

1955년 6월생. 인천 송림동. 1971년 입사. 정방.

해고 이후 경찰들은 당시 결혼을 앞두고 있던 남편이 근무하는 군부대가 있던 강원도 화천까지 찾아가 "당신이 교제하는 사람이 빨갱이"라고 매도하기까지 했다.

"예전에는 우리가 살려면 노동조합이 있어야 한다는 생각에 앞에 서지는 못해도 뒤에서 따라다니기라도 했죠. 몇십 년 만에 다시 만나 친구들과 얘기하면서 동일방직이 우리를 부당하게 쫓아냈는데 그걸 기억하지 못하고 내버려 두면 안 된다는 생각을 다시 하게 됐죠. 지금도 회사들이 노동자들 대하는 거 보면 화나죠. 정부 정책도 노동자를 살리는 쪽으로 가야하는데 그렇지 않고. 그래서 우리같은 사람이 뭐라도 하면 좋겠다고 생각했죠. 열심히 잘 살았다고 생각해요. 아픈 것도 다 이기고, 악하게 안 살려고 하고, 남을 도우려는 마음으로 살고."

장영화

1958년 2월 4일생. 인천 만석동. 1973년 2월 입사.

1978년 9월, 부평에 있는 한독전자에 취업해 다니던 중 동료 3명, 윤춘분, 이응님, 권춘순과 함께 해고됐다. 1980년 4월 25일 25일간의 단식농성에 함께했다.

"책이 나오면 우리 딸하고 같이 이야기하면서 보려고요. 엄마는 사실 아무것도 하지 못했지만, 동일 식구들 정말 대단한 일을 한 거다, 그런 사람들이 있었기에 사회도 바뀌고 엄마도 좋은 일을 맞게 되는 거다. 나이 불문 투쟁하는 명희 언니, 궂은일 마다 않고 뛰어다니는 김용자 위원장. 세상이 따뜻하다는 것을 알려준 동일방직 식구들이 존경스럽습니다."

정선희

1955년 6월생. 충남 당진. 1973년 4월 입사. 정방.

1978년 7월, 인천 도화동에 위치한 난로 공장에 취직했지만 블랙리스트로 인해 3일 만에 쫓겨났다. 박스 만드는 공장에서도 바로 해고되니 더는 일할 수 없어 고향으로 내려갔다.

"해고됐을 때는 후련하면서도 서운했어요.
이 거지 같은 데 안 다녀도 된다, 개 취급받는 데를 벗어날 수 있다는 생각도
들었거든요. 어느날 용자 친구가 날 기억하고 연락을 해왔으니
그게 정말 고마웠죠. 그런데 또 갈등했어요. 그렇게 당했는데
여기 또 참여해야 하나, 이길 수 있을까, 그런 생각.
과거를 마주하는 것이 솔직히 두려웠어요.
그래도 앞선 친구들이 있으니 용기를 내 같이 한 거죠.
동일방직 친구들은 영원히 잊지 못할 친구들이에요.
이름도 얼굴도 잊을 수 없죠."

정의숙

1956년 3월생. 인천 화평동. 1971년 1월 입사. 와인다.

1976년 5월, 대의원이던 정의숙은 잠시 졸았다고 경위서를 요구하는 관리자에 항의했다가 부당 발령을 받았고 이에 56일간 조합원들과 함께 항의 끝에 6월 26일 원직복직했다. 투쟁하다 해고된 후 사복경찰들은 정의숙의 이웃들에게 "빨갱이", "불순분자"라며 유언비어를 퍼뜨렸고, 결혼 후 2년 동안 남편이 근무하던 이천전기에 경찰서 수사과장이 찾아가 해고를 협박하기도 했다. 1978년 4월 26일 복직 농성 때 연행되어 당시 부지부장이었던 정의숙은 업무방해, 폭력행위 등 처벌에 관한 법률 위반으로 불구속 입건되었고 징역 8월 집행유예 2년을 선고받았다. 1980년 4월 25일 한국노총 25일간의 단식농성에 두 살 된 아이까지 데리고 가서 함께했다.

"동일방직에서의 경험이 내 삶에 녹아있는 건 확실해요.
한번은 우리 마을에 오염물질 내는 공장이 들어온다는데

내 눈에는 비리도, 앞으로 일어날 문제들도 보이는 거예요.
내가 나서 진성서 넣고 군수도 만나고 결국 막아냈어요.
사람들이 그러더라구요. 전북 이 촌에 막걸리 한 잔에 넘어갈 사람,
밥 한 그릇에 넘어갈 사람, 돈 몇백에 넘어갈 사람 많을 텐데
사모님 같은 사람 때문에 안 된다고. 그 옛날 공부했던 거, 투쟁했던 거
그게 나이 칠십에도 어디 안 가고 내 안에 있는 거죠."

진성미
1958년 10월생. 경기도 평택. 1977년 9월 입사. 정방.

투쟁하다 해고된 후 형사들의 감시, 미행 등으로 우울증, 공포증, 대인기피증 증세가 있었다. 1978년 6월 20일, 서울 당산동 소재 대한모방에 입사해 근무하던 진성미를 회사 직원이 "블랙리스트로 인해 노동청에서 해고하라 지시가 내려왔다"고 "시골에 가서 새마을운동이나 하라"며 해고했다. 1978년 11월, 풍량산업에 입사해 근무하다가 블랙리스트로 해고당했고 1979년 1월에는 금성사에서 세 번째로 해고당했다.

"저는 해고될 때 양성이었어요.
언니들하고 같이 이불 보따리와 옷 가방을 들고 여기저기 다니며 싸운 게
아직도 잊히지 않아요.
울기도 많이 울었지만 함께 있으니 웃을 일도 많았어요.
세월이 가도 그 시절은 남는 거 같아요."

최명희

1949년 4월생. 인천 화수동. 1968년 8월 입사. 와인다.

1976년 7월 25일 나체시위 당시 최명희는 노조 대의원이었다. 1978년 3월 10일, 장충체육관 노동절 행사에서 조합원 76명과 함께 "김영태는 물러가라" "동일방직 문제를 해결하라" "우리는 똥을 먹고 살 수 없다" 등을 외치며 플래카드를 펼치고 유인물을 뿌리다가 경찰에 폭력적으로 연행, 서울 중부경찰서에서 조사를 받고 인천 동부경찰서로 인계되어 구류 25일을 살았다. 4월 26일에는 회사에 다른 해고자들과 함께 진입해 복직을 요구하며 농성하다가 또 인천 동부경찰서에 연행되어 조사를 받았고 업무방해, 폭력행위 등 처벌에 관한 법률 위반으로 불구속 입건되어 결국 징역 8월 집행유예 2년을 선고받았다. 1980년 4월 25일, 한국노총 위원장실에서 해고노동자 복직을 요구하는 25일간의 단식농성에 아이를 데리고 와 함께했다.

"해고될 때 난 나이가 많았어요. 그해 결혼했어요.
이듬해 5월쯤 모내기를 시작했는데, 저녁이 되니 개구리들이 개굴개굴 울어요.
처음에는 박자 맞춰서 우는 거 같았는데 나중에는 막 정신없이 울더라구요.
그게 우리가 노동조합 앞에서 웃통 벗고 아우성치던 소리로 들리더라구요.
식구들 몰래 밖에 나와서 울고 들어가고 그랬어요.
지금도 그 생각하면 가슴이 먹먹해요."

한수자

1954년 3월생. 인천 송월동. 1972년 1월 입사. 와인다.

"정말 공장, 집 그거밖에 모르고 살았어요.
노조도 몰랐죠. 아버지 돌아가셨을 때도
다음 날 바로 출근했어요.
휴가란 걸 몰라서 삼우제까지 치러도 되는데 그걸 몰랐던 거예요.
그렇게 순진했다니까요. 그런데 해고를 해? 정말 억울한 거죠.
나이 먹고 다시 모였을 때 복직한다면 정말 현장에 가겠다는 각오를 했어요.
거기에 미련이 남았는지 어쩐지 하여튼 복직만 된다면 일할 생각을 했죠.
살면서 선택의 연속이잖아요. 매 순간 옳은 일이라는 기준으로 잘 선택하면서
살아온 거 같아서 좋아요. 친구들이 같이해서 좋아요."

한순자
1956년 6월생. 경기도 옹진. 1971년 8월 입사. 정방.

1978년 3월 12일 명동성당 단식투쟁을 하다가 의식을 잃기도 했다. 해고된 후 1978년 8월경에는 솜 공장에서 11월에는 수저 만드는 공장에서 한 달여 만에 해고당했다. 또 1979년 3월에는 한국유리에 취직했는데 같은 해 7월, 동일방직 블랙리스트에 있는 사람은 노동운동을 할 염려가 있으니 나가라고 해서 해고당했다.

"어느 날 동네에서 신협 전무를 만났는데 존경한다고 하더라구요.
동일방직노조 역사를 아는 사람이었던 거죠. 난 솔직히 동일방직 때 일이
기억이 너무 안 나요. 왜 그런지 알 수 없을 정도로. 그냥 노래하는 거 좋아하던
내 모습이 떠오르고 친구들이 그때 얘기해주면 가까스로 기억하고.
잊고 싶은 기억인가 봐요.
여러 면에서 동지들은 내 분신이에요. 그렇게 사회적으로 인정받게 된 것도
동지들이 있어서 가능했던 거예요.
저는 친구들이 없는 나를 생각해 본 적이 없어요."

홍기숙
1958년 7월생. 경기도 고양군. 1976년 10월 입사. 조방.

1978년 8월 25일, 서울 영등포구 양평동에 있는 대한모방에 근무하다가 블랙리스트로 해고되었다.

"젊었을 때 못해서 그런가, 그냥 뭐든지 배우고 싶어요.
그래서 대형면허증도 땄고 지금은 또 특수 면허 따고 싶고.
저는 아직 건강하니까 일하고 있어요. 직장 들어가자마자 노조에 가입했어요.
지금 일하는 곳에 젊은이들이 많은데 노조 가입을 안 하더라구요.
내가 보기에는 안타까운 거죠. 예나 지금이나 싸우지 않으면 안 돼요.
민주화된 사회라고 하지만 회사는 노동자들한테 알아서 주는 거 없고,
조금도 달라지지 않았더라구요."

황영희

1954년생. 인천 화수동. 1970년 8월 입사. 와인다.

1978년 7월 20일, 수출공단의 전자회사에 취업했지만, 블랙리스트로 인해 바로 쫓겨났다.

"항상 앞에서 이끌어가는 친구들에게 고마운 마음이죠.
예전에도 지금도 적극적으로 활동하지는 못하는데,
저 같은 사람 손을 놓지 않고 '동일방직 식구'라고 얘기해주는 친구들이
정말 고맙죠."

해고·블랙리스트 124명

강경단 강동례 강명순 강정자 계현순 고경자 고애순 공인숙
구순덕 구예금 권분란 권춘순 김경수 김경숙 김기숙 김명애
김미란 김민심 김선자 김성욱 김수자 김연심 김영숙 김영순
김영희 김예순 김옥섭 김용순 김용자 김유숙 김유자 김인숙
김정희 나안자 문영자 문원자 문정희 문현란 문형순 박경희
박부순 박상숙 박성순 박성자 박순복 박양순 박영숙 박영숙
박인숙 박청근 박현자 박희옥 백강자 변현순 서귀남 석정남
손숙자 송경옥 송광순 송금순 송옥희 신상미 심현례 안동순
안순애 안순옥 안춘화 양미순 양영자 오청자 유경숙 유순례
유영자 윤춘분 윤춘자 이경숙 이귀례 이금옥 이덕순 이병국
이상금 이송자 이순옥 이영자 이월남 이은옥 이응님 이총각
이춘근 이태순 이향자 임재옥 장영화 전순자 전외자 전진숙
전창순 정만례 정명자 정방림 정선희 정유심 정의숙 정인순
정춘례 조경숙 조미재 조봉화 조재순 조효순 주옥자 진성미
채인애 천옥란 최명희 최연봉 최인자 최정윤 추송례 한수자
한순자 홍기숙 황영희 황정옥

동일방직노조 투쟁 연표

1972.5.10.	동일방직노조 여성 지부장 주길자 선출.
1976.7.23.	민주노조 활동을 막고자 이영숙 지부장과 이총각 총무부장을 연행한 데 항의하며 여성 조합원 800여 명이 농성, 경찰의 강제 연행에 맞서 투쟁.
1976.7.25.	나체 시위 : 농성 해산을 위해 투입된 경찰 병력에 맞서 여성 조합원들은 옷을 벗고 투쟁했지만, 농성은 진압되고 72명이 연행됨.
1977.1.21.	동일방직 사건 수습 투쟁위원회(수습투위) 구성하고 동일방직 사태를 사회에 널리 알리는 호소문을 배포함과 동시에 2월 6일 보고대회를 통해 '동일방직 사건 해부식'을 열기로 결정.
1977.2.5.	수습투위, 노동청, 섬유노조, 회사 측이 모여 조합원들의 요구를 관철하는 합의를 이루어냄.
1977.4.4.	속개된 수습 대의원대회에서 참석 대의원 31명 전원의 지지를 받아 이총각 후보가 지부장으로 선출됨으로써 보궐 집행부 구성.
1978.2.21.	똥물 테러 : 대의원 선거 투표에 참여하려던 조합원들에게 구사대가 똥물을 뿌림.
1978.3.10.	노동절 기념행사가 열린 장충체육관에서 동일방직 조합원 76명이 "똥을 먹고 살 수 없다"며 시위. 이날 시위로 최명희, 김연심, 김민심은 즉결 재판에서 25일 구류 처분.
1978.3.12.	명동성당, 인천 답동 천주교회에서 13일간 단식하며 노동 탄압 중단과 민주노조 원상 복귀 요구. 종교계의 중재로 단식 마무리. 동일방직은 3일 내 복귀를 명했으나 노조는 민주노조 활동을 보장하지 않은 상태에서 복귀할 수 없었음.
1978.3.20.	기독교회관 9층 기독교방송국에 동일방직, 원풍모방, 방림방적, 진로주조, 해태제과 등 여성노동자들이 '노동 사건 취재 보도를 왜 하지 않느냐'며 항의 방문했으나 출동한 경찰 폭력으로 진압당함.

1978.4.1.	사측은 124명 대량 해고. 해고에 뒤이어 섬유노조는 블랙리스트 작성, 배포.
1978.4.26.	복직 요구하며 동일방직 현장 진입 투쟁. 몇 시간 동안 중앙 복도 농성이 이어졌으나 경찰이 출동해 전원 쫓겨나왔고 이총각, 김인숙이 구속되고 7명이 불구속 입건.
1978.7.18.	인천지방법원에서 이총각, 김인숙 3회차 재판이 끝나고 엉터리 증언에 분노한 조합원 40여 명이 우종환, 박복례의 차를 막고 항의. 경찰이 출동해 12명의 해고 조합원들이 연행돼 구류 처분됨.
1978.7.30.	부산 부전예식장에서 열린 섬유노조 대의원대회에서 김영태 재선 저지를 위해 동일방직 해고 조합원 11명을 비롯해 원풍모방, 반도상사, YH무역 등 민주노조 조합원들이 부산으로 내려가 호소했지만, 김영태가 다시 위원장에 당선됨.
1978.9.22.	서울 기독교회관에서 <동일방직 문제를 해결하라> 연극을 상연. 경찰의 폭력 진압으로 다수의 부상자 발생. 이 사건으로 총 43명이 연행되어 15~29일씩 구류 처분.
1980.4.25.	동일방직 해고 조합원들이 한국노총 위원장실을 점거, 원직 복직 등을 요구하며 단식농성 돌입. 이후 단식은 풀었지만, 농성은 지속했는데 결국 농성 23일 만인 5.17 비상계엄 전국 확대로 해산.
1983.12.15.	동일방직 등 4개 사업장이 연대해서 블랙리스트 항의를 위해 노동부 인천사무소 점거 시위.
1983년 이후	블랙리스트로 인해 재취업 불가, 법원의 해고 확정판결로 더는 투쟁을 이어가지 못함.
2001.5.	'민주화운동 관련자 명예 회복 및 보상심의위원회'로부터 신청자 76명 전원 민주화운동 관련자로 인정됨. 정치 권력에 의한 부당해고로 간주, 민주화운동 관련성을 인정했으며 2004년 37명의 복직신청을 받아들여 동일방직에 '복직 권고'함.
2005.3.24.	인천 동일방직 방문해 2차 복직 요구를 전달했으나 회사 측은 이후 사장 면담을 통해 회사 측의 입장을 전달하겠다는 답변.
2005.3.28.	동일방직 이항평 사장 만났으나 사측은 당시 해고는 정당하다며 복직 요구 거절.
2005.6.1.	동일방직 인천공장에서 3차 복직 요구 정문 집회 개최.

2005.6.17.	동일방직 본사 앞에서 서민석 회장과의 면담을 요구하며 4차 집회를 한 후 3박 4일 동안 길거리 농성. 이후 면담 주선을 약속받고 농성을 끝냄. 동일방직복직추진위는 이후 6차 집회까지 투쟁을 이어감.
2005.8.8~18.	'민주화운동 해직자 원상복직대책협의회'는 정부종합청사 앞에서 해직자 원상회복 촉구 10일간의 철야 노숙 농성을 전개했는데 동일방직 노동자들도 공동투쟁에 함께함.
2006.4.9.	동일방직 다룬 영화 <우리들은 정의파다> 서울국제여성영화제에서 첫 상영.
2008.10.17.	동일방직복직추진위는 동일방직 노동자 해고 30년을 기념하는 행사를 열고 연대했던 여러 인사들을 초청해 고마움을 전하고 복직 투쟁의 결의를 다짐.
2010.6.30.	진실화해위원회는 '동일방직노조 등에 대한 노동기본권 등 인권침해 사건'에 대해 진실규명 결정. 이 일련의 사건이 중앙정보부를 비롯한 국가기관이 개입한 인권침해 사건임을 분명히 함.
2010.11.23.	동일방직 해고 노동자들은 민주화운동정신계승국민연대 노동자대책위원회와 해고자 원직 복직을 위한 공동투쟁을 함께 이어가기로 하고 부당 해고에 대한 국가손해배상 청구 소송에 돌입. 이후 8년여 간의 긴 법정 투쟁을 이어감.
2018.8.30.	헌법재판소에서 민주화보상법 일부 위헌 결정.
2018.12.14.	서울고등법원에서 열린 파기환송심에서 마침내 승소.

참고문헌

도서

- 70년대 민주노동운동 동지회 엮음, 『어둠의 시대 불꽃이 되어』, 학민사, 2021
- 강경애, 『인간 문제』, 문학과지성사, 2006
- 강원룡, 『빈들에서』 3권, 열린문화, 1993
- 경동산업민주노동열사 고 강현중·김종하·최웅 추모사업회, 『경동산업 노동자 투쟁사 자료집』 1, 2권, 민주화운동기념사업회, 2008
- 국가정보원, 『과거와 대화 미래의 성찰 언론·노동편(V)』, 2007
- 권형택·김성환·임경석 지음, 민청련사편찬위원회 기획, 『청년들, 1980년대에 맞서다』, 푸른역사, 2019
- 김금수 외, 『한국노동운동론 1』, 미래사, 1985
- 김기원, 『미군정기 경제 구조』, 푸른산, 1990
- 김낙중, 『한국노동운동사-해방후 편』, 청사, 1982
- 김락기, 『잊을 수 없는 이름들 - 인천의 투사들, 항일의 기치로 식민의 거리를 누비다』, 글누림, 2019
- 김병곤 기념사업회 준비위원회, 『영광입니다』, 거름, 1992
- 김보현 외, 『배다리에서 쇠뿔고개까지 - 금곡동 창영동』, 수도국산달동네박물관, 2019
- 김수환, 『추기경 김수환 이야기』, 평화방송·평화신문, 2004
- 김시덕, 『서울 선언』, 열린책들, 2018
- 김용기·박승옥, 『한국노동운동논쟁사』, 현장문학사, 1989
- 김종필, 중앙일보 김종필증언록팀 엮음, 『김종필 증언록』 1~2권 세트, 와이즈베리, 2016
- 노진귀, 『8.15해방 이후의 한국노동운동』, 한국노총 중앙연구원, 2007
- 동아자유언론수호투쟁위원회, 『자료 - 동아투위 자유언론운동 13년사 1974~1987』, 동아투위, 1987
- 동일방직복직추진위원회 편, 『다시 기계 앞에 서고 싶다 : 동일방직 해고 30년 세월을 되돌아 보다』, 동일방직복직추진위원회, 2008
- 동일방직복직투쟁위원회, 『동일방직노동조합운동사』, 돌베개, 1985
- 로저 오베르 외, 『조셉 까르댕 - 노동 청년의 벗』, 가톨릭출판사, 1990
- 민종덕, 『노동자의 어머니』, 돌베개, 2016
- 민주노총 인천본부 25년사 편찬위원회, 『인천, 노동자가 살고 있다』, 민주노총 인천지역본부, 2023
- 민주화운동기념사업회 연구소, 『김진수』, 민주화운동기념사업회, 2003.
- 박수정, 『숨겨진 한국여성의 역사』, 아름다운사람들, 2004

- 박수정, 『여자, 노동을 말하다』, 이학사, 2013
- 박영기, 김정한, 『한국노동운동사 3 : 미군정기 노동관계와 노동운동 1945~1948』, 고려대학교 노동문제연구소, 지식마당, 2004
- 박준성, 『노동자 역사 이야기』, 이후, 2009
- 박준성, 『슬라이드 사진으로 보는 노동운동사』, 전국금속노동조합, 2010
- 사울 D. 알린스키, 『급진주의자를 위한 규칙』, 아르케, 2016
- 석정남, 『공장의 불빛』, 일월서각, 1984
- 섬유·유통노련, 『한국 노동운동사 : 섬유·유통노련을 중심으로』, 2011
- 송기역, 『유월의 아버지』, 후마니타스, 2015
- 안재성, 『청계, 내 청춘 - 청계피복노조의 빛나는 기억』, 돌베개, 2007
- 안태정, 『조선노동조합전국평의회』, 현장에서 미래를, 2002
- 양규헌, 『1987 노동자대투쟁』, 한내, 2017
- 양규헌, 『걷고 보니 역사였네』, 한내, 2025
- 오명걸·함정례, 『한국 민주주의의 친구 조지 오글 : 20세기 한반도 이야기』, 신앙과지성사, 2021
- 원풍모방노동운동사발간위원회, 김남일, 『원풍모방노동운동사』, 삶이보이는창, 2010
- 유용태·정승교·최갑수, 『학생들이 만든 한국 현대사_서울대 학생운동 70년』 제1권 시대사, 한울, 2020
- 이보라, 오송희, 최보배 외, 『만석동 : 인천의 산업 거점』, 수도국산 달동네박물관, 2021
- 이보라, 정은지, 유채린 외, 『화수동 화평동 : 무네미 넘어 벌말까지』, 수도국산 달동네박물관, 2023
- 이태호 엮음, 『최근 노동운동 기록』, 청사, 1986
- 이화 학생운동사 편찬위원회, 『이화여자대학교 학생운동사』, 백산서당, 2021
- 인천기독교민중교육연구소 편, 『우리의 아침은 새로웠다』 87부천노동자투쟁 자료집, 한국기독교민중교육연구소, 1988년 2월
- 인천도시산업선교회60주년기념사업회, 『인천도시산업선교회 60년사』, 다인아트, 2021
- 인천민주화운동사편찬위원회 편, 『인천민주화운동사』, 선인, 2019
- 인천연구원 엮음, 『끝나지 않은 이야기』, 인천연구원, 2022
- 장남수, 『빼앗긴 일터, 그 후』, 나의시간, 2020
- 장남수, 『빼앗긴 일터』, 창작과비평사, 1984
- 장숙경, 『산업선교, 그리고 70년대 노동운동』, 선인, 2013
- 전YH노동조합, 『YH노동조합사』, 형성사, 1984
- 전국민주노동조합총연맹, 『1970~2000 민주노조 투쟁과 탄압의 역사』, 현장에서 미래를, 2001
- 정명자 외, 「민주주의가 이루어졌다고? : 동일방직, 그 후 30년」, 『전태일통신』, 후마니타스, 2006
- 정영태, 「개발연대의 노동자계급 형성 : 인천지역 노동자를 중심으로」, 『1960~70년대

- 　한국의 산업화와 노동자 정체성』, 한울, 2004
- 정용욱, 『미군정 자료 연구』, 선인, 2003
- 정재원, 『구술생애사를 통해 본 여성 노동운동』, 푸른사상, 2023
- 정혜경, 『아시아태평양전쟁에 동원된 조선의 아이들』, 섬앤섬, 2019
- 조순경·이숙진, 『냉전체제와 생산의 정치 : 미군정기의 노동정책과 노동운동』, 이화여자대학교 출판부, 1995
- 조승혁, 『이런 세상에 예수님의 몸이 되어』, 정암문화사, 2005
- 조화순, 『낮추고 사는 즐거움』, 도솔, 2005
- 최연봉·공인숙·김영순 구술, 인천연구원 엮음, 『끝나지 않은 이야기』, 인천연구원, 2022
- 최종선, 『산 자여 말하라』, 공동선, 2001
- 통계청, 『통계로 본 한국의 발자취』, 1995
- 한국가톨릭노동청년회, 『한국 가톨릭 노동청년회 25년사』, 분도출판사, 1986
- 한국가톨릭노동청년회 50년의 기록 출판위원회, 『한국가톨릭노동청년회 50년의 기록』, 민주화운동기념사업회, 2009
- 한국경제 60년사 편찬위원회, 『한국경제 60년사 II』, 한국개발연구원, 2010
- 한국기독교교회협의회 한국교회산업선교 25주년 기념대회 『노동현장과 증언』, 한국기독교교회협의회, 풀빛, 1984
- 한국기독교사회문제연구원, 『한국사회의 노동통제』, 민중사, 1987
- 한국노동조합총연맹, 『한국노동조합운동사』, 한국노동조합총연맹, 1979
- 한국노총 섬유·유통노련, 『섬유·유통노련 50년사』, 전국섬유·유통노동조합연맹, 2004
- 한국노총, 『한국노총 50년사』, 2002
- 한국여신학자협의회 여신학자연구반 편, 조화순 외, 『고난의 현장에서 사랑의 불꽃으로』, 대한기독교서회, 1992

논문 및 학술지 기사

- 강이수, 「1930년대 여성노동자의 실태 - 면방직업을 중심으로」, 『國史館論叢』 51, 국사편찬위원회, 1993
- 강이수, 「일제하 면방 대기업의 노동 과정과 여성 노동자의 상태」, 『사회와 역사』 28, 1991
- 강인순, 「1970년대 여성노동자들의 민주노조운동 : 재평가와 의미」, 경남대학교 인문과학연구소, 『인문논총』 24집, 2009
- 권분란, 「내 삶의 행로를 바꾸어 준 동일방직 언니들」, 월간 『말』, 2002년 2월호
- 권헌규, 「노동정책 보고서를 통해 본 미군정의 '노동개혁'과 냉전적 변형」, 『사회와 역사』 112, 2016
- 김경남, 「1920, 30년대 면방대기업의 발전과 노동조건의 변화 - 4대 면방대기업을 중심으로」, 『부산사학』 26, 부산경남사학회, 1994
- 김기선, 「87년 노동자대투쟁의 씨를 뿌린 아름다운 연대 한국노동자복지협의회」, 『희망세상』 2008년 7월호, 민주화운동기념사업회

- 민족극 연구회 편집부 엮음, 「동일방직 문제를 해결하라」, 『민족극과 예술운동』, 민족극연구회, 1992.
- 민주화운동청년연합, 『민주화의 길』 창간호, 1984년 3월 25일
- 민중민주운동협의회, 『민중의 소리』 속보, 1985년 2월 11일
- 박승옥, 「새로운 삶이 거기 있었지요 - 동일방직 추송례 씨를 찾아서」, 『기억과 전망』, 민주화운동기념사업회, 2002년 창간호
- 배성준, 「戰時下 '京城'지역의 공업 통제」, 『國史館論叢』 88, 2000
- 배주연, 「우리들은 정의파다」, 『독립영화』 통권 31호, 한국독립영화협회, 2006
- 서상희, 「멋진 할머니 선장, 박부순 님」, 인천민예총 강화지회, 전국교직원노조 강화지회, 『강화시선』 제14호, 2022
- 성공회대학교 사회문화연구소, 「1970년대 산업화 초기 한국노동사 연구 - 노동운동사를 중심으로」, 노동부, 2002
- 송기역, 「아름다운 투정 - 가톨릭노동청년회」, 『희망세상』 2011년 2월호, 민주화운동기념사업회
- 어수갑, 「담쟁이를 바라본다」, 『희망세상』 2009년 12월호, 민주화운동기념사업회
- 유경순, 「농민의 딸, 방직 공장 여성 노동자가 되다」, 『내일을 여는 역사』 20호, 서해문집, 2005년
- 유경순, 「동일방직 여성 노동자 김순희의 20여 년 노동 경험과 삶 ② - 블랙리스트를 딛고, 더불어 사는 '삶의 공동체'를 가꾸다」, 『내일을 여는 역사』 21호, 서해문집, 2005년 9월
- 이갑영, 「해방 직후 인천노동운동의 성격」, 『인천학연구』 5, 인천대학교 인천학연구원, 2006
- 이상의, 「구술로 보는 일제의 강제동원과 동양방적 사람들」, 『인천학연구』 37, 2022
- 이상의, 「길에서 강제동원되어 동양방적에서 2년을 보낸 이인심」, 『작가들』 79호, 2021.12
- 이상의, 「열두살에 동양방적으로 강제동원된 양종희」, 『작가들』 77호, 2021.6
- 이영제, 「한국 민주화운동의 특징과 기념·계승의 과제」, 『한국과 국제사회』 제5권 6호, 한국정치사회연구소, 2021
- 이윤정, 「오월 광주항쟁의 송백회운동에 관한 연구」, 조선대학교 대학원 정치외교학과 박사학위논문, 2012년 2월
- 이은희, 「1940년대 전반 식민지 조선의 암시장 - 생활물자를 중심으로」, 『東方學志』 166, 2014
- 이재성, 「인천 경동산업의 공장체제와 민주노조운동」, 『기억과 전망』 19호, 민주화운동기념사업회, 2008
- 이정희, 「훈육되는 몸, 저항하는 몸」, 『페미니즘 연구』, 한국여성연구소, 2003
- 이진행·김소혜, 「여성영상집단 움 인터뷰」, 『독립영화』 통권 31호, 한국독립영화협회, 2006
- 이혜란, 「<우리들은 정의파다> 제작 일지」, 『독립영화』 통권 31호, 한국독립영화협회, 2006
- 임지희, 「<동일방직 문제를 해결하라> 연구」, 『한국극예술연구』 제32집, 한국극예술학회, 2010
- 전예목·신영전, 「해방기(1945-1948) 주요 정치집단과 미군정의 의료보장체계 구상」,

『의사학』 제31권 제1호(통권 제70호), 대한의사학회, 2022년 4월
- 조성원, 「1930년대 朝鮮의 면방적자본의 축적조건 - 4대 방적회사를 중심으로」, 한일경상학회, 『한일경상논집』 27권, 2003
- 한국노동자복지협의회, 『민주노동』 창간호, 1984년 4월 25일, 한국노동자복지협의회
- 한홍구, 「1970년 한국 여성노동운동사의 상처와 새로운 소통을 위한 단상」, 『여성과 평화』 7호, 한국여성평화연구원, 2022년 1월
- 홍석률, 「동일방직 사건과 1970년대 여성노동자, 그리고 지식」, 『역사비평』 112호, 역사비평사, 2015년

문서

- 광주계림동천주교회, '78년 전국 쌀생산자 대회 및 추수감사제 행사 일정표, 인천도시산업선교회 기증, 민주화운동기념사업회 오픈아카이브, 등록번호 0043363
- 기독교도시산업선교회, 「1973년도 활동보고서」, 민주화운동기념사업회 오픈아카이브, 등록번호 00067409
- 김용자·서기화, 「해고 노동자 인권선언」, 1983년 12월 24일, 민주화운동기념사업회 오픈아카이브, 등록번호 00028941
- 동일방직 노동자, 「동일방직 노동자의 수기」, 민주화운동기념사업회 오픈아카이브, 등록번호 00883393
- 동일방직복직추진위원회 발송 공문, 「정인숙 민주노총 여성위원장에 관한 문제」, 2001년 6월 8일
- 동일방직복직추진위원회, 「이제는 회사가 답해야 한다」, 2001년 11월 12일 기자회견문
- 동일방직복직투쟁위원회, 『동지회보』 창간호(1978년 12월호) ; 1979년 11월호 ; 1979년 1월호 ; 1979년 7월호 ; 1979년 8월호 ; 1980년 1월호 ; 1981년 4월호 ; 1981년 7월호
- 민주화운동정신계승국민연대, 「2021년 정기총회 자료집」, 2021년 3월 20일
- 생산자 미상, 「영진교통 안내양 추락사와 문제점」, 1977년, 민주화운동기념사업회 오픈아카이브, 등록번호 00886598
- 서기화 외 5인, 「인천지역 해고 노동자 구속 사건 경위서」, 1984년 1월, 민주화운동기념사업회 오픈아카이브, 등록번호 00840495
- 원풍모방노동조합, 『원풍동지』 제16호, 1985년 3월
- 유효순·김인숙·장동식, 「민들레어린이선교원생활보고서 (1981년8월~12월까지)」, 인천도시산업선교회, 민주화운동기념사업회 오픈아카이브, 등록번호 00442776
- 일꾼교회 의료봉사선교부, 「만석동 화수동 지역 주민 의료 봉사 활동」, 인천도시산업선교회, 민주화운동기념사업회 오픈아카이브, 등록번호 00448349
- 일하는여성의나눔의집, 「'일하는 여성의 나눔의 집'에 대한 소개」, 1988년 3월 10일, 민주화운동기념사업회 오픈아카이브, 등록번호 00847068
- 조영선, 「대법원, 민주화의 이름으로 비수를 꽂다」, 2017년 7월 27일, 참여연대 사법감시센터

- 진실·화해를 위한 과거사 정리위원회 조사3팀, 「청계피복 노조 등에 대한 노동기본권 등 인권침해사건」, 2010
- 진실·화해를 위한 과거사 정리위원회, 「청계피복노조 등에 대한 노동기본권 등 인권침해사건 진실 규명 결정 통지문」, 2010년 9월 28일

미술, 연극, 영화 작품

- 회화 <인천 동일방직 노동자들에 대한 똥물사건>, 재독 송현숙 화백, , 종이 위에 유화, 100×160cm, 1978
- 연극 <동일방직 문제를 해결하라>, 김봉준 박우섭 외 공동창작 및 공동연출, 1978
- 연극 <미자>, 정민찬 작·연출, 극단 일상의 판타지, 씨어터 쿰, 2022
- 영화 <우리들은 정의파다>, 감독 이혜란, 제작 여성영상집단 움, 105분, 2006
- 영화 <푸르른 날에>, 감독 한은지, 34분, 2018
- 영화 <열 개의 우물>, 감독 김미례, 82분, 2024
-
- 구술 면담 자료 참조
- 김광자 구술 면담 녹취 자료, 2015년 1월, 민주화운동기념사업회 구술 아카이브
- 조화순 목사 구술 면담 자료, 2002년 9~10월, 민주화운동기념사업회 구술 아카이브

구술 면담

- 동일방직 노동자 집담회, 2022년 10월 22일, 인천도시산업선교회(일꾼 감리교회)
- 김광자, 김순분 구술 면담, 2022년 11월 5일, 인천도시산업선교회(일꾼 감리교회)
- 김용순 김인숙 박부순 백강자 양영자 윤춘분 이금옥 이태순 한수자 홍기숙 구술 면담, 2024년 2월 24일, 인천도시산업선교회(일꾼 감리교회)
- 김용자 안동순 최명희 한순자 구술 면담, 2024년 3월 8일, 고양시 노동자역사 한내
- 김용자 구술 면담, 2024년 4월 26일, 고양시 노동자역사 한내
- 문영자 박인숙 정선희 정의숙 구술 면담(전화), 2024년 3월 27일
- 이은옥 장영화 구술 면담(전화), 2024년 3월 28일
- 김용자 구술 면담(전화), 2024년 7월 15일

사진

- 동일방직해고자복직추진위원회, 인천도시산업선교회(일꾼 감리교회), 노동자역사 한내